스포츠로 세상읽기

이학준 저

북스힐

머 리 말

이 책의 목표는 일차적으로 독자로 하여금 스포츠로 세상을 바르게 읽어내는 혜안을 가질 수 있도록 하는데 있다. 그리고 이차적으론 스포츠를 통해서 좋은 세상, 살맛나는 세상을 구현하는데 있다. 하지만 그 동안 스포츠는 정치, 경제의 수단과 도구로서만 충실하게 자기 역할을 해왔을 뿐이다. 이젠 스포츠를 통해서 세상을 바로 잡을 때가 왔다고 생각한다. 그러기 위해서는 세상을 제대로 읽어야 한다. 잘못 읽는 것은 오해를 불러와 불신과 혼란, 갈등을 조장하게 한다.

단순히 읽는 것이 중요한 것이 아니라 어떻게 제대로 읽어낼 수 있느냐가 더 중요하다. 읽는 것은 글자를 읽는 것이 아니라 글자 안에 함의된 내용을 읽는 것이다. 그것은 눈으로 읽기 보다는 심안으로 읽는 것에 가깝다. 스포츠와 세상은 밀접한 관계를 맺고 있다. 그 관계에 대한 올바른 읽기를 통해 이해를 하게 된다면 세상살이는 변화할 수 있다.

우리사회는 스포츠공화국이라고 할 만큼 스포츠가 넘쳐난다. 프로스포츠, 아마스포츠 등 모든 스포츠가 일상세계 속에서 쉽게 만날 수 있다.

특히 저자에게 스포츠는 하나의 강의와 연구대상이다. 대학에서 <현대사회와 스포츠>, <스포츠와 인성함양>, <스포츠문화의 이해>, <스포츠와 대중매체>, <영화로 배우는 스포츠문화> 라는 교양강의를 하면서 어떻게 하면 학생들로 하여금 스포츠로 생각하게 만들 수 있을까 하는 고민을 하게 된다.

그 결과로 영상자료와 학생 스스로 생각할 수 있도록 A4 용지 한쪽 면에 감상 과제를 제출하는 방식의 강의를 하고 있다. 교양의 특성을 고려한다면 너무 이론위주의 강의는 금방 싫증을 가져오기 때문에 한계가 있다. 그렇다고 재미 위주로 한 학기를 강의할 수도 없는 게 현실이다. 이 두 가지를 어떻게 융합할 수 있느냐가 효율적인 강의의 잣대가 된다.

저자는 우선 학생들에게 자료화면을 통해서 문제의식을 공감하게 한 후에 그 문제를 가지고 다양한 스포츠 이론과 학생들과의 소통 그리고 질문과 답변을 통해서 문제를 해결해 나가는 방법을 사용하고 있다. 그런 과정 속에서 학생들로 하여금 다양한 스포츠 문제가 스포츠 그 자체의 문제이기 보다는 우리가 살고 있는 세상과 아주 밀접한 관계를 맺고 있음을 피부로 느끼도록 한다. 그래서 타자의 문제가 아니라 자기 자신의 문제라는 것을 깨닫게 하고 있다.

그런 다음에 주인 의식을 가지고 스포츠 문제는 자신의 문제이기 때문에 문제 자체를 회피하지 말고 적극적으로 문제를 인식하도록 하고 대안과 처방을 제시하게 한다. 여러 학생들의 관심 속에서 제시되는 대안은 실제로 문제를 해결하는데 어느 정도 도움이 되겠지만 그 도움이 실제로 얼마 되지 않는다고 해도 문제의식을 가지게 되었다는 것 자체가 큰 수확이라고 할 수 있다.

전체 12장의 내용들은 학생들과 자료화면을 보고 함께 고민할 수 있는 주제들이다. 지상파 방송들에서 사용된 제목과 그 자료들을 그대로 이용하였다. 이들 주제는 우리 사회와 동떨어진 이야기가 아니라 아주 친밀하게 우리 주변에서 발생했던 우리와 아주 가까이 위치하고 있는 문제들이다. 가까이에서 마주치게 되는 스포츠 문제를 중심으로, 저자는 스포츠로 생각하기를 넘어서 스포츠로 세상읽기를 시도해보았다. 독자들이 이 책을 통해서 가지게 된 문제의식을 전문가의 문제라기보다는 자신이 아주 가까이 경험하게 되는 자신의 문제라고 생각하며 좋을 것 같다. 그래서 스포츠읽기에서 끝내는 것이 아니라 세상읽기의 시작이 되기를 바라는 마음 간절하다.

이 책이 만들어지는데 도움을 주신 분들께 지면을 통해 감사를 드린다. 출판의 기회를 주신 조승식 사장님과 편집실 그리고 교정하는데 도움을 준 이화여대의 윤미현, 이윤숙, 변보영, 김효신 선생님께 감사드린다. 끝으로 아내 김영선 선생님과 준이, 율이와 더불어 출판의 기쁨을 함께 하고 싶다.

2009년 12월

이학준

2판 서문

2판에는 각 장 마지막 부분에 학생들이 이 책과 강의를 들으면서 각자가 갖게 된 비판적 읽기와 반성적 읽기에 대한 부분을 첨가하였다. 이 부분은 인천대, 광운대, 한림대에서 교양강의를 들었던 학생들의 글임을 밝혀둔다. 이들 모두에게 감사함을 전한다. 모두 이름을 밝혀야 하지만 학생들이 익명을 요구했기 때문에 이름은 생략하였다. 책은 학생들과 함께 진화한다고 생각하기 때문에 2판에는 학생들의 생각을 담아보았다. 매주 학생들로 하여금 '스포츠로 세상읽기'에 해당하는 장을 읽고 내용요약, 자기생각, 질문으로 구성하여 개인적 차원에서 반성적 읽기를 하고 사회적 차원에서 비판적 읽기를 하도록 하였다. 그 결과 과제로 A4용지 한 쪽 과제를 내도록 하였다. 2판의 다른 변화는 도표와 그림을 추가하였다는 점이다. 전체의 내용을 쉽게 이해할 수 있도록 하기 위해서다.

스포츠로 세상읽기는 스포츠를 통한 사회변화를 꿈꾸는 일이다. 다시 말해서 스포츠로 세상읽기는 비판적 읽기(사회비판)와 반성적 읽기(자기반성)를 말한다. 비판적 읽기는 통해서 사회개혁 혹은 사회변화를 추구하고, 반성적 읽기를 통해서 자아반성과 자기혁신을 꿈꾸는 것이다. 읽기는 새로운 안목을 가지게 한다. 그 동안 스포츠가 정치, 경제논리에 이용만 당해왔기 때문에 이제는 역으로 스포츠가 정치나 경제에 영향을 주어야 한다고 생각한다. 더 이상 우리가 놀아나지 않고 주도적으로 놀 수 있는 사회를 만들고 건강하고 행복한 사회 만들기 위해 스포츠가 나서야 한다. 과거에 스포츠가 수동적이고 적극적이지 못했다면 이제는 스포츠를 통한 사회변화를 시도할 때이다.

스포츠에서 공정함이라는 '페어플레이 정신'이 있다. 공정한 게임이 스포츠의 기본 정신이다. 세상은 공정하지 못한 것이 너무나 많다. 세상이 공정한 게임으로 진행된다면 패자는 패배를 인정하고 승자를 축하하고 존중할 수 있을 것이다. 하지만 공정하지 못한 게임 때문에 패자와 승자는 분열될 뿐이다. 스포츠를 통해서 공정한 정신(페어플레이)을 체질화하여 사회에서, 학교에서, 직장에서 공정한 게임이 되도록 하면 좋을 것 같다. 더 이상 이 사회가 반칙과 특권이 작동하지 않는 공정한 사회를 꿈꾸어 본다. 그 꿈의 실현을 스포츠에서 찾아보았다. 실현 가능성은 스포츠참여를 통해서 공정한 정신을 체질화 하는 일이다. 페어플레이 정신이 사회 모든 곳에 전이되어서 공정한 게임이 진행되는 사회가 되기를 간절히 바란다.

2010년 8월

이학준

3판 서문

3판을 출판하게 되었다. 강의를 하다보면 늘 부족함을 느낀다. 그 부족한 부분이 바로 몸과 자살에 대한 문제이다. 스포츠는 몸으로 배우는 공부이기 때문에 몸과 아주 밀접한 관련성을 갖는다. 하지만 스포츠와 자살은 큰 관련성이 없는 것 같이 느껴지지만 운동선수 중에서 여러 가지 이유 때문에 자살을 택하는 이들이 있다. 그래서 몸과 자살에 관련된 내용을 추가하게 되었다. 추가된 7장과 8장을 포함해서 전체를 14장으로 구성하였다.

7장은 "몸의 전쟁: 다이어트 그 유혹을 넘어" KBS에서 방영된 영상을 참고하여, 저자가 이전에 발표하였던 "몸의 지위"와 "몸이라는 화두를 통해본 스포츠미학"에 관한 내용을 책 속에 담게 되었다. 내용은 몸의 흐름과 몸의 지향이다. 몸의 흐름을 과거의 몸, 현재의 몸, 미래의 몸으로 구분하여 알아보았다. 과거의 몸은 정신과 비교하여 몸의 지위가 상실되었고, 현재의 몸은 지위를 회복하고 변화하고 있으며 미래의 몸은 몸의 지위를 높이게 위해서 몸이 인식주체, 심미주체, 도덕주체가 되어야 함을 강조하였다. 그리고 몸의 지향은 몸의 닦달에서 몸 닦기 그리고 몸 살림으로 지향해야 한다는 내용을 담고 있다.

8장은 "자살, 한국사회를 말하다." MBC 방송을 참고하였고, 주된 내용은 군대에서 스포츠로 자살예방하기와 스포츠로 행복하기에 대하여 다루었다. 스포츠가 자살을 예방할 수 있는 근거를 스포츠의 카타르시스 기능과 지구력스포츠에서 찾아보았다. 스포츠가 정화장치 역할을 할 수 있고, 지구력 스포츠를 통한 인내력, 강인한 정신력으로 자살충동을 억제할 수 있다는 내용이다. 또한 스포츠로 행복하기는 스포츠를 배우는 즐거움, 성취의 즐거움, 몰입의 즐거움으로 나누어 알아보았다.

이외에 전체 내용파악을 점검하기 위해서 연습문제 1, 2를 첨부하였다. 연습문제는 객관식, OX문제, 단답형 문제, 서술형 문제 등 각각 60문항이다. 문제풀이 하는 과정에서 전체 내용을 파악하는데 도움이 될 것이다. 정리한다는 생각으로 문제를 풀어보면 전체 내용의 명확하게 이해될 것이다.

강의를 하면서 머리에 각인되는 문장이 하나있다. 그것은 "놀아나지 말고 잘 놀자"는 말이다. 우리는 항상 일하기보다는 놀 생각만 하는 것 같다. 일보다 놀기를 더 원하기 때문이다. 하지만 막상 놀게 되면 능동적으로 알아서 잘 놀지 못하는 것 같다. 아이들은 또래와 만나 금방 친해지고 같이 잘 논다. 하지만 어른들은 누군가를 만나도 잘 놀지 못한다. 어색해서 친해지지 못한다. 그래서 상품화 된 놀이를 소비하게 되는 것 같다.

월드컵 축구, 월드 베이스볼클래식(WBC) 이 모든 것은 마케팅 차원에서 경제적 이익을 위해 기획 된 것들이다. 어떻게 보면, 우리는 거기에 놀아나는 것이다. 눈앞의 즐거움으로 경제적으로 손실을 당하게 된다. 경계해야 하며, 더 이상 무엇에 의해서 놀아나지 말고, 알아서 잘 놀아야 한다. 사는 것을 소풍놀이에 비유한다면, 자신의 소풍놀이에서 자신이 주인이 되어서 자기 주도적으로 잘 놀아야 한다. 그게 잘 노는 것이다.

내 머리 속을 떠나지 않는 또 다른 문장은 "체육개혁이 필요해!"이다. 왜 체육개혁이 필요할까? 겉으로 보면 우리는 스포츠강국으로 세계에 우뚝 서서 과시하고 있다. 2018년 평창동계올림픽을 유치하면서 한국의 위상은 높아만 보인다. 겉으로 보이는 우리의 모습은 화려하고 폼 낼 수 있다. 하지만 시선을 안으로 돌려보면 알맹이는 부실한 스포츠의 모습을 보여주고 있다. 화려한 잔치를 위해서 내부의 문제를 잊고 있는 것은 아닌지. 겉으로 페어플레이를 외치지만 과연 얼마나 페어플레이하게 살고 있는지 한 번 생각해 보자.

2011년 8월

이학준

증보3판 서문

지금 런던에서 하계올림픽이 진행 중이다. 한국선수들은 최선을 다하여 4년을 준비하면서 흘렸던 땀의 대가를 거두어들이고 있다. 국민들의 의식도 많이 변화하여 메달의 색보다는 선수들이 최선을 다하는 모습에 박수를 보내고 있다. 선수들도 경기를 즐기려 하고, 국민들 역시 경기를 즐기려 한다. 메달 숫자가 그 나라의 경제력을 평가하는 시대는 지나갔다. 문제는 오심이 속출하고 있다는 점이다. 인간적인 실수라면 문제가 없겠지만 의도된 오심이라면 선수들의 그 동안의 노력이 물거품이 되기에 걱정된다.

이 책도 최고보다는 최선을 다해서 수정하고 내용을 첨가하였다. 매번 개정판을 낼 때 마다 최선을 다해 고쳐도 또 보충할 부분이 나온다. 이번에도 개정증보 할 기회를 얻어 각장마다 스포츠읽기를 첨부하였다. 스포츠읽기는 각 장의 내용과 관련된 신문기사에서 가져왔다. 이 부분은 본문 내용을 심화 보충해주는 역할을 할 것이다. 그리고 7장과 8장에 비판적 읽기와 반성적 읽기를 보충하였다. 이 부분의 글들은 수업을 들었던 학생들의 글이다. 연구문제는 각각 5문제를 추가하였고, 연습문제 1, 2는 각각 10문제를 첨가하였다.

스포츠로 세상읽기를 위하여 다양한 노력의 흔적들을 보충하여 좀 더 쉽고 재미있게 이해할 수 있도록 하였다. 그 동안 독자들의 지대한 관심과 충고와 격려 속에서 증보개정판을 내게 되었다. 이후에도 지속적으로 보충하고 더 완성된 책으로 보답할 것이다. 이 책은 여전히 현재진행형이다. 수업을 들었던 학생들과 독자들의 지적을 겸허하게 받아들여 수정하고 보완하도록 하겠다. 책을 만드는 데 노력을 다 하신 북스힐 편집부에 감사드린다. 또한 가족들에게 고마움을 전한다.

2012년 8월 8일

이학준 올림

차　례

1부

스포츠 속의 세상을 읽다

01 시작하는 글

현대사회와 스포츠는 아주 밀접한 관계를 맺고 있다. 스포츠 없는 삶을 생각한다면 얼마나 인간의 삶이 무미하고 건조할까. 스포츠가 있기 때문에 생존을 위한 노동에서 조금이라도 떠나서 자유로운 시간을 가지며 즐길 수 있다. 그 만큼 스포츠가 인간의 삶에서 활력소의 역할을 다한다. 심지어 굴뚝없는 공장이라고 할 수 있는 스포츠산업은 지하자원이 부족한 우리나라의 현실에서 미래 산업으로써 기대하고 있는 미래 유망한 분야임에는 틀림없다.

현재도 스포츠산업은 발전 가능성이 높아 보인다. 주5일 근무제로 과거 보다는 여가시간의 증대를 가져왔고 이 때문에 스포츠산업은 끊임없이 발전하고 있다. 일상생활을 살펴봐도 스포츠는 아주 친밀하게 우리 곁으로 위치하고 있을 뿐만 아니라 가까운 곳에 있다. 지금은 공원이나 학교운동장에서 스포츠를 즐기는 사람들을 너무나 쉽게 볼 수 있다. 그것이 건강을 위해서든 아니면 즐거운 삶을 위해서든 스포츠는 넘쳐난다. 인류의 역사에서 유래를 찾아볼 수 없는 스포츠의 황금기이다.

스포츠 황금기

스포츠 황금기는 그 자체로 즐겁고 환영할 만한 것으로 받아들이면 그만일까. 아니면 숙고를 통해서 어떻게 수용해야 할까를 고민해야 하는 문제인가. 그 고민 가운데 저자가 위치하고 있다. 현상만으로 모든 것을 판단하지 말고 현상 속으로 들어가 그 자체를 생각해 봐야 한다는 논리이다. 그래서 스포츠의 황금기는 스포츠를 어떻게 읽어야 하는가에 대한 의문을 가지게 만든다. 정확한 읽기를 통해서만 스포츠에 대한 이해를 할 수 있다. 이를 위해서 우리의 주된 관심의 대상이 되는 주제들을 선택해서 깊이있고 넓게 읽어 보려고 한다. 독자들이 이 책에 제시된 스포츠와 사회에 관련된 다양한 사례를 읽고 생각의 실마리를 발견할 수 있을 것이다.

생산 현장에서 살아가기에 바쁜 일상을 살다보면, 생각 없이 일상을 반복적으로 살아가고 있다는 느낌이 지배적이다. 어제 보다 즐거운 오늘이 되지 못하는 것은 일상의 반복에서 벗어나지 못하고 감금당하기 때문이다. 그래서 재미와 즐거움을 찾기 위해서는 일상에서 의미를 발견하는 것이 우선이다. 의미 없이 반복되는 일상은 무미하고 건조할 뿐이다. 우리가 살고 있는 사회는 크고 작은 문제들이 산재해 있다. 문제의 규모가 크거나 작은 차이에 불과하고 이미 여러 문제를 제기하고 있다. 독자들이 스포츠로 우리사회에 대한 문제의식을 가지고 고민할 수 있게 된다면 이 책의 소임을 다하게 된다.

스포츠로 생각하기

'스포츠로 생각하기'를 통해서 우리가 경험하지 못했던 사회문제와 스포츠사회에 나타난 사회의 모습을 사실대로 볼 수 있다. 우리의 뇌를 자극하는 강력한 문제와 이를 해결하려는 두뇌싸움은 일종의 수수께끼를 푸는 것과 같은 재미를 준다. 수수께끼는 풀었을 때 재미를 선사하지만 풀기도 전에 포기하거나 회피해 버리면 재미를 얻기 힘들다. 단순히 지루함과 머리 아픔만을 선사 할 뿐이다. 한 예를 들어 보자.

2002년 월드컵축구는 아직도 우리의 기억 속에서 메아리치고 있다. 전 국민을 하나로 만들고 거리응원이란 새로운 응원문화와 축제를 형성한 월드컵 축구는 한국인에게 지워지지 않는 아름다운 축제로 영원히 기억되고 있다. 하지만 화려한 현상 이면엔 우리가 보지 못한 점도 있다. 미디어에서 보여주는 것은 화려한 축제의 모습뿐, 월드컵 축구의 어두운 면은 감추었다. 그 화려한 축제 뒤에 FIFA의 횡포를 발견할 수 있다. 월드컵 축구의 현상적인 성과는 성공적으로 보였을 뿐이다. FIFA 때문에 손실을 당한 국내 중소기업과 숙박업, 입장권 판매 등 피해는 실로 엄청나다. FIFA는 일종의 거대한 스포츠 마케팅 회사이며 축구마피아라고 할 수 있을 만큼 강력한 힘을 행사하며 피해를 입혔다. 화려한 축구에 가려진 월드컵 축구의 현실을 살펴볼 수 있는 점이다. 거대화 되고 있는 FIFA의 실체를 파악하고 FIFA의 독선과 권력을 무력화 할 대안 세력이 제시되어야 한다. 그렇지 않다면 FIFA는 축구마피아가 되어 축구로 세계를 장악할 것이다.

온통 우리사회는 재미만을 추구하고 있다. 재미있는 것만을 하려고 하고 실제로 하고 있을 뿐이다. 심지어 재미없는 것은 외면을 하고 있다. 재미는 재미있는 것이 따로 존재하는 것이 아니라 자신의 태도에 따라서 재미가 있을 수 있고, 없을 수 있다. 재미있다는 영화를 보고 어떤 사람은 아주 재미있다고 말하지만, 다른 경우에는 지루하다고 말하는 경우도 있다. 공부와 연구도 재미있을 수 있다. 어떻게 하느냐에 따라서 달라진다. 공부에서 재미를 얻을 수 있는 것은 다른 것들을 잊고 책에 매달려 빠져들어 가는 일이다. 읽고 생각하면서 현실문제에 대한 해결 방안을 찾고 그 과정에서 책에 빠지면 된다. 이런 연장선상에서 이 책은 스스로 생각하는데 도움을 줄 것이다.

이 책에서 다루는 내용은 기존의 지상파 방송에서 방영된 PD수첩이나 뉴스추적, 특별기획 등에서 방영된 내용들을 주 텍스트로 하였다. 매체를 텍스트로 삼은 이유는 책읽기 보다는 영상물을 접근하기가 쉽다는 점과 이해 또한 빠르다는 이점 때문이다. 하지만 영상물이 가지는 한계는 보는 것만으로 끝나고 생각을 유도하지 못한다는 점이다. 이를 보충할 수 있는 방법은 책에서 찾아야 한다. 관련 영상물과 책을 중심으로 한 주 강의에 적당하게 구성되었다. 각 장 끝에는 생각해볼 문제를 달았다. 조금 더 심화된 공부가 필요한 사람은 이 부분을 잘 활용하면 도움을 받을 수 있다. 각장의 제목은 각 방송국에서 방영된 제목을 그대로 사용하고 있다. 더 깊이 읽기를 위해서는 관련 제목의 영상물을 각 방송국 인터넷 홈페이지에서 찾아보면 된다.

스크린경마, 게임인가? 도박인가?

우선 1부 3장은 스크린 경마, 게임인가? 도박인가? 에 대하여 알아본다. 우리 주변에서 쉽게 볼 수 있는 스크린경마를 주목하여 보았다. 과연 스크린경마가 게임인지 혹은 도박인지, 스포츠인지 개념을 중심으로 알아본다. 개념을 파악하는 일은 학문에서 가장 중요하다. 개념에 대한 정확한 이해가 없으면 혼란을 초래하게 된다. 어떤 것이 스포츠인지 아닌지 구분할 수 없다. 가장 대표적인 것이 e-스포츠이다. 스포츠라고 명명하기 위해서는 적어도 규칙, 대근활동, 경쟁, 즐거움이 있어야 한다는 사회학적 정의를 생각할 수 있다. 이러한 기준을 적용하면 대체로 스포츠와 스포츠가 아닌 것을 쉽게 구분할 수 있다. 도박과 게임의 경계를 찾아보는 것도 재미있는 일이다.

한국스포츠 100년

4장은 한국스포츠 100년의 역사를 다룬다. 그 이전에 스포츠라고 할 수 있는 모습을 한 신체활동이 있었을 것이다. 활쏘기와 무예는 스포츠의 그 옛날 이름에 해당한다. 하지만 이 장에서는 외래어 스포츠가 도입된 이후의 역사를 지칭한다. 뿌리를 알지 못하면 자신의 정체성을 알지 못한다. 정체성이 정립되지 못하면 혼란에 빠지고 만다.

과연 사람들은 어떤 스포츠를 즐겨했으며 사람들의 삶과 스포츠가 어떤 관계 맺음을 통해 성장해 왔는지 살펴볼 수 있다. 스포츠는 사람들과 희노애락을 함께 해왔다. 즐거울 때나 슬플 때나 스포츠는 늘 우리주변에 있었다. 100년의 역사를 10개의 주요한 경기를 중심으로 알아보고 잊혀 지지 않고 세월과 함께 한 중요한 경기 장면들과 거기에 관련된 이야기를 찾아가면서 읽어 나가다 보면 읽는 재미와 함께 보는 재미를 더할 것이다.

스포츠는 평생필수과목이다

5장은 '스포츠는 평생필수과목이다'라는 주제에 대하여 알아본다. 스포츠에 대한 좋은 추억을 가지고 있는 사람도 있지만 악몽과 같은 좋지 않은 기억을 가지고 있는 사람도 있다. 어린 시절 친구들과 함께 했던 운동회 속에는 달리기가 빠지지 않고 있었다. 일등을 해서 공책을 받는 아이도 있었고 꼴찌를 해서 좋지 않은 기분을 경험해 본 아이도 있다. 어쨌든 스포츠가 우리 삶에서 필수인지 아니면 선택인지를 영상화면과 책을 통해서 알아보자.

특히 공부와 운동의 병행이라는 주제에 대하여 면밀하게 살펴보고 숙고해봐야 한다. 우리사회는 죽어라고 공부만 하는 부류와 죽어라고 운동만 하는 부류의 학생들이 이 땅에는 넘쳐나고 있다. 오직 인생은 한방이라고 생각해서 한방에 모든 것을 내건다. 그 이유는 학벌사회의 특성 때문이라는 것을 외면할 수 없다. 공부만 하는 학생들은 교육게임을 앞두고 전력투구를 하고 있다. 대학입시가 사회계층을 결정하는 단 한 번의 기회이기 때문이다. 이 기회를 잃게 되면 회생하기 어렵다. 학벌은 벗어날 수 없는 것이 되었다. 학생선수들은 전국대회 4강 혹은 8강을 위해 운동만 죽어라고 한다. 학생선수의 경우도 운동으로 대학을 가지 못하면 그 만큼 현실에서 생존하기가 어려워진다. 무엇이 잘못된 것 같은데 그것이 무엇인지 확인해 보자.

약물로 뛰는 선수들

6장은 '약물로 뛰는 선수들'이라는 충격적인 보도이다. 어린 학생들에게 약물복용이 일상화 되어 있다는 것은 놀라운 일이다. 기록과 결과에만 내몰리는 어린 학생들에게 승리에 대한 달콤한 유혹은 사탕의 단맛과 같이 쉽게 빠져들게 만든다. 그 결과 생리불순과 과다체증, 무기력증 등 다양한 증상들이 나타난다. 결국 이 영상자료에서 발견할 수 있는 것은 국내에서 어린 선수들에서 부터 프로 선수들까지 약물복용이 있어왔다는 사실이다. 보약이라고 말하면서 기록단축과 승리를 위해서 약물복용이 점차적으로 확대되고 있다. 연습과 노력을 통해서 승리와 기록단축을 하려는 것보다는 쉽게 약의 힘을 이용하여 성취를 하려는 학생들의 모습을 보게 된다. 승리 지상주의와 결과 지상주의가 지배적으로 작동하는 한국적 현실에서 운동을 하는 선수들에게도 그 여파가 미치고 있음을 확인할 수 있다.

골프장 230, 누구를 위한 잔치인가?

2부는 일곱 개의 장으로 구성하였다. 9장은 '골프장 230개, 누구를 위한 잔치인가' 이다. 스포츠와 환경의 관계에 대하여 좀 더 치밀하게 다루어 보았다. 환경에서 자유로운 분야는 이미 없다. 모든 것이 환경과 밀접한 관계를 가지고 있기 때문이다. 이미 인간의 보금자리를 위협받는 시대에 환경을 생각하지 않을 수 없다. 환경은 스포츠에서 아무런 관련성이 없는 것처럼 느끼지만 사실 스포츠에서 환경은 중요한 문제 중에 하나다. 현재 국내에서 스포츠가 환경파괴의 주범이 되고 있다. 골프장과 스키장을 건설하는 과정에서 수십 년 된 나무들이 개발이라는 명목으로 사라지고 있다. 특히 국토의 70%가 산림이기 때문에 국토의 효율적 활용이라는 측면에서 개발의 정당성을 주장하고 있다.

하지만 환경은 미래를 위해서 보존해야 할 현 세대의 책임이다. 지금 우리 세대만 살고 가면 그만인 세상이 아니라 다음 세대도 이 땅에서 살아가야 하는 땅인 것이다. 한번 살고 그만인 것이 아니라 지속적으로 살아가야 할 터전인 것이다. 개발과 보존의 논리가 환경문제에서 핵심이다. 특별한 것을 생산하지 못하는 스포츠는 비난의 대상이 되기 쉽다. 지역의 경제발전과 대립되는 것은 지역주민의 생존의 터전이 사라진다는 문제이다. 인간의 즐거운 여가행위를 위해서 골프장이 증가하고 있지만 그곳은 이전에는 동물들의 터전이었다. 여러모로 스포츠와 환경에 대하여 생각해 봐야 한다.

황색질주 10년, 스포츠신문

10장은 '황색질주 10년, 스포츠신문'이다. 스포츠신문은 우리 주변에서 쉽게 접할 수 있다. 뿐만 아니라 스포츠신문은 우리가 가장 많이 구독하는 신문이기도 하다. 쉽게 접할 수 있고 재미있게 읽을 수 있다. 문제는 스포츠신문의 선정성 논란이다. 단순히 판매율을 높이기 위해서 황색저널리즘을 유지하고 있다. 전라의 여성사진이나 성적 자극을 유도하는 만화나 광고 등은 이미 위험수위를 넘고 있다. 스포츠신문의 본래의 역할은 무엇인지 알아보고 왜 스포츠신문은 선정적 기사로 가고 있는지 그 이유와 스포츠신문에 관련된 여러 문제를 다루어 본다. 특히 음란성 광고나 선정적 기사는 사회적으로 악영향을 미칠 수 있다는 위험론이 제기되고 있다. 스포츠신문의 사회적 역할과 기능을 고려해야 한다는 책임론 또한 나타나고 있다. 스포츠신문의 역할은 보도, 선도, 오락, 통합의 역할이다. 이러한 요소들 가운데 중요하지 않는 것은 없다. 적어도 스포츠신문이 우리사회에서 책임감을 가지고 해야 할 과제는 전문성 강화와 스포츠문화의 선도이다. 그리고 편집의 민주화를 통해서 기자들의 정신이 잘 드러날 수 있어야 한다.

스포츠로 지배하라

11장은 '스포츠로 지배하라'이다. 스포츠와 정치의 관계를 다루고 있다. 스포츠공화국, 제5공화국의 스포츠 대통령 전두환이 프로스포츠와 올림픽에 관심을 가진 이유는 국민의 삶의 질을 보장하기 위한 것이 아니라 정치적 지배를 정당화하기 위한 수단으로 스포츠를 이용했다는 것이다. 우민화 정책의 일환으로써 프로스포츠를 만든 것은 국민을 위한 것보다는 지배를 정당화하기 위한 방안이었다. 스포츠로 지배하는 5공화국의 의도는 성공하였음을 알 수 있다. 반 정부의 대한 의식도 프로스포츠를 통해서 희석되었다. 프로야구가 어떻게 만들어졌는지 그 내막을 자료화면을 통해서 확인 할 수 있다. 국가주도에 의하여 만들어진 프로야구를 비롯한 프로스포츠는 의도와는 관계없이 국민들에게 볼거리를 제공했다는데 긍정적인 결과를 가져왔다. 하지만 프로야구가 만들어진 정치적 이면을 잊지 말아야 한다. 달콤함 사탕 맛에 이가 썩어가는 것을 알지 못하는 것과 같이 스포츠의 정치적 노림수를 잘 읽어 낼 수 있어야 한다.

강요된 선택! 체육특기생

12장은 '강요된 선택! 체육특기생'이다. 이 장에서는 체육특기생이 인권의 사각지대에서 언어폭력과 물리적 폭력, 성폭력에 피해를 보고 있음을 자료 화면을 통해서 확인할 수 있다. 다른 나라에서는 발견하기 어려운 우리나라만의 특이한 현상들이다. 운동선수라는 이유로 가해지는 비인격적 대우는 이미 인간이기를 포기한 경우라는 것을 쉽게 확인할 수 있다. 이들은 효율기계 혹은 운동기계에서 벗어나지 못한다. 왜냐하면 운동선수는 하나의 도구내지 수단이 되기 때문이다. 자신들의 경제적 이익을 챙기기 위해서 돈이 되는 선수들을 독려하고 때론 그 수준이 지나쳐서 닦달하게 만든다. 그러면 선수들은 정신없이 그냥 시키는 일에만 순종하는 기계가 된다. 아무런 감정도 생각도 없이, 생존하기 위해서 시키는 일에 순종하게 된다. 노예는 주인이 시키는 일만 한다. 그 이상에 대하여 생각하지 않는다. 단지 몸의 편안함만을 추구하기 때문이다.

지나가는 개도 동물보호 차원에서 때리지 않는데 인간인 운동선수를 때린다는 것은 있을 수 없는 일이라는 것을 영상을 통해 보게 된다. 체벌을 빙자한 폭력의 남용, 운동만 해야 하는 한국적 현실을 체육특기생의 일상생활에서 문제가 무엇인지 발견하게 된다. 성공과 승리를 위해서 참고 이겨내는 것만이 미덕인 현실에서 살아남기 위해서는 무엇이 필요한지 생각해 봐야 한다.

공부는 어린 나이부터 일찍 포기하고 운동만 죽어라고 해야 하는 선수들의 입장에서 운동에서 재미를 상실해도 할 것이 없기 때문에 재미없는 운동을 지속해야 하는 입장에 놓이게 된다. 이렇게 되면 운동은 재미있는 활동이 아니라 생존하기 위해서 어쩔 수 없이 해야 하는 노동으로 변하고 만다. 그렇게 운동만 매일 하고 학창시절을 보내야 하는 것이 학생선수의 운명이다. 운명을 바꿀 수 있는 방법에 대하여 누구나 알고 있지만 쉽게 말하거나 시도하려고 하지 않는다. 이기적인 자들이 자신들의 눈앞의 이익을 포기할 수 없기 때문이다. 결국 그들은 어린 학생선수들을 담보로 자신의 인생을 살아갈 수밖에 없다.

영화 '비상'을 보다

13장은 영화 '비상'에 대하여 알아본다. 영화 '비상'은 국내 프로축구리그에서 꼴찌 팀 인천 유나이티드 팀을 있는 그대로 영상으로 옮겨 만든 다큐 영화이다. 이 영화에서 우리는 삶의 위로를 받을 수 있고 어떻게 살아야 한다는 것을 발견할 수 있다. 천재가 아닌 한 평범한 삶을 살아야 하는 꼴찌들에 대한 위로이면서 보통 삶을 살고 있는 우리에 대한 위로이기도 하다. 강자와 천재들에게 기죽지 말고 힘내고 살아야 한다는 꼴찌들을 위한 희망가이다. 꼴찌도 언젠가는 승리할 수 있다는 희망을 갖고 지금 여기서 열심히 살 수밖에 없다. 그것마저도 하지 않는다면 인생은 낙담과 절망의 연속이다. 문제는 지금이 중요하다. 축구팀을 통해 우리 사회가 침체된 상태에서 힘을 얻어 활력이 넘쳐나기를 바라는 한국사회를 향한 응원가이기도 하다.

스포츠로 세상을 읽다

에필로그는 스포츠를 다시 생각해 보는 장으로 구성해보았다. 현대스포츠는 과거의 이념에서 벗어나서 사람 중심으로 변화해야 한다는 생각이 지배적이다. 이를 위해서는 보다 아름답고, 보다 즐거운 스포츠를 향하여 나가야 한다는 것을 말하였다. 이제 우리에게 필요한 스포츠의 모습은 보다 빨리, 보다 높이, 보다 강하게 라는 올림픽 모토의 모습이 아니라 자신의 취향에 따라서 스포츠를 선택하고 더 아름답게 더 즐겁게 하는 것이다. 이제 자본주의 시장논리에 따라 유용, 생산, 속도만을 핵심 가치로 숭배하는 것에서 벗어나야 할 시대가 되었다.

타인의 시선을 의식하지 않고 자신의 생각대로 스포츠를 즐기면 되는 그런 시대에 우리는 살고 있다. 지금까지 전문선수들의 운동에 기죽어서 자신만의 즐거운 스포츠를 하지 못했다. 단지 전문선수들의 경기만을 관람하면서 즐겼을 뿐이다. 하지만 스포츠는 구경만 하는 것이 아니라 직접 하는 것에서 더 재미를 찾을 수 있다. 우리가 지향해야 할 모토는 아름답고 즐거운 스포츠가 되어야 한다. 기계적인 운동이 아니라 아름다운 스포츠를 체험하고 즐길 수 있는 분위기를 만드는 것이 필요하다. 건강을 위하여, 몸매를 위하여 하는 스포츠보다는 즐겁고 아름답게 하는 스포츠를 생각해 봐야 한다. 시대가 변하면 스포츠를 하는 태도 역시 변해야 한다. 그래야 지속적인 스포츠의 성장 또한 기대할 수 있다.

위와 같이 스포츠로 세상읽기는 전체 12개의 장으로 구성하였다. 한 학기가 보통 15주라고 보면 강의안내와 중간고사와 기말고사를 제외하면 12주의 강의가 행해진다. 12개의 주제를 가지고 스포츠로 세상읽기를 진행하면 한 학기를 마칠 수 있다. 세상 속의 스포츠와 스포츠 속의 세상의 관계를 살펴보고, 스포츠로 생각하기를 통하여 세상을 읽어 낼 수가 있다. 특히 다른 매체가 아니라 스포츠로 세상을 읽는다는 큰 장점이 있다. 다른 매체를 통하여 보는 것과는 다르게 우리 일상과 아주 밀접한 관계를 가지고 있는 스포츠를 통하여 세상을 읽다보면, 그 동안 알지 못했던 새로운 사실과 진리를 만날 수 있다.

세상을 살아가는 지혜와 통찰력을 기를 수 있을 것이고 지금보다 더 나은 삶과 사회를 만들어 갈 수 있는 혜안을 얻을 수 있다. 지금까지 보지 못했던 문제들에 대하여 숙고하여 그 원인과 대안을 찾아보는 연습이 필요하다. 그래서 스포츠로 세상읽기를 할 수 있는 안목이 길러 질 것이다. 지금보다 살기 좋은 세상을 만들기 위해서 스포츠가 할 수 있는 일들 또한 발견하게 될 것이다. 스포츠와 관련된 너무나 많은 문제들이 잠재되어 있다. 그것은 스포츠 자체의 문제만이 아니라 스포츠와 관련된 보이지 않는 권력의 독점 문제이기도 하다. 스포츠로 세상읽기를 통해서 저자가 도달하고자 하는 최종의 목적지는 '좋은 삶'이다.

좋은 삶은 모두를 위한 좋은 스포츠를 하는 것에서 시작된다. 스포츠 그 자체가 타락하고 병리 문제를 보여주면 사회 역시 타락에서 벗어나지 못한다. 스포츠와 사회는 상호작용을 한다. 스포츠가 사회의 거울일 수 있고, 사회의 현상에 의하여 스포츠가 변할 수 있다. 저자는 스포츠 그 자체가 좋은 스포츠로 변하여 스포츠를 참가하는 사람들이 스포츠의 좋은 가치를 체험하고 몸에 체득하여 사회생활에서 재현할 수 있었으면 한다.

스포츠는 거짓말을 하지 않는다

'스포츠는 거짓말을 하지 않는다.'는 말이 있다. 몸으로 배우는 것은 잃어버리지 않는 특성을 강조한 말이다. 스포츠는 사회의 축소판 내지는 거울로 비유하는 이유는 스포츠를 보면 사회의 모든 것이 들어가 있기 때문이다. 만약 스포츠를 잘 읽어 낼 수 있다면, 사회문제 역시 쉽게 해결할 수 있다. 스포츠로 세상읽기는 여기서 중단하는 것이 아니다. 현재 진행형으로 우리가 살고 있는 이 땅에서 비롯된 문제를 스포츠를 통해서 해결방안과 희망의 지도를 그려보는 것이다.

스포츠로 행복하기는 다양한 곳에서 가능하다. 학교, 군대, 사회에서도 스포츠로 행복할 수 있다. 이를 위해서는 스포츠를 잘 읽을 수 있어야 한다. 잘 읽는 다는 것은 스포츠가 우리에게 선사하는 삶의 지혜를 배울 수 있는 안목을 줄 수 있다는 말이다. 하나에 능통하면 다른 것에서 경지에 오를 수 있다. 스포츠에서 행복할 수 있다면 세상살이도 행복하게 살아갈 수 있다. 너무 힘들다고 좌절하지 말고 스포츠 안에서 희망을 찾아서 현재를 살아가고 미래를 준비한다면 지금 보다는 좀 더 좋은 삶을 살아갈 수 있다. 너무 삶의 무게에 기죽지 말고 당당하게 맞서 싸우면서 삶의 희망을 스포츠에서 얻을 수 있기를 기대한다.

페어플레이 하라

스포츠는 우리에게 '페어플레이' 하라고 말한다. 세상을 너무 쉽게 사는 것이 아니냐고 경고한다. 세상살이는 메가 게임이며, 본 게임이다. 게임은 규칙을 준수하고 공정하게 해야 한다. 사회는 공정하지 않는 비신사적 행위가 난무하다. 나만 잘 살면 된다. 혹은 내 가족만 잘 살면 된다는 생각이 지배적이다. 하지만 나 혼자 잘 살면 무슨 재미가 있겠는가. 공정하지 못한 게임을 누가 다시 하려고 하겠는가. 후손들에게 노력하면 성공할 수 있다는 희망을 줄 수 있어야 한다. 그냥 열심히 하면 좋은 결과가 올 것이라는 말이 거짓말이 되지 않도록 현장에서 실천해야 한다. 단지 말 뿐이 아니라 누구나 합의하고 공정하게 받아들일 수 있도록 토대를 만들어 가야 한다. 그래야 모두가 희망을 가지고 열심히 살아갈 수 있다. 노력이 헛되지 않고 진정 보상을 주는 사회가 필요하다.

페어플레이는 말만이 아니라 현장에서 실천되어야 할 가치이다. 우리가 스포츠에서 배울 수 있는 것 중에 가장 소중한 가치가 페어플레이다. 수단과 방법을 가지지 않고 비열하게 반칙을 써서라도 1등을 하는 것이 똑똑한 것으로 받아들이는 사회분위기는 한참 잘못되었다. 그 결과 규칙을 지키고 페어플레이를 실천하는 사람은 바보가 될 뿐만 아니라 눈치가 없다고 비난을 받기도 한다. 그럼에도 불구하고 사회는 스포츠를 스포츠가 되도록 하는 페어플레이 정신을 배울 필요가 있다. 아직도 페어플레이는 유효하기 때문이다.

이제 변해야 한다

이제 변해야 한다. 사회도 변하고 스포츠도 변해야 한다. 스포츠에서 이기는 것은 좋지만 문제는 어떻게 이기느냐가 더 중요하다. 수단과 방법을 고려하지 않고 승리하는 것은 정당성을 얻을 수 없다. 왜냐하면 스포츠규범에 하나인 공정함이 보장되지 않기 때문이다. 더구나 스포츠의 형식보다는 내용이 좋아야 한다. 내용이 좋기 위해서는 다른 무엇보다도 페어플레이를 해야 한다는 것이 전제된다.

페어플레이는 말로만 외치는 구호가 아니라 사회 전체가 공정하게 굴러가야 한다. 그래야 사회도 살기 좋아진다. 말로만 잘 하라고 외치는 것은 헛말일 수 있다. 특히나 자신들이 그렇게 하라고 말하면서 실제는 그 반대로 일을 진행하는 것은 모순이다. 어떤 일을 하든지 진정성을 가지고 열심히 해야 한다. 개인의 작은 변화에서부터 거대한 사회, 국가의 변화로 이어갈 수 있어야 한다. 나부터 실천하면서 다른 사람들에게 동참할 수 있도록 도움을 주어야 한다.

스포츠를 하는 인간의 목적

	즐거움 추구	건강 추구	인격 추구	승리 추구
1단계	쾌락(pleasure)	health(신체)	世人	결과
2단계	희락(joy)	fitness (신체+정신)	全人	기록
3단계	열락 (blessedness)	wellness (신체+정신+영혼)	聖人	의미

스포츠로 세상읽기

현대사회로 스포츠를 읽을 수 있을 뿐만 아니라, 스포츠로 현대사회를 읽을 수 있다. 둘 다 세상을 바라보는 안목과 통찰력을 가지게 한다. 스포츠에 나타나는 문제는 스포츠의 문제이기 보다는 사회의 문제다. 사회를 개혁하지 않으면 스포츠의 문제 역시 고칠 수가 없다는 것을 여러 현상을 통해 목격하게 된다.

승리 지상주의, 상업주의, 결과 지상주의, 외모 지상주의와 같은 문제는 스포츠의 문제만이 아니라 우리 사회의 문제이기도 하다. 사회와 스포츠는 상호관련성을 가지고 있기 때문에 한쪽만을 봐도 문제가 무엇인가를 알게 된다. 결국 우리가 할 수 있는 일은 스포츠를 잘 읽어서 사회에 대한 문제 의식을 가지고 사회를 개혁하는 삶의 자세를 갖는 것이다.

스포츠를 통해서 좋은 삶, 건강한 삶을 만들어 가는 희망의 그림을 그려본다. 인류 역사에서 스포츠는 이용만 당해왔다. 이제는 스포츠가 주체가 되어서 우리가 살고 있는 이 사회를 개혁해야 한다. 스포츠를 통해서 많은 혜안을 배워서 그 혜안을 가지고 사회를 치유해보자. 스포츠는 이제 좋은 삶과 사회를 위한 하나의 대안으로 작용하며 실천을 통해서 사회를 변화시킬 것이다. 저자는 스포츠에 희망을 걸어본다.

생각 거리

1. 현대사회와 스포츠의 관계에 대하여 생각해 보자.
2. 스포츠가 사회에 미치는 영향은 무엇인가.
3. 스포츠의 일탈에 대하여 알아보자.
4. 스포츠를 통하여 사회개혁은 가능한가.
5. 스포츠는 우리에게 무엇인가.

읽을 거리

1. 신성휴, 한왕택(1993). 현대스포츠론.
   서울: 성균관대학교 출판부.
2. 이동연 외(2000). 스포츠, 어떻게 읽을 것인가.
   서울: 삼인.
3. 정준영 역(2001). 스포츠, 그 열광의 사회학. 서울: 한울.
4. 송형석(2005). 근대성, 몸 그리고 스포츠. 대구: 이문.
5. 이학준(2005). 스포츠 속으로. 서울: 북스힐.

02 표절로 얼룩진 상아탑[1)]

지금 우리사회는 연구윤리와 표절문제에 대하여 심각하게 고민하게 되었다. 국민영웅과도 같은 황우석 박사의 연구부정과 신정아씨 가짜학위 사건 그리고 장관들의 표절검증으로 사회 전체가 그 동안 관심밖에 있었던 연구윤리와 표절에 대한 관심을 집중하게 되었다. 체육학계 역시 예외가 아니다. 이미 체육, 무용, 무도 연구 등에서 표절문제가 제기된 적이 있으며, 그것이 사회 밖으로 알려지지 않아서 우리에게 잘 알려지지 않았지만 표절 문제는 다른 분야의 일만이 아니라 체육계 전반의 문제가 되었다.

왜 많은 연구윤리와 표절문제가 나타나는가? 그 동안 알면서 제기하지 않았던 사례들이 이번 기회에 쏟아져 나왔기 때문이다. 과거에도 표절이 없었던 것이 아니다. 단지 동료들의 묵인과 침묵사이에 덮어져 있었다. 특히 장관임명이나 사회적 요직 임명, 신임교수 채용 과정에서 경쟁자들 간의 서로가 표절을 찾아내려 하고 있다. 어떻게 보면 경쟁자의 약점을 찾아내려는 전략적 행위라고 볼 수 있지만 과잉경쟁에서 표절문

---

1) 이 글은 2009년에 출판한 저자의 책 <인문체육학의 시선>의 내용을 다시 편집하고 수정한 것이다. 2006년 11월 1일 <추적60분>의 "표절로 얼룩진 상아탑 우리교수님이 부끄럽다." 방송 참고.

제가 핵심으로 부각되는 이유이다.

연구윤리와 연구진실성에 관한 선행연구들에서 연구윤리는 연구자가 연구를 할 때 지켜야 할 윤리규정 내지는 기준이라는 것을 알 수 있다. 연구윤리가 필요한 이유는 연구대상으로써 피험자의 피해를 방지하고 연구수행에 대한 연구자의 책임 그리고 연구진실성을 유지하기 위한 것이다. 연구윤리의 부재는 엉터리 논문을 양산하고 책임지지 않는 논문이 양산될 수 있다. 이러한 위험성은 최근에 사회적 이슈가 된 학자 출신 장관들의 검증과정에서 나타났다.

대부분 관행으로 지금까지 해왔기 때문에 문제가 없다고 말한다. 하지만 표절 기준에 따라서 적용해보면 분명히 표절이라고 할 수 있다. 이러한 표절행위에 대하여 우리사회 또는 학계가 관대한 이유는 모두가 공범일 수 있기 때문이다. 동료교수의 표절을 알고 있지만 말하지 못하는 이해관계, 정치적 관계 등 복합적인 관계망 때문에 한국 사회에서 표절에 대한 고발이나 고소가 많지 않다. 그 배후엔 복잡한 이해관계가 작용하기 때문이다. 하지만 같은 밥을 먹는 사이에 표절을 제기한다는 것은 쉽지 않다. 자신의 모든 것을 포기하고 제기할 수밖에 없는 구조가 작동하기 때문이다.

특히나 내부고발자의 경우 배신자라는 암묵적인 낙인이 작용하여 학문 활동의 제약을 받는다. 왜냐하면 어디까지가 표절이고 인용인지 애매한 규정과 연구윤리에 대한 공부가 부족하기 때문이다. 대부분 모르고 표절을 범하는 경우가 대다수이다. 문제의 심각성은 표절에 대한 이해에도 불구하고 악용하는 사례가 늘고 있다는 점이다. 연구비를 받고 제대로 연구를 하지 않고 자신의 이전 논문을 다시 발표한다거나 아니면 선행연구를 조합하여 짜깁기를 해서 연구결과로 보고한다. 이러한 행위는 분명 연구부정에 해당된다.

이 글이 지향하는 목적지는 체육학의 연구진실성 확보에

있다. 구체적인 목적은 첫째로 좋은 연구, 연구부정, 부적절한 연구에 대하여 탐구하는 것이며, 둘째로 체육학의 연구진실성 확보의 걸림돌에 대하여 알아보는 것이다. 그리고 셋째로는 체육학의 연구진실성 확보의 디딤돌을 제시하는 일이다. 연구방법은 연구진실성에 관련된 선행연구의 검토와 분석을 하는 것이다. 논의절차는 체육학의 연구 진실성 확보를 위하여 좋은 연구수행과 연구부정 그리고 부적절한 연구에 대하여 알아보고, 체육학에서 연구의 진실성 확보의 한계를 학력사회, 학위과정, 고비용의 문제에서 찾아본다. 끝으로 체육학의 연구 진실성 확보 방안을 제시할 것이다.

체육학의 연구진실성 확보

체육학이 학문적으로 지속적 성장을 위해서 반드시 해결해야 할 문제가 연구의 진실성 확보이다. 연구의 진실성은 좋은 의미로는 연구 부정행위(위조, 변조, 표절)가 없는 연구를 의미하지만 넓게는 인간 또는 동물을 실험대상으로 하는 연구에서 지켜야 할 윤리, 연구비의 정직한 사용과 함께 연구내용의 심사, 내부 부정행위 제보, 내부고발자 보호, 공동 연구윤리 등 연구자의 동려로서 지켜야 할 윤리까지 포함한다(김화진, 2006).

체육학회의 발전을 위해서는 우선 연구윤리강령과 지침을 마련하고 좋은 연구를 위한 회원들 간의 노력이 있어야 한다. 연구의 진실성을 확보하기 위해서는 좋은 연구가 어떤 것인지, 연구부정과 부적절한 연구가 어떤 것이 있는가를 알아볼 필요가 있다. 좋은 연구 수행을 위해서 반드시 필요한 핵심가치가 있고, 연구자가 해서는 안 되는 연구부정과 부적절한 연구가 있다. 이를 중심으로 알아본다.

1 좋은 연구

좋은 연구는 책임 있는 연구 수행과 같은 뜻으로 사용되고 있다. 좋은 연구 수행은 연구 진실성의 확보를 말한다. 좋은 연구수행을 위해 연구자가 지켜야 할 핵심가치에 대하여 2006년 한국학술진흥재단에서 발행한 연구윤리 소개에 잘 정리되어 있다.

“첫째, 정직성이다. 정직한 정보전달과 연구자 윤리 강령의 성실 이행을 말한다. 연구자 연구 강령의 준수를 하게 되면 책임 있는 연구 수행이라고 할 수 있다. 둘째, 정확성이다. 연구결과의 정확한 보고와 데이터의 최소 오차를 이용하는 것이다. 연구 상황에서 만나게 되는 유혹은 데이터의 활용 면에서 쉽게 발견된다. 데이터의 정직한 처리가 우선적으로 필요하다. 하지만 자신의 연구계획에 맞는 데이터를 조작할 수 있다. 자기의 연구목적에 부합되게 데이터 조작 및 통계 기법을 악용하는 사례를 들 수 있다. 셋째, 효율성이다. 현명하고 낭비 없는 자원의 이용을 말한다. 넷째, 객관성이다. 명확한 설명과 부당한 편견을 기피하는 것이다.”[2)]

2 연구 부정

연구부정 행위는 날조, 변조, 표절로 구분된다. 편견에 사로잡힌 연구, 통계와 실험장비의 오작동, 빈약한 연구 설계, 데이터 관리의 소홀 및 부주의, 학생지도의 무관심 등으로 나타난다(한국학술진흥재단, 2006).

날조는 연구 데이터를 가짜로 만들어 내고, 인위적으로 위

2) Nichols H. steneck(2004). Introduce to the responsible conduct of research.를 2006년 한국학술진흥재단에서 번역하여 소개한 “연구윤리 소개”에서 인용하였다.

조하는 것이다. 데이터는 충실하게 활용해야 하는데 연구자의 연구목적에 맞게 만들고 고치는 것이다. 변조는 연구결과와 상반되는 데이터를 삭제하거나 은폐하는 경우를 말한다. 날조와 변조는 체육인문학 연구에서는 거의 발견되지 않지만 체육의 자연과학 영역에서 데이터를 날조하거나 변조하는 경우가 있다.

체육인문학 전공자가 주목할 측면은 표절이다. 체육인문학의 경우 텍스트를 중심으로 연구되기 때문에 표절이 종종 발생한다. 하지만 모르고 표절을 하는 경우가 많기 때문에 표절에 대한 공부가 절실히 요청된다. 연구자 자신의 지적재산권이나 표절 시비에서 보호해줄 수 있는 것은 표절에 대한 이해뿐이다.

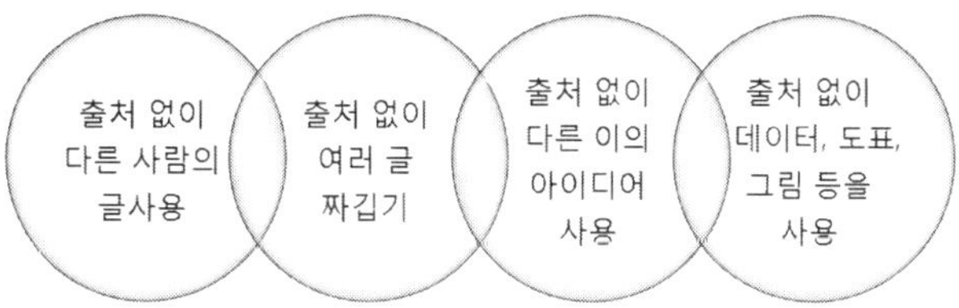

학습윤리에 어긋나는 표절 행위[3)]

표절은 다른 사람의 아이디어를 인용표시 없이 마치 자기 것인양 이용하는 것과, 자신의 과거 저작물을 인용표시를 하지 않고 다시 새로운 저작물에 사용하는 것을 말한다. 이외에도 이중게제를 들 수 있다. 이중 게제는 두 곳에 같은 논문을 게재하는 경우에 해당한다. 이중 게제는 다른 말로 중복 게재, 중복 투고 등의 용어로 쓰인다. 일반적으로 표절은 다음과 같이 정의되고 있다.

3) 가톨릭 대학교 교양교육원(2009). 가톨릭 대학교 대학생 학습윤리 가이드 북. 10-16.

표절은 의도적이든 비의도적의든 일반적 지식이 아닌 타인의 창작물이나 아이디어를 자신의 것인 것처럼 부당하게 이용하거나, 자신의 기존 창작물을 다시 이용함으로써 새로운 창작물로 보이게 하는 학문적 부정행위"라고 말할 수 있다. 표절의 대상은 대체로 타인의 저작물에 담긴 고유한 생각(아이디어), 독특한 표현(단어, 어구, 절, 문장, 그래프, 도표, 그림 사진 등) 연구 착상(가설)이나 방법(분석 체계 또는 논리), 이론 및 연구 결과, 데이터, 조사 자료 등이다(이인재, 2008a).

체육학 연구자들에게 필요하고 주의를 요하는 표절에 대하여 알아보자. 대체로 자기 표절과 인용 표절이라고 하는 짜깁기를 들 수 있다. 자기 표절이란 무엇인가. 자기가 썼던 과거의 글을 새롭게 사용하여 연구 성과를 늘려 승진이나, 임용에 연구업적으로 활용하는 경우이며, 인용 표절은 다른 말로 하면 짜깁기 표절이라고 할 수 있다. 엄격하게 보면 표절이라고 할 수 없고 수준 낮은 연구라고 할 수 있다. 하지만 이것 역시 엄격히 구분하여 표절이라고 할 수 있다. 논문이 인용표기를 엄격하게 지키고 있지만 인용으로만 논문이 구성되어 있는 경우는 표절이라고 할 수 있다. 짜깁기를 표절로 인정하는 다음의 예를 들어보자.

짜깁기는 가장 빈번하게 일어나는 표절의 형태로 자신이 것이든, 남의 것이든 그 일부를 모아 출처를 밝히지 않고 결합하는 것이다. 즉, 타인의 저술 속에 있는 텍스트 일부를 조합하거나 단어를 추가 또는 삽입하거나, 단어를 동의어로 대체하여 사용하면서 원저자의 출처를 밝히지 않는 행위를 말한다.[4)]

---

4) 고려대학교, 연구진실성 확보를 위한 연구윤리지침(안) 제39조.

앞의 글처럼 체육인문학 연구에서 가장 흔하게 발견되는 것이 논문 전체의 대부분을 인용으로 짜깁기와 바꿔 쓰기를 한 예라고 할 수 있다. 철저한 인용만 하면 표절 문제에서 자유롭다고 생각하지만 이 역시 표절에 해당한다. 세련된 편집만으로 논문이 되는 것이 아니라 자신의 독창적인 생각, 주장, 해석이 반영되어야 논문으로 인정받을 수 있다. 인용을 했는데 무엇이 문제냐고 항변할 수 있지만 자신의 생각이 10%도 들어가지 않은 논문은 엄격하게 말해서 표절이다.

표절에 따른 도덕불감증의 확산이 우려되기 때문에 제대로 알고 연구를 해야 한다는 당위성과 연구진실성의 확보가 요구된다. 자신이 몰랐다고 표절행위가 무마되는 것이 아니다. 모르고 표절을 범해도 그것은 연구자의 책임이다. 연구윤리와 표절범위를 자세하게 공부해야 하는데도 이를 소홀히 했기 때문에 연구자의 책임이 크다. 모르고 표절을 할 수 있는 몇 가지 사례를 중심으로 알아보자.

공동저자의 순서에 관한 문제나 연구에 기여하지 않고 공동저자가 되는 경우를 들 수 있다. 특히 제1저자의 우선순위는 연구에 공헌도를 따져서 순서가 정해지는 것이 상식이다. 다른 경우는 연구에 기여하지 않고 공동연구자가 되는 경우이다. 연구에 직접적인 기여를 하지 않고 이해관계 때문에 공동저자가 되는 것은 위법행위이다. "우리나라 저자권법에도 직접적으로 창작 또는 저술에 관여하지 않는 저작자로 이름을 올릴 경우(예: 창작 또는 저술을 전혀 관여하지 않고 단순히 지도교수라는 명목으로 공동저자로 이름을 올리는 경우 등)에는 부정발행으로 처벌(법 제99조)을 받게 된다고 밝히고 있다."(이인재, 2008; 재인용)

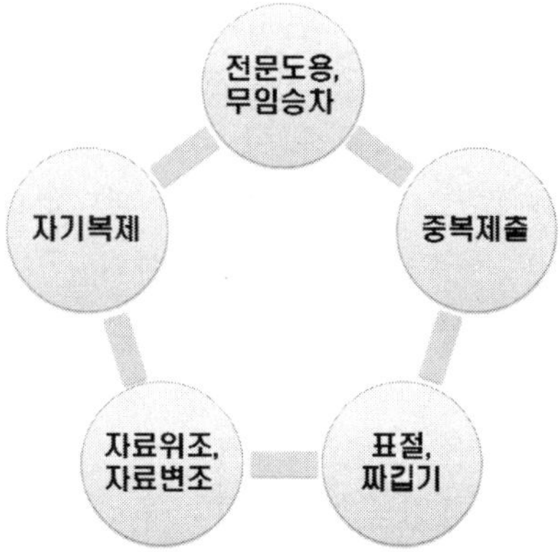

연구부정의 유형5)

[사례1]

○○대학 교수가 자신의 승진심사를 위해서 학교에 제출한 공동연구 논문이 표절로 들어난 사례이다. 그 결과 승진이 취소되고 징계를 받았다. 이 사례는 지도학생의 논문에 지도교수가 연구에 관여하지 않고 이름만 올렸을 뿐인데 결과적으로 공동저자이기 때문에 표절로 피해를 보게 된 경우이다. 이러한 사건은 앞으로도 발생할 개연성은 높다. 연구실적을 늘리기 위해 본인이 확인과 연구에 참여하지 않고 이름만 올리기 때문에 나타난 결과이다. 대학의 연구업적 요구, 연구비를 얻기 위해서 연구업적을 늘리는 것은 필요하다. 하지만 연구에 기여하지 않고 연구자 목록에 올리는 것은 무임승차와 같이 비윤리적 행위이다. 또한 학생지도에서 논문을 철저히 읽고 지도하는 태도가 필요하다.

---

5) 정병기(2008), 대학생 글쓰기의 부정행위와 연구교육 방안. 「사고와 표현」. 1(1). 267-294.

[사례2]

대학교육에서 발생하는 사례를 들어보자. 저자가 ○○대학교 중간고사 대체 리포트를 받은 적이 있었다. 한참을 읽어보니까 어디서 많이 읽어 본 느낌이 들었다. 그래서 자료를 찾아보니까. 한 학기 전에 다른 대학의 강의에 제출했던 리포트였다. 이 리포트는 잘 썼다고 생각했기 때문에 잊지 않고 있었다. 그래서 두 리포트를 비교해 보니까 똑같은 리포트였다. 인터넷에서 다운 받아 제출한 것임에 틀림없었다. 사실을 확인하기 위해서 인터넷상의 검색을 하였다. 그 결과 앞의 제출된 리포트가 매매되고 있음을 확인 할 수 있었다.

[사례3]

대학원생의 학기말 리포트가 교수의 논문으로 투고된 경우이다. 저자가 학회지 편집을 할 때 투고된 논문 중에서 눈에 익숙한 제목과 내용을 확인할 수 있었다. 그 논문의 내용은 다른 연구자에 의하여 이미 출판된 책의 내용을 그대로 표절한 것을 알 수 있었다. 이 논문을 투고한 교수는 대학원생이 제출한 학기말리포트 중에서 잘 됐다고 생각하는 리포트를 학회지에 투고한 것이었다. 적어도 이 논문이 표절했다고는 생각하지 못한 것 같다. 대학원생이 제출한 모든 것은 보호받아야 한다. 대학원생의 경우는 학기말 리포트를 죄의식도 없이 베껴서 제출한 비양심적 행동에 대하여 도덕적 비난을 받지 않을 수 없다.

3 부적절한 연구

부적절한 연구는 결과적으로 책임 있는 연구수행을 방해하거나 위배하는 행위를 말한다. 의도하지 않았지만 좋은 연구수행에 방해가 되는 잘못된 연구행위이다. 도덕적 책임은 면할 수 있지만 좋은 연구수행이라고는 할 수 없다. 고의적이지 않지만 왜곡된 논문은 부적절한 연구행위라고 밖에 볼 수 없다. 연구왜곡은 부적절한 연구행위에 포함된다. 서울대학교 연구윤리지침에 의하면 왜곡을 다음과 같이 규정하고 있다.

> 왜곡이라 함은 학문의 발전보다 개인의 이익을 위하여 고의적으로 연구데이터의 일부를 조장하거나 축소하여 진실하지 않은 결론에 도달하게 하는 행위로 연구부적절 행위에 해당된다. 이외에도 연구데이터가 정확하더라도 연구자 개인의 이익을 위하여 고의적으로 연구결과를 왜곡하는 행위는 연구부적절 행위에 해당된다(서울대학교 연구윤리지침, 2008).

사회적 책임이 결여된 연구행위는 부적절한 연구행위이다. 표절에서 교묘하게 벗어나지만 좋은 연구라고 말할 수 없는 연구이다. 사회적 기여 혹은 사회적 책임의식이 없고 다만 연구업적을 늘리기 위한 방법으로 연구 된 것뿐이다. 자신의 개인적 이익을 위한 연구라고 보면 된다. 사회적 비난과 사회적 책임에 관여 없이 일관되게 자신의 이익을 위한 연구수행이라고 할 수 있다.

이상과 같이 체육인문학의 연구 진실성을 확보하기 위해 좋은 연구 수행, 연구부정과 부적절한 연구로 구분하여 조사해 보았고, 좋은 연구에 필요한 핵심가치와 연구부정에 관련된 날조, 변조, 표절에 대하여 상세하게 알아보았다. 다음 장에서 표절부분에 대한 내용을 좀 더 보충하기 위해서 국내 체육인문학 분야에서 표절이 발생하는 사회적 구조의 문제에 대하여 알아본다.

연구진실성 확보의 걸림돌

연구의 진실성이 확보되지 않는 개인적 이유를 연구윤리에서 찾아보았다. 지금까지는 연구부정과 부적절한 연구가 개인의 문제에 맞추어졌다면, 이제는 구조적 차원에서 그 원인을 밝혀야 한다. 개인과 사회구조의 밀접한 관계 속에서 연구의 진실성을 확보하는데 걸림돌로 작용하고 있다. 이는 한쪽에 의해서 일방적으로 제한하는 것이 아니라 양쪽의 밀접한 관계 속에서 그 원인을 찾을 수 있다. 이하의 글에서 우리사회의 과잉된 학력사회, 허술한 학위과정, 고비용 이라는 구조적 문제에서 그 원인을 찾아보았다.

1 학력사회

대학원 체육학과는 지원자가 넘쳐난다. 반면에 다른 인문계열 대학원은 지원자가 점차적으로 줄어들고 있다. 왜냐하면 취업이 되지 않기 때문이다. 그렇다고 체육계열 대학원이 취업을 보장하는 것은 아니다. 독일의 경우 고학력이 필요 없는 운동선수들도 석사와 박사가 많다. 독일 분데스리가 축구선수들은 학력이 초등학교가 전부인 선수들이 많다. 그들은 학력이 그들이 하는 일과 관련이 없기 때문에 힘들여 학위를 하려고 하지 않는다. 학위를 하기 위해서는 일반 학생들과 동일한 과정을 거쳐야 하기 때문에 운동선수들은 힘든 과정을 굳이 하지 않는다. 독일의 경우 운동선수라고 특혜를 주지 않기 때문에 선수들은 힘들게 학위를 하려고 하지 않는다. 그들은 학위와 관계없이 사회적 대우를 받으며 잘 살아가고 있다. 하지만 한국의 현실은 무슨 일을 해도 학력이 요구된다. 그 만큼 우리 사회가 학력사회임을 여실히 보여준다.

❷ 학위과정

대학원 학위과정이 투명성과 객관성 그리고 엄정성을 가져야 한다. 학위과정이 어렵고 힘들어야 능력 있는 학생을 양성할 수 있다. 하지만 현실은 쉽게 학위를 할 수 있는 구조로 되어 있다. 결과적으로 허술한 학위과정이 연구부정과 부적절한 연구행위와 관련성이 있다. 연구부정에 의한 학위논문이란 짜깁기, 표절, 대필을 통해서 만들어진 논문을 말한다. 대학원 수업이 편하게 이뤄지기 때문에 이 같은 일들이 일어난다. 시험도 없고 대학보다 낮은 수업부담 때문에 쉽게 과정을 이수하게 된다. 현실은 어떻게 해서라도 쉽게 학위과정을 마치려고 한다. 너무 편하고 쉽게 학위과정을 넘어가려고 하기 때문에 학위논문을 작성하는데 어려움을 만나게 된다. 그것을 회피하는 과정에서 부적절한 논문이 만들어질 가능성이 높아진다.

❸ 고비용

대학원 수업을 들어가면 대학을 갓 졸업하고 학구열에 불타는 열정을 가진 학생을 만나기 어렵다. 즉 전업학생을 볼 수 없다는 점이다. 대개 어느 정도의 나이와 직장을 가진 학업과 생업을 병행하는 사람들이 대부분이다. 물론 그들도 학문에 대한 열정이 있음은 부인하지 못한다. 그들의 입학 동기는 거의 공부보다는 학위 취득에 있다. 학위가 필요한 이유는 학위를 통하여 사회적 지위와 경제적 이익을 얻을 수 있기 때문이다. 문제는 전업학생이 대학원에 들어와야 하는데 이들은 생존 때문에 또는 높은 수업료 때문에 대학원 진학을 포기한다. 그 결과로 생업과 공부를 병행하는 학생들이 대학원생의 주류가 된다. 장학금 수혜자를 늘려서 전업으로 공부할 수 있게 해야 한다. 이제는 공부에만 전념할 수 있는 대학원생이 필요하다.

이상과 같이 경로를 통하여 대량의 박사들이 배출되는 것은 학문적 발전을 보장하는 것이라고 믿고 싶지만 사실은 정반대일 수 있다. 부실한 학위논문과 기계적인 학위 양산이 나타날 수 있을 뿐만 아니라 대필이나 표절 등 부적절한 방법 등을 통해서 학위를 받는 경우가 발생할 수 있다. 또한 양은 질적인 문제를 낳는다. 비슷한 학위논문은 거기서 거기인 논문들이 양산된다는 점이다. 이러한 맥락에서 보면 박사학위논문수의 증가는 발전보다는 정체나 후퇴의 가능성이 높음을 시사한다. 연구하지 못하는 박사들이 배출되는 것은 학계에 도움이 안 된다. 왜냐하면 연구자가 아니라 연구자에게 기생하게 사람만 양산되기 때문이다.

연구진실성 확보의 디딤돌

체육인문학 연구는 이론연구이기 때문에 사회적 책임과 무관하다고 생각될 수 있지만 체육인문학 연구 자체가 이론으로만 끝나는 것이 아니라 직간접으로 사람들의 인식에 많은 영향력을 행사한다. 체육, 스포츠, 무용, 무도, 여가 등에 대한 사람들의 관심과 고민은 체육인문학 관련 논문들을 찾아볼 수 있다. 그렇기 때문에 사람들이 생각하는 것에 기초적인 것을 제공하게 된다. 연구결과는 곧 현실에서 활용될 수 있다는 생각에서 체육인문학 연구의 진실성 확보 방안을 개인적 차원과 사회적 차원으로 구분하여 알아보자.

1 인식전환을 위한 개인의 노력

우리가 하고 있는 연구가 지적유희로써 끝나고 마는 것이 아니라 체육, 스포츠, 무용, 여가에 대한 사회적 인식과 태도에 영향을 미칠 수 있다. 그렇기 때문에 체육인문학 연구자는 책임감을 가져야 한다. 연구가 연구로만 끝나는 것이 아니라 후속 연구자들이 계속해서 관련 연구를 하고, 일반인들은 연구 결과를 현장에서 활용할 수 있다. 이 때문에 책임감 있는 연구를 해야 하는 당위성을 갖는다. 책임감 있는 연구를 수행하는 것이 얼마나 중요한가를 이해하고 그 중요성을 받아들이는 태도가 요구된다. 중요한 것은 연구윤리에 대한 인식전환이다. 이를 위한 개인적 노력의 과제를 몇 가지로 제시할 수 있다.

첫째, 연구윤리의 정립과 이에 대한 연구자들의 이해가 필요하다. 연구윤리가 존재하지 않는다면 연구자들이 연구결과라고 발표하는 것들을 어떻게 믿고 활용할 수 있을까. 신뢰를 얻기 위해서는 연구윤리 지침을 마련하고 이에 따르는 책임감 있는 태도가 필요하다. 모든 연구는 삶의 질과 복지의 향상을 목적으로 한다. 인류의 삶의 질을 고양하고 복지를 증진시키기 위한 연구들이 있었기 때문에 지금과 같은 문명의 혜택을 누릴 수 있는 것이다. 연구윤리에 대한 이해 없이는 좋은 연구를 하는데 한계를 가질 수 있다.

연구윤리만이 아니라 연구자의 도덕성의 강화가 요구된다. 높은 도덕성이 전제 되지 않은 연구들은 위험할 수 있다. 잘못하여 반인륜적이며 비인간화를 가져올 수 있기 때문이다. 과학은 가치중립적이지만 그 결과의 활용에 있어서 도덕성이 요구된다. 도덕성의 부재는 브레이크 없는 자동차와 같다. 편리함을 제공하지만 위험성이 공존하기 때문이다. 어떤 위험성이 발생할지 아무도 모르게 된다.

그리고 사회적 책임감을 생각해야 한다. 좋은 연구는 사회적 책임을 가지는 연구이다. 공공의 복지와 삶의 질에 기여할 수 있는 책임감과 실천을 고려하는 연구가 되어야 한다. 또한 인류의 삶에 악을 행할 수 있는 연구는 제한해야 한다. 공공의 이익을 위한 현실적 노력이 필요한 이유이다. 이론적 연구는 이론으로 존재하는 것이 아니라 사람들의 인식과 태도에 영향을 준다. 어떤 사고를 하느냐가 한 사람의 행동의 변화를 줄 수 있다. 체육인문학의 연구결과는 바로 체육, 스포츠, 무용, 여가, 무도에 대한 인식에 영향을 주기 때문에 좋은 연구를 해야 한다. 연구가 연구로서만 끝나는 것이 아니다.

표절은 관행이기 때문에 아무런 문제가 없다는 안일한 생각이 가장 큰 문제이다. 타인의 재산을 훔치는 것만이 절도가 아니라 타인의 아이디어나 창작물을 도용하는 것도 엄격히 절도라고 할 수 있다. 그 동안 우리사회는 좋은 것이 좋다는 상호 이해관계 속에서 알면서도 묵인하는 관행이 존재해왔다. 하지만 사회가 변하기 때문에 타인의 지적재산권을 엄격히 규제하고 있다. 관행이라는 생각은 이제 버리고 사회의 규칙에 맞게 책임감 있는 연구를 수행하는 것이 필요하다. 그리하여 좋은 연구를 위해서 과거의 관행이라는 선입견을 버리고 새로운 인식을 가져야 한다.

그렇기 때문에 모르고 했기 때문에 문제가 없다는 것은 무지의 소산이다. 이것이 연구윤리에 대한 무지내지는 지적 게으름 때문에 나타난 결과라면 더 윤리적 비난을 받을 수 있다. 이제는 연구윤리에 대한 공부를 통해서 자신의 지적재산권을 보호받고 타인에게 피해를 주지 않도록 해야 한다. 알고 했거나 모르고 했거나 다 문제가 된다는 생각을 해야 한다. 우리의 연구행위를 보장받을 수 있는 것은 좋은 연구를 수행하려는 신념과 철저한 규칙준수에 있다. 아무리 올림픽에서 세계신기록을 수립해도 규칙에 벗어나면 인정받지 못하는 것처럼 자신의 지적 노동의 결과에 대한 보호와 인정을 받기 위해서는 연구윤리를 준수해야 한다.

2 제도개혁을 위한 제도화 방안

좋은 연구를 위해서 필요한 것은 연구자의 윤리 뿐만 아니라 제도적 장치도 필요하다. 일단 연구부정과 부적절한 연구행위의 방지가 필요하다. 이를 위해서는 윤리위원회를 구성하고 연구부정 관련자를 처벌하고 처벌을 강화해야 한다. 형식상의 처벌이 아니라 실질적으로 적용될 수 있는 구체적 처벌규정을 마련하고 이를 실행에 옮겨야 한다. 단지 형식적인 규정에 끝나는 것이 아니라 규정에 따른 처벌이 따라주어야 연구윤리는 실용성을 얻는다.

다른 하나는 연구윤리교육의 강화 내지 필수화이다. 대부분의 학자나 대학원생들이 표절에 대하여 잘 알지 못하고 표절이 문제 될 것이 없다는 입장을 보면서 표절에 대하여 무감각하다는 것을 쉽게 알 수 있다. 그 이유는 학부 때부터 베끼기와 짜깁기를 이용해 리포트를 제출해 왔기 때문에 무엇이 문제인지를 의식하지 못하는 도덕불감증에 빠져 있기 때문이다. 학부 때부터 표절에 대하여 불이익을 받도록 제도적 장치를 만들어 규제하고 교육을 통하여 표절은 범죄 행위라는 강한 인식을 심어주어야 한다.

체육학 전체 좁게는 체육인문학의 연구진실성을 확보하기 위하여 체육철학 교과목내에 연구윤리에 관한 항목을 설치하고, 학부생들이 교육 받을 수 있는 방안을 제공하는 것이다. 체육철학 전공자의 목소리를 낼 수 있는 기회를 주는 것이다. 그냥 방관하고 있으면 연구윤리는 명목으로만 존재하고 사라질 수 있다. "체육연구윤리"라는 교과목을 개설하여 체육학 연구에서 필요한 연구윤리, 연구의 진실성, 좋은 연구, 연구

부정, 부적절한 연구, 표절의 범위, 평가, 인용방법 등 좋은 연구를 위한 교육을 철저하게 시키는 것이 필요하다. 교육만이 사람을 변하게 한다. 무엇이 잘못된 것인가에 대한 교육을 통해서 자신의 연구물이나 창작을 보호 받고 타인에게 피해를 주지 않도록 교육해야 한다.

맺음말

지금까지 체육학의 연구진실성 확보에 대하여 알아보았다. 연구는 세 가지로 구분된다. 좋은 연구 혹은 책임감 있는 연구와 연구 부정, 그리고 부적절한 연구이다. 좋은 연구는 정직한 연구를 말한다. 정확한 인용과 신뢰는 좋은 연구의 시작이다. 진실성과 정직성을 가진 연구들은 좋은 연구의 대표적인 경우이다. 상식과 양심에서 벗어나지 않은 연구를 수행하는 것 역시 좋은 연구의 기본이다. 부적절한 연구는 의도하지 않은 연구이지만 도덕적 비난에서 자유롭지 못한 행위라고 할 수 있다. 따라서 법적 책임은 없지만 도덕적 비난을 받을 수 있다.

반면에 연구부정은 범법행위이며 일종의 연구공동체와 국민을 상대로 한 사기라고 할 수 있다. 특히나 자신의 연구가 국가나 특정 단체의 연구비를 받고 수행되었을 경우에는 심각한 위법행위가 된다. 연구비를 주는 주체에 대한 연구자의 무책임한 행위라고 할 수 있다. 제대로 연구가 진행되지 않고 연구결과를 보고하거나 아니면 자신의 이전 연구의 결과를 보고하는 경우는 심각한 범죄행위이다.

관행이라고 모든 행위를 정당화 할 수 없다. 시간이 가면 새로운 기준에 따라야 한다. 세상은 변했다. 그렇기 때문에 새로운 시대의 기준에 따라서 처벌받을 수 있다. 과거에는 문제가 되지 않았는데 왜 이제 와서 문제라고 항변하여도 소용이 없다. 엄격한 표절기준에 의거해서 평가되기 때문에 어쩔 수 없다. 그렇다고 연구윤리나 표절 문제가 다른 이익을 위해서 악용되어서도 안 된다. 특히 상대의 약점을 찾아서 자신의 입지를 강화하거나 자신의 지위를 높이는데 이용하는 것 또한 문제가 된다. 학문 공동체와 공공의 이익을 위해서, 우선 자신을 기만하고 사회와 국가를 기만하는 행위에 대한 내부 고발과 엄격한 검토 과정이 있어야 한다.

제대로 연구윤리나 표절범위에 대하여 교육하고 연구자 스스로 공부해야 한다. 과거에서 관행이라는 이유와 동업자라는 동료들의 묵인이 있었지만 지금은 엄격한 기준이 적용하고 있기 때문에 개인적 피해를 보지 않기 위해서는 연구윤리와 표절에 대한 공부가 필요하다. 특히 대학원생의 경우 연구윤리 교육을 통하여 철저하게 학습할 필요가 있다. 대학원 연구법 강의에서 연구기법만 강의하는 것이 아니라 표절과 연구윤리에 대한 교육이 강화되어야 한다. 알아야 표절에서 벗어날 수 있다. 체육학에서 연구윤리나 표절문제가 나타나는 것은 교육부재와 철저한 논문 검토가 미흡하기 때문이다. 학위심사나 연구논문 심사에서 철저하게 표절인지를 가늠 할 수 있는 충분한 선행연구의 검토와 전문성을 강화하는 일이 무엇보다도 필요하다.

더욱 우려되는 것은 연구부정은 표절을 넘어서 개인의 도덕불감증으로 확산될 수 있다는 점이다. 자신의 무엇을 잘못하고 있는지, 혹은 무엇을 잘못했는지 알지 못하는 도덕 불감증에 걸리게 된다는 것이다. 특히나 대학생 시절부터 너무나 쉽게 인터넷에서 자료를 다운 받아 도용해서 제출하는 리포트는 자신의 지적 성장을 가로 막을 뿐만 아니라 도덕 불감증으로 도덕성의 상실에 빠지게 한다. 철저한 연구윤리와 표절에 대한 교육부재 혹은 연구자의 무관심은 심각한 도덕불감증에 빠지게 한다.

한국의 대학생들의 경우 아무런 죄책감 없이 짜깁기를 해서 리포트를 제출하는 경우가 있다. 이 같은 행위가 잘못된 것이라는 문제의식을 갖지 못하고 있다. 지금과 같은 관행이 지속된다면 문제는 대학원으로 이어진다. 이들이 대학원생이 되고 나중에 학자나 교수가 될 경우에도 연구윤리를 무시하거나 표절을 할 개연성이 높아진다. 학부생부터 표절과 연구윤리교육을 강화해서 부정행위를 하지 않도록 교육과 감시가 있어야 하며, 이와 더불어 학부생의 리포트 역시 엄정한 검토를 통해서 표절이 발견되면 불이익을 주는 제도가 있어야 한다. 아무런 불이익을 주지 않으면 지금과 같은 표절이나 연구윤리 위반은 지속적으로 반복될 것이다.

우리가 경계해야 할 것은 표절예방과 연구윤리를 준수하는 일이다. 이와 같은 노력은 연구자 자신이 앞으로 당할 수 있는 피해를 사전에 예방하는 현명한 일이다. 지금 행하는 작은 연구부정이 나중에 심각한 문제가 될 가능성이 높기 때문에 연구윤리를 준수하는 습관이 필요하다.

습관은 무섭다. 처음부터 올바른 연구수행을 몸에 익혀야 한다. 연구윤리를 준수하지 않고 아무런 죄의식 없이 행하는 연구윤리 위반과 표절행위는 곧 일상적 행위가 될 수 있다. 엄격한 연구윤리 준수와 표절에 대한 이해를 통해서 자신의 독창적 연구와 아이디어를 보호받고 타인의 아이디어 또한 보호할 수 있어야 한다.

정직한 인용과 연구윤리 준수가 표절을 예방하는 지름길이다. 그렇지 않고 타인의 아이디어를 도용하는 것은 독창적인 연구를 가로 막는 행위이다. 만약 자신의 연구결과가 누군가에 의하여 도용된다면, 밤을 지새우면서 연구에 몰두하지 않을 것이다. 특히 인문학의 경우 문장 하나를 쓰기 위해 노력한 시간들을 생각할 때, 함부로 타인의 아이디어 도용이나 표절을 생각해서도 있어서도 안 된다.

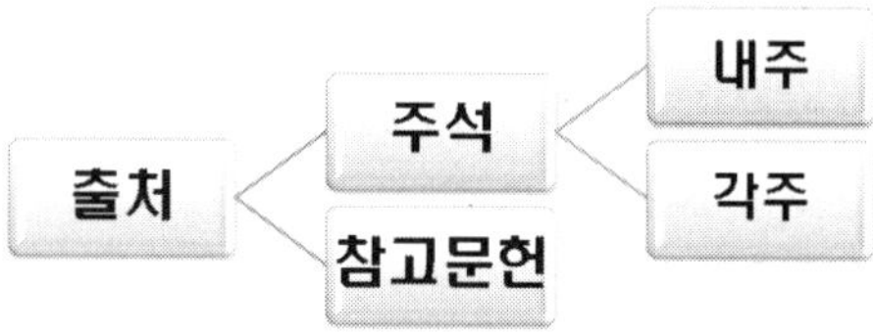

인용방식[6]

6) 가톨릭대학교 교양교육원(2010). 가톨릭대학교 대학생 학습윤리 가이드북. 28-35

비판적 읽기, 반성적 읽기

- 요즘 한창 가요계에 불어 닥친 표절의혹으로 인해 많은 가수들과 작곡가들이 곤란한 상황에 처해있었다. 몇몇은 표절시비에서 벗어났고, 몇몇은 표절시비로 인해 여론에 뭇매를 맞기도 했다. 우리나라는 어릴 적에 표절에 대한 교육은 고사하고 오히려 표절을 부추기는 대학가의 문화로 인해 많은 학생들이 표절을 하고 있는 실정이다. 시험기간만 되면 온라인상에 만연해 있는 카페나 커뮤니티, 심지어는 아예 리포트를 돈 주고 다운로드해 갈 수 있게 만들어놓은 사이트도 존재하는 실정이다. 이러다가는 사회적으로 도덕불감증에 걸릴 우려가 있고, 시대의 양심이 되어야 할 대학생들이 오히려 비양심적인 대학생으로 낙인찍힐 수도 있다고 생각한다. 따라서 표절에 대한 강력한 규제를 마련하고, 징계수위를 미국처럼 엄격하게 하며, 어릴 때부터 표절이 '한번쯤 할 수 있는 것이지' 라는 인식이 아니라 '한번이라도 해서는 안 되는 짓' 이라는 인식으로 교육을 받아야 할 것이다.
- 각 분야의 석사, 박사들은 각 학계에서 우리나라 발전을 위해 매우 중요한 사람들이다. 그러나 학문에 힘써야할 사람들이 남의 지식을 베끼고, 자신이 쓴 글을 다른 곳에 다시 게재하는 등의 도덕적인 문제들이 발생하고 있다는 사실을 알고 매우 놀랐다. 물론 대다수의 학자들은 윤리적이고 진실성 있는 연구로 학문에 힘쓰고 있을 것이다. 그러나 일부 눈앞의 이익만을 보고 연구 부정을 하는 사람들 때문에 다

른 학자들이 피해를 받고 오해를 받고 있다. 하루빨리 이러한 관행을 없애고 처벌을 강화해야한다고 생각한다. 남의 돈이나 보석 등 물질적인 것을 훔치는 건 인정할 수 없는 사회에서 어떻게 남의 지식을 훔치는 것은 묵인되고 있다는 건 이해할 수 없다. 지식 또한 그 사람의 노력이 깃든 개인적으로 또한 사회적으로 매우 중요한 재산이다. 책에서 언급하는 것과 같이 이것은 학자들만의 문제가 아니다. 우리도 시험에서의 컨닝, 베껴서 제출하는 과제 등은 하지 말아야한다. 물론 나도 인터넷 등에서 찾은 자료를 출처를 적지 않고 리포트로 제출한 적이 있다. 이번 계기로 나 자신을 다시 한 번 돌아보게 되었고, 진실성 있는 학생이 되겠다고 다짐했다.

- 이 책을 읽으면서 내 가슴이 뜨거워지는 것을 느낄 수 있었다. 나 또한 표절에 있어서 자유롭지 못하다는 생각에 부끄러움이 몰려왔다. 몇 년 전 황우석 박사의 연구부정은 그 당시 커다란 이슈였다. 그렇게 사회가 핵폭탄을 맞은 것처럼 시끄러웠지만 정작 나는 도덕불감증에 빠져있었다. 리포트 작성에 있어서 표절, 짜깁기 등을 당연하다는 듯이 여기고 있었다. 하지만 이는 바람직하지 못하다는 것을 이 책에서는 비판하고 있다. 작년에 군대 제대 후 복학 했을 때 느낀 점이 있었다. 내가 공부한 만큼 알게 되고 살아가는데 있어서 커다란 잣대역할을 한다는 것을 느낄 수 있었다. 이와 마찬가지로 학문을 연구하는 연구자들은 자신이 책임을 가지고 올바르게 연구에 임한다면 세상 사람들은 그들이

연구한 것을 삶의 잣대로 삶고 올바른 삶을 살아갈 것이라는 것을 깨닫고 올바른 연구 윤리관을 확립해야 할 것이다. 이 책에서 언급한바와 마찬가지로 습관은 무섭다. 나 자신뿐만 아니라 이 과목을 듣는 모든 학생, 나아가 미래를 짊어지게 될 모든 학생이 이 책을 귀감으로 삼아 연구윤리와 표절문제에 대해서 다시 한 번 심각한 고민을 하고 표절을 경계 했으며 한다.

• 지난 겨울방학 때 잠시 뉴욕에 여행 차 20일 동안 다녀온 경험이 있다. 고모네 가족이 살고 있는 터라 숙박도 해결되고 해서 요금도 많이 저렴하게 다녀올 수 있어 나에게는 좋은 기회였다. 고모네 집에 머물면서 그 곳에서 학교를 다니는 사촌동생의 고등학교 생활에 대해서도 들어볼 수 있었다. 특히 생각나던 점이 바로 시험을 볼 때 컨닝을 한다든지 리포트를 제출할 때 베끼거나 하면 그 학생 담임선생님은 그 문제를 오히려 교장선생님에게 문제를 보고하여 문제를 일으킨 학생과 교장선생님과 면담을 가지게 하고 바로 학부모의 소환이 이루어져 엄격한 제제가 가해진다고 한다. 우리나라는 어떤가. 교양인이라고 하는 대학생들의 기본적인 리포트 제출방법은 사회 전체적으로 가시화되지 않았지만 그 안에는 심각한 문제를 가지고 있다. 인터넷이나 혹은 리포트 전문 사이트를 통해 자료를 얻어 제출하는가하면 친구들과 짜깁기 등 자신의 생각은 전혀 담지 않고 문제를 해결하는 방식으로 리포트를 완성한다. 나 또한 대학교 1학년 때 들었던 교양수업에서도 리포트를 제출했을

때 그렇게 했다. '바늘 도둑이 소 도둑 된다.'는 속담이 있듯이 표절과 연구윤리의 문제는 사회적 입지에 서있는 자들의 문제만이 아니라는 것이다. 이렇게 어렸을 때부터 표절에 문제에 대해서 관행적인 생각을 가지고 살아가는 우리나라의 교육현실에서부터 시작해야 한다. 발전된 세상을 이루기 위해서는 얼룩진 우리네 현실을 직시하고 하루 빨리 개선되어야 한다. 좋은 연구의 시작은 어렵지 않다. 어렸을 때부터 올바른 연구윤리관을 가지도록 하는 것이다.

스포츠로 세상읽기

표절은 그 동안 우리사회에서 일종의 관행으로 알면서도 묵인해왔다. 그 이유는 여러 가지가 있겠지만 서로 아는 사이에 표절을 제기한다는 것은 관계에 금을 내는 일이기 때문에 나서서 표절을 말하지 못하였다. 더 직접적인 이유는 상호간의 이해관계 때문에 표절은 관행이 되어 지속되었다. 그런데 지금 그 관행은 하나의 문제로 등장하고 있다.

특별히 장관이나 요직, 승진이나 임용과정에서 상대방을 흠짓 내는 과정에서 제일 먼저 제기되는 것은 논문 표절의 경우이다. 손쉽게 찾을 수 있을 뿐만 아니라 확연하게 도덕적으로 치명타를 날릴 수 있기 때문에 논문 표절에 초점이 맞추어진다. 그 결과 교수사회에서 심성이 거칠어지고 동료교수간의 눈치만 봐야 하는 상황으로 돌변해 버렸다. 그래서 함부로 할 수 없는 것이 표절이 되었다.

요즘엔 과거에 자신이 범했던 표절을 이제 와서 공식으로 사과하고 학회지에서 삭제를 요청하는 건수가 늘어나고 있다. 자신의 과거의 과오를 제거하기 위한 선행 작업이다. 이 작업을 통해서 표절에 대한 공포에서 벗어나고 자유로워지려는 의도에서 비롯된 것 같다. 이제는 분명히 표절에 대한 명확한 이해와 정확한 인용과 정직한 글쓰기를 체질화 하는 것이 표절문제에서 자신을 보호하는 최선의 길이다.

특히나 체육학의 경우 작심하고 표절을 찾아내려고 한다면 끝없이 나올 것으로 생각된다. 문제는 지금이 중요하다. 더 이상 쉽게 논문을 쓰는 유혹에서 자신을 지키며 정직한 글쓰기와 올바른 인용을 하는 습관의 형성이 필요하다. 이것마저 지키지 않는다면 자신의 학자 생명이 언제 끝날지 모르는 일이다. 자신을 죽이는 일을 더 이상 방관하거나 실행해서는 안 된다. 당당한 학자가 되는 길은 정직하게 글쓰기를 하는 길 밖에 없다.

스포츠 읽기

미스터 태권도의 표절

오태규 (한겨레신문 논설위원)

논문은 어떤 문제에 대한 학술적인 연구 결과를 체계적으로 적은 글이다. 단지 적는 데만 그치지 않고 연구자의 창의적인 생각을 더해야 한다. "내가 세상을 멀리 볼 수 있었던 것은 내가 거인의 어깨에 서 있을 수 있었기 때문"이라는 아이작 뉴턴의 말은 아무리 위대한 창작도 선행 연구자에게 빚을 질 수밖에 없음을 잘 표현하고 있다. 연구자들이 선행 연구자에 대한 경의를 표시하는 방법 중 하나가 표절을 하지 않는 것이다. 즉, 선행 연구자의 업적을 도둑질하지 않는 것이다.

2004 아테네올림픽 태권도 금메달리스트 문대성 동아대 교수가 3단 발차기가 아닌 '3단 표절' 논문으로 도마에 올라 있다. 학술단체협의회가 그의 논문을 검증한 결과, 석사·박사 학위 논문의 상당 부분이 표절로 드러났다. 글자 수로 무려 246자나 통째로 베낀 부분이 있는가 하면, 심지어 '축구선수들은'이라고 써야 할 구절을 '축구선수들을'이라고 잘못 쓴 부분까지 그대로 옮겼다. 교육과학기술부의 표절 판단 기준이 연속되는 여섯 단어를 인용 없이 베끼는 것이라고 하는데, 이 정도면 '표절이 아니라 복사'라는 말이 과언이 아니다. 국제올림픽위원회(IOC) 위원, 세계태권도연맹 집행위원,

세계태권도연맹 집행위원, 대한올림피언협회 부회장을 맡고 있는 그는 이번 총선에 부산 사하갑 새누리당 후보로 출마했다.

이에 대해 그는 '정치공작'이라며 맞서고 있다. 정정당당함을 생명으로 하는 스포츠인, 엄밀성을 중시해야 하는 학자에게 어울리지 않는 태도다. 그에게 박사학위를 준 국민대는 4일 연구윤리위를 열어 표절 여부를 가릴 예정이다. '미스터 태권도'의 명예도 함께 판정난다. 마침 표절로 박사학위를 박탈당한 헝가리의 팔 슈미트 대통령은 2일 사임했다. 그도 아이오시 위원이자 펜싱 올림픽 금메달리스트 출신이다.

출처: 한겨레신문 2012년 4월 4일자

생각 거리

1. 표절에 대한 형식상 처벌과 구체적 처벌은 무엇인가.
2. 어디까지가 인용이고 어디서부터 표절인가.
3. 표절행위를 막을 수 있는 방법은 무엇인가.
4. 표절예방교육은 어떤 것들이 있을까.
5. 외국의 표절은 어떻게 예방하고 교육을 하는가.

읽을 거리

1. 김병준, 오수학(2008). 체육학 연구방법. 서울: 레인보우북스.
2. 이학준(2006). 체육학 글쓰기. 서울: 북스힐.
3. 정해룡 역(2009). 표절의 문화와 글쓰기의 윤리. 서울: 산지니.
4. 이혜순, 정하영(2007). 표절: 인문학적 성찰. 서울: 집문당.
5. 최병인(2009). 생명과학과 연구윤리. 서울: 지코사이언스.

03 스크린 경마, 게임인가? 도박인가?[7)]

최근에 사람들이 치킨 집 앞에서 술내기 고스톱을 하다가 경찰에 구속된 사건이 있었다. 법원은 이 사건을 판결한 결과 무죄로 판결하였다. 판돈이 크지 않고 단순히 술 내기를 위한 목적을 가지고 고스톱을 했기 때문이다. 도박죄가 성립되기 위해서는 판돈의 액수와 목적이 어떤 사람에게 경제적으로 손해를 줄 수 있는 정도여야 한다.

일상 속 여기저기에서 고스톱을 하는 사람들을 쉽게 볼 수 있다. 으레 명절이 되면 고스톱은 가족들 간의 친목을 도모하는 게임이 되고 있다. 각 아파트 단지의 경로당에서 할아버지, 할머니들이 심심풀이로 하는 점당 10원하는 고스톱은 도박에 해당되지 않는다. 왜냐하면 경로당에서 하는 고스톱은 판돈이 크지 않고 서로에게 경제적으로 피해를 주지 않기 때문이다. 하지만 판돈의 액수가 크고 경제적 피해를 줄 수 있다면 분명히 게임이 아니라 도박이다. 도박은 게임을 넘어서 도박죄가 성립된다.

경로당 뿐만 아니라 상갓집에서도 고스톱은 일상적으로 하

7) 2004년 11월 9일. MBC <PD수첩> 제612회 "스크린 경마, 게임인가 도박인가" 참고.

고 있다. 하지만 지금까지 이러한 행위에 대하여 경찰의 구속은 있지 않았다. 단순한 내기일 뿐이라고 인식하고 있기 때문이다. 과거에도 해왔고 지금도 하고 있는 관습적인 행위로 보기 때문이다. 그래서 어디까지 도박으로 봐야하고, 게임으로 봐야하는지 경계가 분명하지 않다. 대부분 사람들은 고스톱이 도박이라는 생각 때문에 죄의식을 가지고 있으며, 고스톱을 하는 경우 마음이 편하지 않다. 죄를 짓고 있다는 생각 때문이다.

결국 고스톱은 돈의 액수와 목적에 따라서 게임이 될 수 있고 일종의 여가행위 혹은 게임으로 간주된다.

내기와 도박의 차이

전국 골프장에서 많은 사람들이 내기 골프를 한다. 내기 골프와 골프 도박과의 차이는 무엇인가. 내기 골프는 골프의 재미를 주기위하여 하는 게임의 차원으로 볼 수 있다. 하지만 액수가 크면 그것도 도박으로 봐야 한다. 경제적으로 특정인에게 피해를 줄 수 있기 때문이다. 도박과 게임의 경계를 잘 유지하는 것이 필요하다. 재미를 위한다는 이유도 액수가 크다면 그것은 도박이라고 할 수 있다. 도박은 우리 일상을 차지하고 있으며, 도박 때문에 경제적 피해를 본 사람들도 있으며, 이혼으로 이어지는 경우도 있다.

도박심리를 완전히 제거할 수 없다. 도박을 막기 위해서 금지하게 되면 저항은 상대적으로 크다. 문제가 있다고 원천 봉쇄하는 것도 문제이다. 적당히 도박 욕구를 충족시켜 줄 수 있어야 도박의 문제를 해결할 수 있다. 경륜, 경정, 경마 등은 합법화된 도박이다. 그렇지만 합법화된 도박 때문에 경제적 빈곤을 경험하는 사람들도 있다. 도박의 욕구는 한번 경험하게 되면 쉽게 빠져 들어가 빠져나오지 못하게 된다. 도박에 대하여 경계를 늦추지 말고 자기 생활을 즐길 수 있어야 한다.

놀이와 일

놀이는 일과 밀접한 관계를 가진 것이 아니다. 당연히 일보다는 놀이가 우선한다. 이 같은 생각은 저자만의 생각이기 보다는 한국사회의 보편적인 생각으로 받아들일 수 있다. 하지만 일은 미덕이고 놀이는 죄악으로 교육받아왔기 때문에 놀이에 대한 부정적 생각을 삭제할 수가 없게 되었다. 지금까지 생존문제가 걸려 있었기 때문에 놀이는 금기의 대상이었다. 놀면 안 되고 열심히 일해서 국가경제에 도움이 되는 산업역군이 되어야 한다고 배워왔다.

이제 우리사회는 어느 정도의 생존의 문제를 해결했다고 할 수 있다. 그래도 도시락을 가지고 학교에 가지 못하는 학생들이 있지만, 사회 전반적으로 생활의 안정과 더불어 사람들은 행복을 추구하게 되었다. 긍정적으로 행복은 잘 먹고 잘 사는 것이다. 이 뜻은 이제 사람들의 인생의 목표로 자리 잡게 되었다. 사람들은 물질적 풍요를 위해서 재미있게 노는 것에 대해 더 이상 비난하지 않는다.

놀이의 부재

놀이의 부재는 인간 삶을 무미건조하게 한다. 어른이든 아이들이든 누구나 놀이를 하면서 산다. 놀이 없는 삶은 심심할 뿐이다. 시간이 있으면 사람들은 놀이를 한다. 그 놀이는 개인의 취향에 따라서 다양하다. 호이징하는 인간을 '놀이하는 존재'라고 명명하였다. 놀이를 통해서 놀이와 함께 놀이 속에서 인간은 사회를 배우고, 사회생활을 하게 된다. 놀이가 없는 삶은 무미건조하고 지루하고 삶의 의욕을 상실한 삶이되기 쉽다. 특히 아이들의 경우 놀이가 삶의 전체가 될 수 있다. 하지만 우리 현실을 보면 방과 후 학교 운동장에서 놀고 있는 아이를 더 이상 찾기가 어려워졌다. 그만큼 놀아야 하는 아이들에게 놀이를 뺏은 것은 어른들이다. 이유는 간단하다. 아이들의 미래를 위한다는 이유이다. 정말로 무엇이 아이들의 미래를 위한 일인지 숙고가 필요하다.

놀이가 삶의 전체인 아이들의 삶이 어른들의 욕망에 의하여 사라지고 있다. 아이들은 학교가 끝나면 학원차를 타고 학원으로 간다. 배우는 것이 무엇이 문제인가. 하지만 너무 지나칠 때 문제가 된다. 학교 수업으로 충분하다. 그것으로 만족하지 못하고 또 공부한다. 도대체 언제 놀 수 있을까. 과거에 태어난 것이 다행이 아닐 수 없다. 과잉경쟁으로 인하여 공정한 경쟁은 사라지고 부모의 사회적 위치에 따라서 학력이 결정되는 것은 이미 사교육비에 의하여 승부가 결정난다는 것이다. 이런 과열경쟁에서 부를 축적하는 것은 사교육 시장의 학원들이다. 놀이를 아이들에게 돌려주어야 한다. 어른이 그들의 놀이를 강탈할 이유가 없다. 아이들은 놀면서 성장한다. 이 단순한 말조차 지켜지지 않는 현실은 누구에게 책임을 돌려야 하나. 도대체 놀이는 우리에게 무엇인가.

그 놀이가 경쟁, 모의, 운, 현기증이라는 특성만 다를 뿐 여러 가지 특성이 결합되어 나타난다. 그 중에서 어른들의 놀이는 대개 도박과 술이 깊은 관련성을 갖는다. 도박이 넘쳐나고 있다. 심지어 온라인상으로도 도박을 하고 있다. 합법적인 도박도 있는데 사람들은 그곳에서 도박심리를 충족시키지 못하고 온라인으로 빠져든다. 놀 줄 모르기 때문에 도박과 술에 빠져든다. 그리고 그 정도가 심하여 중독에 이르게 된다.

어른들의 경우 아이들의 놀이와 다른 것은 돈내기라는 경쟁을 자극하는 도박이 가미된다는 것만을 제외하고는 별로 차이가 없다. 심지어 어린아이들의 부루마블 게임 같은 경우는 실제 돈이 아니라 가짜 돈이지만 도박게임의 형태를 보여준다. 이처럼 인간은 이 세상에 놀기 위해 태어난 존재인지 모른다. 놀이를 제외하면 인간의 삶은 의미가 없기 때문이다. 노는 과정에서 사회를 배우고 인간에 대한 배려와 존중 또한 배우게 된다.

하지만 잘 놀아야 하는데 그렇지 못하는 놀이의 타락 현상이 나타난다. 그 이유는 경계를 유지하지 못하기 때문이다. 놀이와 도박의 경계를 잘 유지하면서 중용을 유지해야 하는데 과잉으로 치닫기 때문에 그러한 결과를 가져오는 것이다. 복권의 경우 자신의 수입에 아주 작은 일부를 투자하면 그것은 문제가 되지 않는다. 문제는 자신의 수입의 대부분을 도박에 사용한다는 것이다. 독신이면 문제가 되지 않지만 결혼한 가장이면 가정경제가 붕괴되고 만다. 그것이 사회로 이어져 국가경제에도 영향을 미친다.

놀이의 타락

놀이의 네 가지 특성은 도가 지나치면 타락으로 떨어진다. 한 예로 현기증의 특성을 갖는 놀이를 하기 위하여 술을 마신다고 해보자. 술 마시기도 역시 여가 행위로서 받아들여 질 수 있지만 그 도가 지나치면 술 중독으로 빠질 수 있다. 과하면 부족함만 못하다는 것을 알 수 있다. 적당한 음주는 건강에도 좋지만 지나치면 죽을 수도 있다. 놀이의 특성 중에서 아곤(경쟁) 역시 지나치게 되면 전쟁과 싸움으로 타락될 수 있다. 싸움과 전쟁은 인간의 경쟁의식이 과잉되어 나타난 결과이다. 적당하게 경쟁을 즐길 수 있다면 문제가 되지 않는다. 하지만 그 강도가 지나칠 때 타락으로 변한다.

어떻게 보면 인간은 일하기 위하여 태어난 것이 아니라 놀기 위하여 태어난 것 같다. 그런데 먹고 사는 생존문제 때문에 놀이본능을 억압하고 일에 매진하게 된다. 하지만 일을 좋아하는 사람들은 놀이를 좋아하는 사람보다 적을 것이다. 공부하기 보다는 놀기를 더 선호하는 건 학생들이다. 어른들도 마찬가지로 놀기를 더 좋아한다. 여유로운 시간이 있거나 여가행위로써 사람들은 놀이를 하게 된다. 여가시간에 일을 하는 사람은 없다. 어쩔 수 없이 일해야 하기 때에 일을 하는 것이다. 생존의 문제만 해결된다면 사람들은 놀이에 참여할 것이다. 하지만 제대로 된 노는 방법을 배우지 못했기 때문에 놀이의 대부분이 술 마시는 일이 된다. 취하고 취해서 의식이 없을 때까지 마신다. 뭐 특별한 놀이가 없기 때문이다. 술 마시기에 지친 사람들은 도박에 빠지거나 낚시에 빠진다.

잘 놀지 못한다

잘 놀지 못하는 게 한국인이다. 우리 사회에서 놀이하면 술이 빠지지 않고 등장한다. 술을 마시지 않으면 놀 수 없다는 생각이 지배적이다. 그래서 술을 못 마시는 것은 원만한 사회생활을 할 수 없는 것으로 받아들인다. 자신의 체질과 관련 없이 자의든 타의든 술을 마시게 된다. 모든 놀이는 술과 관련성을 갖는다. 술 마시고 이어지는 놀이를 봐도 알 수 있다. 노는 것을 죄악으로 배워왔기 때문에 놀아 보지 못했을 뿐만 아니라 배워보지도 못했다. 다만 열심히 공부하고, 열심히 일하는 것만을 배워왔기 때문이다. 인간은 일하는 기계가 아니다. 일한 만큼 놀 권리가 있다. 놀이를 통해서 창의적인 문화를 만들어 낼 수도 있다. 놀이를 다시 봐야 한다.

이러한 배경에는 국가의 논리가 작용했다. 산업역군으로 국가발전에 자신을 희생해야 한다고 세뇌당한 것이다. 생존본능의 욕망만을 충족시키기 위해서 돈을 버는 일만 능숙할 뿐 잘 놀지는 못한다. 대부분의 성인 남자들의 놀이를 보면 술 마시기, 낚시, 도박 등으로 제한적이다. 술 마시지 않고 제정신으로 노는 것이 별로 없다. 모든 놀이에는 술 마시는 것이 영향을 행사한다. 술에 취해서 제 정신이 아닌 상태에서 놀다 보면 통제 불능의 주사와 추태가 일어날 개연성이 높다. 자신의 재미를 위해서 타인에게 피해를 주어서는 안 된다. 이외에도 도박이 빠지지 않고 놀이 내용의 주가 되고 있다.

바다이야기, 황금성 같은 도박게임이 합법화 되어 전국을 도박 열풍으로 몰아간 적이 있다. 이때 정부에서 허가를 내준 게임기를 불허하는 모순적인 행동을 펼쳤다. 바다이야기 같이 게임기가 인간의 도박심리를 어느 정도 충족시키고 사람들의 건전한 게임이 될 것이라는 생각을 완전히 뒤집는 일이 벌어졌다. 너무나 많은 사람들이 바다이야기에 빠져든 것이다. 인간의 도박욕구를 원천적으로 막을 수 없기 때문에 부분적으로 허용했지만 그 부작용이 크게 작용하였다. 심지어 농촌의 농부 역시 바다이야기라는 게임기에 빠져서 일을 하지 않고 게임장에서 보내는 경우가 있었다. 가정주부 역시 게임장에서 하루의 대부분의 보내는 심각한 부작용이 전국적으로 일어났었다.

누구나 쉽게 도박에 빠져들 수 있다. 바다이야기 사건을 통해서 알 수 있다. 접근성에 문제가 없다면 도박에 빠져들 수가 있다. 그 만큼 인간에게는 도박에 대한 유혹이 있다는 것을 말해준다. 문제는 자기 절제를 할 수 있느냐 하는 것이다. 정신을 잃고 도박만 하면 문제가 되지만 적당하게 도박을 즐기면 즐거운 게임이 된다. 게임과 도박의 차이는 크지 않다. 순간의 선택에 의해서 도박이 될 수 있고, 게임이 될 수 있다. 게임으로 즐길 수 있다면 별 문제가 발생하지 않는다. 문제는 과열되어서 도박으로 변하기 때문에 문제가 되는 것이다.

게임은 진화론적 입장에서 보면 놀이와 스포츠 사이에 존재한다. 게임은 일종의 경쟁적인 놀이 활동이다. 놀이와 게임이 다른 점은 놀이는 일상을 떠나 즐거움을 추구하는 자유로운 활동인데 반하여 게임은 놀이가 조직화된 역할 분담을 가지고 행하는 활동이라는 점이다. 게임은 자유성과 즐거움 보다는 신체기능과 전술, 확률에 따라서 승패가 결정되는 활동이다. 규칙을 가지고 말한다면 놀이는 임의적인 규칙에 의존한다면, 게임은 관례화된 규칙을 사용한다. 스포츠는 제도화된 규칙을 사용한다는 점에서 놀이와 게임과 다르다.

스크린 경마, 게임인가? 도박인가?

스크린 경마가 게임인지 혹은 도박인지에 대한 답을 찾고자 PD수첩에서는 무엇이 사람들을 스크린 경마장으로 유혹하는지 점검을 하였다. 우선 스크린 경마장은 한방만 터지면 대박을 얻을 수 있다는 점에서 사람들을 쉽게 유혹할 수 있다. 그리고 멈춤 없이 돌아가는 영업장 때문에 언제든지 마음만 먹으면 게임을 할 수 있다. 누구나 노력하면 부자가 될 수 있다는 자본주의 시장경제의 이상적 말은 이제 현실이기 보다는 말 그대로 이상적인 환상이 되었다. 노력해서 부자가 될 확률은 그 만큼 어렵다는 것이다. 그래서 사람들은 대박을 꿈꾼다. 대박을 낼 수 있는 것은 복권이나 도박이다. 이러한 사회적 분위기에서 스크린 경마는 사람들의 대박에 대한 욕망을 충족시키는 대표적인 도박이 되었다.

게임장은 3분에 한번 꼴로 하루에 500여개의 배팅이 가능하도록 운영 되어지고 있다. 중독성이 강한 스크린 경마장이 요즘에는 주택가는 물론이고 고시촌에도 생겨나고 있어 문제가 되고 있다. 또한 게임장은 배팅할 때 말과 기수들의 정보를 신뢰할 수 없다는 점과 새롭게 생긴 경마장이 대박이 터질 가능성이 높다는 것 등의 이유로 환수율 조작 의혹을 받고 있다. 또 경마장에서 지급되는 상품권 등은 주변 게임장에서 나온 상품권만 환전이 가능하고 가맹점과 계약이 되었다는 상품권을 관리하는 입장과는 달리 실제 가맹점에서는 사용되지 않고 있다.

스크린 경마에서 사용되고 있는 상품권은 현금과 다름없었다. 상품권은 스포츠 경마장 바로 앞에서 현금으로 바로 바꿀 수 있기 때문에 도박이 될 수밖에 없는 구조이다. 건전한 인간의 도박심리를 해결할 수 있는 곳이지만 배팅하는 액수가 상식을 넘어서기 때문에 게임이 되지 못하고 도박이 된다.

스크린 경마는 게임을 가장한 도박이라고 할 수 있다. 왜냐하면 건강한 게임의 기능을 넘어서 한 개인의 경제적 파산을 하게 하기 때문이다. 해결방법은 자신의 경제능력에 심각한 영향을 주지 않는 정도에서 즐기는 것이다. 하지만 이것 또한 말 같이 쉽지 않기 때문에 도박이 심각한 사회문제를 만드는 것이다.

전 국민이 가장 즐겨하는 도박이 바로 고스톱이다. 어떻게 보면 고스톱은 게임이라고 할 수 있다. 문제는 판돈의 액수이며 배팅액수가 크기 때문에 게임의 범위를 넘어 도박으로 전락한다. 경로당에서 치는 화투는 점당 10원 하는 경우가 많은데 이것은 돈을 배팅하지만 도박이라고 볼 수 없다. 액수가 크지 않을 뿐 아니라 게임과 즐거움 그리고 시간 보내기로 인식하기 때문이다. 화투를 통해서 경제적 파산이 나타날 개연성이 없기 때문이다. 모든 화투를 도박이라고 규정해서는 안 되는 이유가 여기에 있다.

게임과 도박의 경계

이장에서 우리가 알 수 있는 것은 행위자의 마음상태와 배팅의 액수에 따라서 게임과 도박의 경계가 설정된다는 점이다. 판돈과 액수가 커지면 그 만큼 각성효과가 크고 스릴이 넘치기 때문에 즐거움을 크게 얻을 수 있지만 문제는 그 후유증이 크게 남는다는 점이다. 화투나 바둑이나, 장기나 즐거운 행위가 일차적인 것이 되어야 한다.

심심하고 따분한 일상에서 벗어나기 위해서 내기를 한다. 하지만 문제는 심심풀이 화투의 내기 액수가 커져서 놀음이나 도박이 될 때 문제가 된다. 남의 돈을 따서 자신의 경제력을 늘리려는 것은 시작은 작지만 결국은 도박이 될 수밖에 없다. 배팅 액수가 상식의 선을 넘어설 때 그것은 이미 게임의 수준을 훨씬 넘어 도박이 된다. 분명 합법적 도박을 제외하고는 범법행위를 하는 것이다. 더 심하면 가정경제가 붕괴되고 사회로 확산되면 국가 경제 역시 위태롭게 한다. 그렇기 때문에 행위자의 신중한 선택과 목적을 어디에 두느냐에 신경을 세워야 한다.

술 마시지 않고 도박하지 않고 즐길 수 있는 여가 프로그램이 있어야 한다. 주위에 술이 넘쳐난다. 그 만큼 세상살이가 힘겨운 것인지 단지 순간적인 쾌락 때문인지 시간과 장소를 불문하고 술을 권하는 것을 볼 수 있다. 식사를 하면서 반주로 술을 마시는 것은 이제 아무런 문제가 되지 않는 것 같다. 일상의 풍경에서 발견할 수 있는 모습이다.

시와 술로 어린이와 같은 순수성을 유지하고 세상을 살았던 시인 천상병이 '귀천'이라는 시에서 세상살이는 소풍놀이에 비유한 적이 있다. 어떻게 보면 우리 삶은 잘 놀다 가는 소풍놀이에 불과하다. 세월은 너무 빠르게 흘러가고 있다. 잡을 수가 없다. 무엇인가를 하기에는 세상은 시간이 없다. 그렇다고 영생을 할 수 있는 것이 아니기 때문에 삶의 유한성에서 자아를 실현하는 것이 중요하다. 소풍놀이에서 지나친 술은 다른 사람들의 소풍놀이를 망칠 수 있을 뿐 아니라 자신의 소풍놀이 조차도 즐거운 소풍으로 만들 수 없다. 소풍놀이는 그 자체로 즐거워야 한다. 그래야 즐거운 추억으로 간직할 수 있다.

인간은 죽음을 향해 가고 있으며, 스스로 주위의 생명들의 죽음을 목격하고 유한하다는 것을 자각하고 있다. 차라리 죽음에 대한 두려움과 공포에서 벗어나서 이 지상에 사는 동안 즐겁게 사는 것이 현명한 것일 수 있다. 그것은 한 번이라는 유한한 삶에서 벗어날 수 없기 때문이다. 언제 가는 죽어야 할 존재이기 때문에 영원히 이 지상에 존재할 수 없다.

살아 있는 동안 잘 놀기 위해서는 놀 줄 알아야 한다. 놀 줄 모르기 때문에 술 마시기에 대부분의 여가 시간을 소비한다. 아니면 도박에 빠져서 헤어 나오지 못한다. 놀기 위해 세상에 태어난 우리는 좀 더 재미있고 자아를 실현하고 성취감을 경험할 수 있는 놀이를 찾아서 즐겨야 한다. 자신을 던져 몰입할 수 있고 그 속에서 성취를 경험할 수 있는 대상을 찾아서 시간을 투자하여 성취를 경험할 수 있도록 기회를 주어야 한다. 술 마시고 도박하기에 너무나 많은 시간을 빼앗기고 있다.

쾌락 추구는 인간의 생존 본능이라고 할 수 있는 소유론적 욕망을 충족시키도록 만들어져 있다. 무료함과 지겨움에서 벗어나기 위해서 상품, 전자 제품, 최신 유행하는 옷 등의 매혹적인 것을 향한다. 이러한 일상의 물신화 된 것들이 인간의 소비요구를 유혹한다. 하지만 유혹의 대상 또한 소유하면 이내 싫증에 빠지게 된다.

이제는 인간 본성인 존재론적 욕망을 실현할 수 있는 대상을 찾아 몰입하는 것이 필요하다. 자기를 죽이는 게임이 아니라 자신을 살리는 게임이 되어야 한다. 자신을 희생하고 타락으로 유도하는 게임의 유혹에서 자신을 관리하고 과도하게 넘지 않도록 경계를 유지하는 것이 필요하다.

도박의 유혹은 온라인에도 넘쳐나고 있다. 도박은 우리 주위에서 유혹의 손짓을 하고 있다. 완벽하게 하지 않을 수 없다면 경계를 유지하고 중단할 수 있는 자신의 의지를 강화하는 것이 필요하다. 자신의 의지를 잃고 빠져드는 것은 자신을 포기하는 것과 같다. 완전히 피할 수 없다면 적당히 즐기는 것이 필요하다. 문제는 과도하기 때문이다. 과도한 것은 부족한 것보다 못하다.

놀이, 게임, 스포츠의 특성비교[8)]

놀이	게임	스포츠
1. 허구성	1. 허구성	1. 허구성
2. 비생산성	2. 비생산성	2. 비생산성
3. 자유성	3. 불확실성	3. 불확실성
4. 쾌락성	4. 규칙성	4. 규칙성
	5. 경쟁성	5. 경쟁성
	6. 신체기능, 전술, 확률	6. 신체기능, 전술, 확률
		7. 신체활동성
		8. 제도화

8) 하남길(2002). 움직임 예술과학의 이해. 서울:대한미디어. p.84.

비판적 읽기, 반성적 읽기

• 4~5년 전에 바다이야기가 합법적으로 시행 될 때 게임장에서 아르바이트를 한 적이 있었다. 다들 좁은 공간에 앉아 담배를 태우며 게임에 집중하고 있는 모습들을 보았을 때 '뭐가 저리 재미있을까' 하는 생각을 해본 적이 있었다. 자신의 키만 한 기계에 끊임없이 돈을 넣으며 그림들이 돌아가는 화면을 보고 있는 사람들을 보면서 참 안타깝다는 생각을 했었다. 그러던 어느 날 정부에서 이러한 게임장을 불법으로 규정하였고 아르바이트를 그만 두었다. 아무 생각 없이 허가를 해주었다가 뒤늦게 단속을 하는 모습을 보면서 참 씁쓸하다고 생각이 들었다.

• 도박의 폐단은 영화에서도 볼 수 있다. 영화 '타짜' 에서는 전문도박꾼을 주인공으로 하는 영화로 우리나라에서 벌어지고 있는 도박의 폐단을 여과 없이 잘 보여주고 있다. 사람들은 도박을 하면서 정말로 돈을 딸 수 있을 것이라 생각하는 것일까라는 의문이 생긴다. 한 텔레비전 프로그램에서 본 정선의 카지노에서 전 재산을 잃고 갖가지 개인 용품을 전당포에 맡겨버린 사람은 자신이 카지노로 돈을 절대 딸 수 없다는 것을 인지하고 있었다. 그러나 그 사람은 마지막 자신이 타고 온 차까지 전당포에 맡기고 다시 카지노 게임장으로 향했다. 이 예로 봐서 도박의 중독성을 매우 심각하다. 책에서 나와 있듯이 적정선을 지키면 아주 재밌는 경험을 얻고 동시에 즐거움까지 얻을 수 있는 것을 우리는 도박으로 가치를 하향시키고 있다. 나는 개인적으로 카지

노를 배우고 싶다. 어릴 때부터 카드놀이를 매우 좋아했기 때문에 기회가 된다면 꼭 한번쯤 가보고 싶은 곳 이었다. 그러나 이미 그곳은 나에게 가보고 싶은 곳이 아니다. 우리는 타락한 놀이문화를 성숙한 놀이문화로 바꾸기 위한 노력을 기울여야 할 것 같다.

• 너무나도 공감 하는 부분이 많았다. 이 책을 읽으면서 약간은 시원한 느낌이 들었다. 내가 하고 싶었던 말들이 사실적으로 쓰여져 있었다. 정말 오늘도 느꼈던 기분을 책에서 보는 것도 신기했다. 지금 내가 겪고 있는 상황과 같다. 나 역시 어떻게 해야 재미있게 놀 수 있는지 알지 못한다. O.T때도 하는 일 없이 술만 먹고 오고, 술을 안 먹으면 그 자리에서 소외당하는 느낌도 들었었다. 나는 중학교 들어가기 전까지 자전거 타고 밤이면 불꽃놀이를 하며 말 그대로 놀이를 했었던 적이 있었다. 중학교로 입학하고 난 후 공부, 성공이라는 단어에 얽매여 놀이와는 멀어진 것 같다. 어떻게 무엇을 하고 놀아야 할지 모르는 젊은 세대는 술이 좋아서가 아니라 놀고 싶어서이다. 놀고 싶은 욕구가 강해지면 타락으로 변질된다고 책에서 설명하고 있다. 지금 내 주위에도 많은 타락한 놀이, 게임이 존재한다. 나는 지금 제 3자 입장에서 그 타락한 놀이들을 보고 있지만 언젠가는 그 안에 있는 나를 발견할지도 모르겠단 생각을 했다. 이 장을 읽으면서 주위에서 항상, 그리고 나에게 조차 일어나고 있는 일들인데도 무심코 지나치고, 내가 노력해도 바꿀 수 없다고 그냥 침묵하는 우리들을 발견했고, 어

떻게 노력해야 하는지도 모르는 우리들을 발견했다. 사소하더라도 내가 정말 잘하고, 그 안에서 또 새로운 나를 발견할 수 있는 대상을 찾아서 노력해야겠다고 생각했다.

• 원래 대부분의 남자아이들은 게임을 무척이나 좋아한다. 나 역시 어릴 때부터 비디오 게임, 컴퓨터 게임 등 다양한 장르의 게임은 가리지 않고 좋아했다. 초등학교, 중학교 때에는 한창 게임에 빠져 매일 엄마와 게임 때문에 줄다리기를 했던 것이 생각이 난다. 그렇지만 고등학교에 들어서 학교에 있는 시간이 급격하게 늘어나게 되어 게임과는 거리가 멀어졌다. 하지만 늘 마음속에서는 게임과 같이 무엇인가를 즐기고자 하는 마음은 들끓었다. 불법적인 도박들이 억압적인 상황에서 생겨났듯이 요즘 고등학생들은 무척이나 억압적이다. 이러한 고등학생들의 자신들의 욕구를 해소할 배출구가 없어 탈선이 일어나고 청소년 범죄가 심화되는 것이다. 학생들도 게임과 같이 자신들의 욕구를 해소할 수 있는 무엇인가를 통해 적당한 선을 지키며 욕구를 해소하는 것이 바람직하다고 생각한다. 하지만 그 선은 분명히 지켜야 할 것이다.

스포츠로 세상읽기

사람들은 심심한 것을 참지 못한다. 뭐 재미난 것이 없을까 늘 고민을 한다. 그것은 어른들만의 문제가 아니며 아이들이라고 예외는 아니다. 아이들, 어른들 모두 재미를 찾아 나선다. 재미있는 것 중에 하나가 도박이다. 긴장과 보상이 따라주기 때문에 쉽게 도박의 유혹에 빠져든다. 대박이 가능하기 때문에 행운이 오기를 기대한다. 그러나 행운은 누구에게나 올 것 같지만 오는 경우는 드물다. 그래도 사람들은 언젠가는 대박이 이뤄질 것이라고 막연히 기대한다. 그래서 복권을 사고 도박에 빠져든다.

도처에 유혹하는 것들이 너무 많다. 도박의 유혹에서 자신을 지키는 것은 철저한 주체성과 자율성을 찾고 자신의 취미생활을 갖는 것이 중요하다. 가장 중요한 것은 즐기는 것이다. 도박 때문에 스드레스를 받는 디면 그것은 위험한 일이다. 거기서 중단해야 한다. 사람들은 뚜렷한 취미가 없기 때문에 너무나 쉽게 도박에 빠져든다. 자기 주도적인 놀이를 통해서 자신의 정체성을 찾고 재미도 얻을 수 있어야 여가행위로서 도박은 성립된다. 주저하지 말고 자신의 취미를 향해서 나가야 한다. 그러면 재미있는 일들이 넘쳐난다.

더 이상 도박에서 대박을 꿈꾸지 말자. 그 시간에 도박보다 더 재미있는 취미를 찾는 것이 현명한 방법이다. 우리는 놀기 위해 태어난 존재이기 때문에 노는 것을 죄악시 할 필요가 없다. 일하지 않으면 먹지도 말라는 사회주의 국가의 표어 처럼 일에 자신을 옭아 맬 이유가 없다. 놀지 못하면 살지를 말라는 극단적인 표현을 할 수 있다. 자신이 규칙을 정하고 그 규칙에 따라서 놀면 문제가 발생하지 않는다. 막연히 놀이를 할 수 없다. 친구들과 만나서 놀이의 규칙을 정하여 적극적으로 놀면 재미는 스스로 찾아오게 된다.

스포츠 읽기

도박에 중독된 국가

이태원 〈강원대 사회학과 교수〉

한국사회에서 합법화된 도박산업의 규모는 급속도로 팽창하고 있다. 도박산업의 매출규모는 2001년 9조6천448억 원에서 지난해 17조3천270억 원으로 지난 10년간 약 두 배 가까이 늘었다. 종류도 다양해지고 있다. 복권과 경마에서 시작한 합법 도박은 카지노, 경륜, 경정, 스포츠 토토, 허가된 소싸움까지 매우 다양해서 이러한 추세라면 매출액이 팽창할 것으로 예측된다. 여기에 64조에서 88조 정도로 추산되는 불법도박까지 고려하면, 한국사회는 가히 도박공화국이라 할 만하다.

도박은 도덕적 측면에서 사회악으로 규정될 뿐만 아니라, 형법에 의해서도 금지되고 있다. 도박이 사회적으로 금지되는 가장 큰 이유는 도박이 갖고 있는 본질적 특성으로부터 연유된다. 흥분과 현기증, 그것이 중단되었을 때 오는 권태와 불안감, 그리고 게임의 반복과 금전적 내기의 추가는 흥분을 배가시키기 위한 것으로 도박의 본질적 특성이다. 게임을 영원히 계속하는 것, 이것은 게임의 논리이자 도박자의 근본적인 목표이다. 연속적인 흥분을 위한 게임반복은 도박자들로 하여금 '중독성'을 갖게 한다.

지금까지 도박산업에 대한 여러 연구결과들에 따르면, 우리나라에서 합법화된 모든 종류의 도박참여자 중 약 50% 내외는 문제도박자인 것으로 밝혀지고 있다. 세계에서 그 유래를 찾아볼 수 없을 정도로 높은 비율이다. 더욱 중요한 문제는 흥분의 계속적 추구를 위한 수단으로 금전이 개입되며 도박산업의 특성상 고객들은 확률적으로 절대 돈을 딸 수 없다는 데 있다. 가정파탄, 사회적 관계의 단절, 실업, 경제적 파산, 그리고 범죄와 자살에 이르는 많은 문제도박의 결과늘은 도박산업의 특성에 따른 불가피한 결과이다.

그렇다면 국가는 이러한 사회악을 왜 합법화하는 것일까? 미국의 제3대 대통령 토마스 제퍼슨은 '국가가 지원하는 도박'을 오직 '자신의 의지에 의해'서만 납세될 수 있는 유일한 세금으로 보고 공공재정의 확보를 위하여 복권 발행을 추진한 바 있다. 그는 특정 목적을 위해 직접세를 부과하기 어려운 정부에게 도박은 필요한 공공재정을 확충할 수 있는 중요한 수단 중 하나가 될 것으로 생각했다. 복권의 가격은 인식할 수 있을 정도의 어떤 피해를 만들어내지 않기 때문에 그것의 구입이 고통스러울 필요는 없다고 제퍼슨은 믿었다.

마르크스주의적 관점은 물론이고 기능주의적 관점에 서

있는 사람들도 합법적 도박의 체제 유지 기능을 강조한다. 사회학에서 최초로 기능주의 관점에 입각해 도박의 합법화를 설명한 데베레는 도박의 특성이 지배적 경제제도들의 윤리를 보호할 수 있을 것으로 본다. 왜냐하면 잠재적으로 파괴적인 투기적 충동들과 윤리적으로 일탈적인 경제적 동기들이 도박이라는 별개의 제도적 맥락 속에서 다소 해롭지 않게 비껴 지나가게 될 것이라고 봤기 때문이다. 뿐만 아니라 도박의 합법화는 실업자나 하층계급과 같이 자본주의 사회에서 좌절을 겪고 있는 사람들에게 벼락부자가 될 수도 있다는 희망을 제공한다. 이를 통해 자본주의 체제의 모순들과 불평등은 은폐된 상태로 남아 있게 되며, 체제의 기본적 토대들에 대한 드라마틱한 공격은 발생하지 않을 수도 있다.

합법적 도박은 좌절에 빠져 있는 사람들이 사회체계에 대한 심각한 파괴 없이도 지배적인 윤리적, 경제적 체제들에 의해 추진되지 못하는 가치들을 추구할 수 있는 별도의 사회적 환경을 제공하고 있는 것이다. 국가가 사적 영역의 도박을 범죄화해서 처벌하고, 합법적 도박을 탈범죄화해서 허용하는 모순된 정책을 취하는 것도 이 때문이다.

도박은 불가피한 사회적 현상일지 모른다. 여러 가지 형태의 도박에 대해 지지자들은 물론이고 반대자들이 무슨 말을 하건 어떤 행동을 취하건 간에, 그것은 많은 사람들에 의해 실제로 행해지고 있으며 암묵적으로 승인되고 있다. 그러나 이러한 현상이 합법적 도박을 제한 없이 확대시켜도 좋다는 것을 의미하는 것은 절대 아니다. 정부의 합법적 도박에 관한 적절한 제한은 필수적이다. 이러한 관점에서 합법적 도박의 확산에 대한 제재와 그 시점의 선택은 정부의 몫이다. 정부는 도박규제에 있어 유일한 행위자일 뿐만 아니라 동시에 도박 사업자라는 모순적 위치에 있기 때문이다. 정부가 문제도박의 예방을 위한 만족할 만한 조치를 취하지 못하는 이유는 가장 심각한 도박중독의 주체가 정부이기 때문이다.

끝으로 학문적 측면에서 도박문제의 해결을 위해 반드시 언급해야 할 것이 있다. 심리학자들이나 정신과 의사들은 문제도박자들을 '병리적 도박자'라 규정하고, 병적 도박행동을 치료의 대상으로 삼고 있다. 그러나 그들이 주장하는 것처럼 문제도박자들은 충동성, 비합리성, 그리고 의존성의 측면에서만 규정될 수 있는 존재들은 아니다.

이러한 주장들은 일면 설득력 있기는 하지만, 사회문제의 개인화를 통해 구조적 문제를 은폐하고 정당화시키는 결과를 초래할 위험도 있다. 비록 어떤 단일한 설명으로 환원시킬 수는 없다 하더라도, 문제도박은 신자유주의가 주장하는 자율성, 이성, 그리고 통제의 상실이라는 측면과 밀접한 관계를 갖고 있다. 이는 소비사회의 출현과도 깊이 관련돼 있다. 충동조절 능력이 없는 사람들이 문제도박자가 되는 것이 아니라, 소비사회의 특성을 반영하고 있는 합법화된 도박이 문제도박자들을 생산해 낸다는 것이 더 올바른 설명이 될 수 있다. 도박산업의 확장은 소비사회의 출현과 밀접히 연관돼 있으며, 이 연관성을 규명하는 것이 문제도박의 해결책을 제시해 줄 수도 있다. 따라서 도박문제에 관한 거시적인 접근이 요구된다.

출처: 중앙대 대학원신문 2012년 4월 3일자

생각 거리

1. 스크린 경마는 게임인가 혹은 도박인가.
2. 게임과 도박의 경계에 대하여 생각해보자.
3. 스포츠를 규정하는 기준이 무엇인지 알아보자.
4. 내기스포츠와 도박스포츠를 비교해보자.
5. 합법화 된 도박스포츠를 찾아보자.

읽을 거리

1. 김현덕, 김기용 역(2001). 스포츠의 개념. 서울: 홍경.
2. 하남길(2002). 움직임 예술과학의 이해. 서울: 대한미디어.
3. 이학준(2007). 키워드로 읽는 스포츠. 서울: 북스힐.
4. 박현우, 김부찬(2005). 스포츠의 인문학적 탐색. 광주: 전남대학교 출판부.
5. 송형석 역(2008). 근대스포츠의 본질. 서울: 나남.

04 한국스포츠 100년[9)]

이 땅에 근대스포츠가 도입한지 근 100년이 되었다. 유교 이데올로기가 지배한 근대 초기의 체조수업 모습은 당시의 국민들에게 수용되지 못하는 측면이 있었다. 종아리를 들어내고 체조수업을 받아야 한다는 것은 당시의 사회에서는 충격 그 자체였다. 특히 이화학당의 여학생들의 체조모습은 종아리를 들어내는 치마를 입어야 했다. 때문에 이화학당 출신 여자는 며느리로 받아들일 수 없다는 생각이 있을 정도였다. 유교 사회에서 여성이 신체활동을 공개적으로 한다는 것은 용납되지 않았다. 그것도 신체의 일부를 드러내 놓고 운동을 한다는 것은 금기를 깨는 일이었다.

어째든 스포츠는 근대에 들어와서 이 땅에서 국민의 일상생활 속에서 그들의 기쁨, 슬픔, 분노, 즐거움과 함께 한 세월이었다. 영웅이 없던 우리사회에 스포츠 스타가 나타나기 시작했다. 하늘에는 안창남, 땅에는 엄복동이 있었다. 조선최초의 비행기 조종사 안창남은 신문에서 널리 소개되었다. 하지만 자전거 수리상회의 직원이었던 엄복동은 많은 자전거경주대회에서 우승을 했지만 안창남에 비하여 여론에 자주 등

9) 1999년 12월 29일 KBS특집 "한국스포츠 100년" 참고.

장하지 못했다. 그렇지만 근대 조선에서 두 명의 영웅은 조선의 민중을 열광하게 만들었다. 이들이 있었기에 우울한 당시의 조선인들에게 희망과 살맛을 경험하게 하였다. 우리의 기억을 되살려 한국스포츠의 100년을 살펴보자.

한국스포츠에서 열광의 주요계기들 (정준영, 2011)

계기, 인물	시기	내용
엄복동	1913년	전조선 자전차 대회에서 우승
손기정	1936년	베를린 올림픽 마라톤 우승
김기수	1966년	한국 최초 프로복싱 세계 챔피언
여자탁구	1973년	한국 최초 세계 탁구선수권대회 우승
홍수환	1974년	적지에서 최초로 세계챔피언 획득
양정모	1976년	광복 이후 올림픽 최초 금메달
차범근	1970년대	한국선수 최초로 독일 분데스리가 진출
최윤희	1982년	아시안게임 수영 3관왕
여자양궁	1980년대 이후	올림픽에서 주요 금메달 박스로 부상
박찬호	1990년대	한국인 최초로 메이저리그 진출
박세리	1990년대	한국인 최초로 LPGA 우승
남자축구	2002년	월드컵축구 4강 진출
박지성	2000년대	한국선수 최초 영국 프리미어리그 진출
박태환	2008년	한국 최초 올림픽 수영 금메달 획득
김연아	2010년	한국 최초 올림픽 피겨 스케이팅 금메달 획득
		마라톤 2000년대 '하는 스포츠'의 대표적 종목으로 부상

1966년, 장창선 레슬링 세계를 제패하다.

1964년 동경올림픽 자유형 플라이급에서 은메달을 따냈던 장창선이 1966년 미국 오하이오주 톨레도에서 열린 세계레슬링선수권대회 자유형 플라이급에서 우승을 차지했다. 한국인으로서는 최초의 세계선수권 대회 재패였고 이후 한국 레슬링은 세계정상으로 발돋움했다.

레슬링의 경우 올림픽 효자 종목이라고 할 수 있다. 대한민국의 최초 올림픽 금메달 역시 몬트리올 올림픽의 양정모 선수가 따냈다. 왜 올림픽 종목에서 메달 가능성이 높았던 종목에서 점점 멀어지고 있는 것일까. 레슬링 인구가 적어졌기 때문에 메달 가능성도 적어진 것인가. 아니면 선수들의 경쟁력이 세계 수준에서 떨어지기 때문인가. 여러 복합적인 이유로 올림픽에서 레슬링은 메달종목에서 벗어나고 있다.

1976년, 양정모 올림픽 첫 금메달을 목에 걸다.

광복 이후 태극기를 가슴에 달은 국가대표 선수들이 올림픽에 수차례 참가했지만 세계무대 장벽에 막혀 금메달 획득에 실패했다. 온 국민의 염원이 몬트리올 올림픽에 쏠렸던 1976년 7월 31일 레슬링 자유형 페더급에 출전한 양정모 선수는 마침내 금빛 소식을 조국에 전했다. 한국스포츠가 태극 마크를 달고 올림픽에 나선지 28년, 손기정선수의 금메달 이후 40년만의 쾌거였다. 비록 행운이 따라 주어서 쉽게 금메달을 획득할 수 있었다. 손기정 선수의 금메달은 일장기를 달고 획득한 메달이기 때문에 한국인으로 최초의 올림픽 금메달이지만 한국의 메달이 아니라 일본의 금메달이었다. 지금도 일본의 금메달로 역사 속에 남아 있다. 그렇기 때문에 한국의 태극기를 가슴에 달고 수상하게 된 최초의 금메달은 양정모가 처음이었다.

지금이야 올림픽에서 10개 정도의 금메달을 획득하고 있지만 광복이후의 우리의 능력은 외국팀들에 비하여 뛰어나지 못하였다. 지금도 올림픽에서 금메달은 한 번도 획득하지 못한 나라들이 있다. 그 만큼 올림픽에서 메달을 딴다는 것은 굉장한 일임에는 틀림없다. 올림픽 메달 종목은 투기종목에서 지금은 양궁, 역도, 수영, 태권도 등 종목의 다양화 되었다. 이것은 국민들의 다양한 스포츠참가를 말해주는 것이다.

1977년, 홍수환 4전5기의 신화를 쓰다.

복싱하면 우리의 기억에서 지울 수 없는 일대 경기가 있었다. 홍수환이라는 이름이다. 4전5기의 신화를 기록했기 때문에 잊을 수 없다. 그 때의 감동은 복싱을 볼 때 마다 생각나게 한다. 1977년 11월 26일 헥토로 카이스키야를 3회에 KO시키고 WBA 주니어 페더급 획득에 성공하였다. 그는 바로 이 경기에서 3회까지 4번의 다운을 당했으나 굴복하지 않고 상대방을 궁지에 몰아넣은 후 마침내 KO로 승리하여 타이틀을 획득했다. 4번 다운에 5번째 상대를 다운 시켜 4전 5기의 신화를 다시 쓰게 되었고, 힘든 삶을 살아가고 있는 당시의 국민들에게 희망을 보여주었다.

지금은 헝그리 스포츠라고 했던 복싱은 그 인기를 다시 찾지 못하고 챔피언에 도전하는 사람들은 숫자는 줄고 있다. 그 대신에 일상의 생활 스포츠로써 복싱은 다이어트와 몸매 관리 그리고 스트레스 해소를 위해서 일반인들이 참가가 점점 늘어가고 있다. 어떻게 보면 복싱인구는 줄어든 것이 아니라 늘어나고 있다는 점이다. 다만 복싱을 전문으로 하는 선수가 급감하고 있을 뿐이다.

한국인의 집념을 여실히 보여준 이 경기는 마지막 우승 멘트에 "엄마 나 챔피언 먹었어........대한민국 만세"로 한때 유행어로 돌만큼 국민들에게 큰 감흥을 안겨주었다. 그 인기는 지금도 홍수환 선수에게 힘이 되고 있다. 최근 '누구나 한방이 있다'라는 책을 쓰고 교회에서 간증을 하고 있는 그는 여전히 대한민국 사람들의 기억 속에 영원한 챔피언으로 각인되어 있을 것이다. 2체급을 석권한 그의 권투실력은 후배들에게 하나의 귀감으로 포기하지 않는 불구의 신념은 여전히 배워야 할 정신이다. 특히나 경제적 위기에 직면한 지금 우리가 그에게서 포기하지 않는 정신을 배울 수 있을 것이다. 너무나 쉽게 모든 일을 포기하지 않나 생각해 봐야 한다.

1981년, 프로스포츠 시대가 개막되다

제5공화국 전두환 대통령은 스포츠 대통령으로 불려진다. 그 이유는 당시 국가를 스포츠로 지배했기 때문이다. 스포츠와 스크린, 섹스는 3s라는 말로 우민화 정책의 대표적인 대상이었다. 군인 출신과 광주 민주화 항쟁을 통해서 대통령이 되었기 때문에 정통성을 찾을 수 없었다. 광주에 대한 비판을 스포츠에 대체하기 위하여 프로스포츠를 시작하게 되었다. 가난한 대한민국에서 프로스포츠를 즐길 수 있는 시대를 맞이한 것이다. 거기에 분명한 이유가 있었다. 스포츠로 국가를 통치한다는 논리가 숨겨져 있었다.

1981년 12월 한국프로야구위원회(KBO)가 발족하며 한국

스포츠는 본격적인 프로시대를 맞이했다. 비록 군사정권 주도로 프로화가 추진돼 '우민화의 산물'이라는 비난을 받았지만 경제발전으로 국민의 여가시간이 많아진 뒤 볼거리가 없었던 국민은 스포츠관전으로 건전한 여가선용을 하게 되었다. 뿐만 아니라 야구, 축구, 씨름, 농구 등의 프로화의 영향으로 국제무대에서 좋은 성적을 내는데 도움을 받게 되었다.

프로스포츠의 시작은 동기가 어떻게 되었든 결과로 보면 새로운 관람스포츠라는 볼거리를 가져다주었다. 볼거리가 많지 않았던 1980년 당시 고교야구를 대신하여 지역연고제를 실시한 프로야구는 볼거리에 목말라하던 사람들에게 청량제 같은 역할을 하게 되었다. 특히 프로씨름은 전통스포츠의 프로화라는 계기가 되어 사람들에게 인기를 얻게 되었다. 당시의 천하장사들은 국민들에게 사랑을 받았다. 지금은 침체 위기에 직면하고 있지만 당시의 프로씨름에 대한 국민의 관심은 아주 높았다.

1988년, 서울올림픽을 개최하다

1981년 9월 30일 당시 서독의 바덴바덴에서 열렸던 제84차 국제올림픽 위원회(IOC) 총회에서 서울은 일본 나고야를 52대 27로 제치고 1988년 제24회 하계올림픽 개최지로 선정되었다. 서울올림픽은 전 세계 160개국에서 13,600여 명의 선수가 참가한 가운데 성대하게 치러져 20년이 지난 지금도 IOC로부터 '20세기 최고의 올림픽'으로 평가받고 있다. 한국은 종합 4위라는 역대 최고 성적으로 성황리에 올림픽을 끝마쳤으며 한국을 세계에 알린 큰 이슈라고 할 수 있다.

당시의 올림픽 유치를 두고 많은 말들이 있었다. 정부에 대한 국민들의 불만을 올림픽을 통해서 해결하려고 한다는 비판을 받았다. 특히 경제적으로 어려운 가운데 있는 개발도상국에서 올림픽 유치는 망국으로 가는 길이라고 비판하는 목소리가 높았다. 이미 멕시코 등이 개발도상국 상태에서 올림픽을 유치하여 위기를 맞이한 사례가 있었다. 그 동안 선진국 중심으로 올림픽은 유치되어 왔는데 한국이라는 개발도상국이 올림픽을 개최하게 된 것은 무모한 것이었다. 더욱이 외국에서 차관을 빌려 개최하는 올림픽은 많은 우려의 대상이었다. 하지만 전두환 정권은 올림픽 개최를 통해서 자신의 정치적 전통성을 확인하고 자신의 지배를 정당화 하려고 하였다. 그 결과 전두환의 정치적 의도는 성공하게 되고, 올림픽을 계기로 경제발전을 이룩하는데 디딤돌이 되었다.

서울올림픽의 역사적 의의는 당시만 해도 세계는 동서 냉전 상태에 있었다. 1980년 당시 소련의 모스크바 올림픽은 미국을 중심으로 서방국가들이 대거 불참하였다. 이유는 소련이 아프카니스탄을 무력으로 침공했다는 이유를 들어 올림픽 참가를 거부하였다. 이러한 분위는 1984년 미국 LA 올림픽에 소련을 중심으로 한 동구권 국가들이 참가를 포기하였다. 양대 올림픽을 통해서 정치적 갈등 때문에 반쪽 올림픽을 치러야만 한 것이다. 한국 여자 농구는 올림픽 예선전에서 탈락하여 출전권을 얻지 못했지만 동유럽 국가들의 올림픽 보이콧 때문에 한국 여자농구 선수들은 올림픽에 참가하게 되어 은메달이라는 쾌거를 이룰 수가 있었다.

종합성적 세계 10위 안에 들어가면서 그 여파로 올림픽에서 4회 연속 세계 10위를 기록하였다. 이러한 상황에서 서울올림픽이 근대올림픽에서 중요한 것은 동서 화합의 올림픽이었다는 것이다. 갈등과 대립상태에 있었던, 소련과 미국은 서울올림픽에 참가하게 된다. 이 후에 평화적인 분위기의 올림픽이 계속 진행될 수 있었다. 그래도 문제는 있었다. 북한과 쿠바 등의 나라들이 서울 올림픽에 불참한 것이다. 그럼에도 불구하고 서울올림픽은 화합과 조합의 올림픽으로 기억되고 있다. 한국은 서울올림픽을 통하여 흑자를 기록하여 국민체육진흥공단을 설립하여 기금을 관리하고 있다.

1991년, 탁구와 축구 남북단일팀을 구성하다

한국과 북한은 1991년 4월 일본 지바에서 열렸던 제41회 세계 탁구선수권대회에 남북한 단일팀을 구성해 출전하였다. 여자단체전에서 우승함으로써 이산가족들에게 통일의 꿈을 안겼다. 또 1990년 서울과 평양에서 각각 남북통일 축구대회를 치렀던 축구도 1991년 포르투갈 세계청소년선수권대회에서 단일팀을 이뤘다. 단일팀의 경기력의 향상뿐만 아니라 남북의 국민들에게 하나라는 의식을 가지게 하는 계기가 되었다. 서로 잊고 있었던 관계를 회복하고 같은 민족이라는 생각을 가질 수 있게 만든 계기이다. 스포츠를 통한 평화를 유지하는 차원에서 남북 단일팀에 대하여 알아볼 필요가 있다.

1992년, 황영조가 바르셀로나 올림픽 마라톤에서 우승하다.

1992년 스페인 바르셀로나 올림픽은 프로에게도 문호를 개방한 올림픽의 실험 무대였다. 황영조는 손기정의 마라톤 우승 56년 만에 태극기를 가슴에 달고 몬주익 경기장에 골인, 일제치하에서 일장기를 달고 금메달을 목에 걸어야만 했던 우리 민족의 한을 풀어주었다. 특히 올림픽 마라톤 역사에서 아시아권 선수로서는 손기정과 황영조 둘만이 우승을 차지해 그 가치를 더했다.

1936년 독일의 베를린 올림픽에 참가한 손기정과 남승룡은 세계신기록으로 우승과 3위를 차지하였다. 하지만 식민지 상태에 있었기 때문에 손기정과 남승룡 선수는 일장기를 가슴에 달고 경기에 참가해야 했다. 결과적으로 우승과 3위라는 기록은 일본을 세계에 선전하는 효과로 작용하였다. 그것이 식민지 조선을 세계에 알리고 독립행위가 되지 못했다. 철저하게 일본에게 이용당한 경기였다. 지금까지 올림픽 마라톤 금메달은 일본으로 기록되어 있다.

1996년 미국의 애틀란타 올림픽에 참가한 이봉주 선수가 은메달을 목에 걸었다. 성실한 마라토너라는 평판을 받고 있는 이봉주 선수는 마지막 몇 초 차이로 승리를 하지 못하였다. 이후로 올림픽 마라톤에서 좋은 소식을 접하지 못하고 침체기로 접어들었다. 세계기록은 여전히 2시간 5분대로 유지하며 아프리카 선수들이 독점하고 있다. 이 가운데 국내 마라토너 선수들은 세계기록과 올림픽 우승을 향해 지금도 열심히 질주를 하고 있다.

1994년, 박찬호가 미국 메이저리그에 진출하다.

1994년 1월 당시 한양대 2학년에 재학 중이던 박찬호가 다저스로부터 1백 20만 달러의 계약금을 받고 미국 프로야구 메이저리그에 뛰어 들었다. 박찬호는 2년여의 마이너리그 생활 끝에 다저스의 간판투수로 성장, 최고구속 150km의 강속구로 1997년부터 2001년까지 두 자리 승수를 올리며 메이저리그 안에서 코리아드림을 실현시켰다. 지금까지도 자신의 몸

관리를 잘하여 선수생활을 계속하고 있다. 많은 선수들이 박찬호를 선두로 할 수 있다는 자신감으로 그를 뒤따라 미국의 메이저리그로 진출하였다.

이후에 야구뿐만 아니라 축구, 배구, 핸드볼 등 다양한 종목의 선수들이 외국 프로팀으로 자리를 옮겨 선수생활을 하고 있다. 영국 프리미어리그에서 활약하는 박지성, 이영표, 설기현, 김두현 등의 선수들이 축구의 종가에서 활약하고 있다. 야구선수들은 박찬호 이후에 서재응, 봉중근, 김병현, 추신수 등의 선수들이 진출하여 선수로 활동하고 있다. 국내에서 프로팀이 없어서 해외로 나가는 비인기 종목의 선수들이 있다. 핸드볼을 지속하기 위해 동유럽으로 진출하고, 일본으로 간다.

1998년, 박세리가 세계 그린 여왕으로 등극하다.

한국의 최고 수출품, 미국 언론은 1998년 미국여자프로골프에서 이미 4승을 올리고 있는 프로골퍼 박세리를 이렇게 평했다. 지난 1996년 한국 프로무대에 뛰어들자마자 4개 대회를 석권하며 무서운 아이로 주목을 받았던 박세리는 1998년 LPGA 프로테스트를 1위에 통과한 뒤 올 시즌 LPGA 챔피언십과 US 오픈 등 메이저 대회를 연속 재패하는 쾌거를 이뤘다.

특히 한국은 1997년 IMF를 맞이하여 나라 전체가 외환위기에 빠져있을 때 박세리의 승리는 다시 회생할 수 있다는 자신감을 한국의 국민들에게 선사했다. 그 이후 다시 살아난 한국 경제는 재도약을 하고 있다. 골프에 대한 국민들의 인식이 박세리를 계기로 달라졌다. 이전에는 귀족 스포츠의 면모를 가지고 있었던 골프는 박세리의 우승을 계기로 누구나 할 수 있다는 대중스포츠로의 인식이 확산되게 되었다.

2002년, 월드컵 유치와 연속 4회 본선에 진출하다

한국은 1988년 서울올림픽 유치에 이어 1996년에는 2002년 월드컵 유치를 신청하였다. 일본은 한국보다 빠르게 월드컵 유치 신청을 하고 이를 위하여 J-리그를 창단하여 축구 붐을 조성하였다. 하지만 한국은 재벌총수들과 함께 월드컵 유치에 총력전을 펼쳤다. 국제축구협회 회장 아벨란제를 등에 업은 일본은 가능성이 높아 보였지만 차기 회장을 노리는 유럽축구협회 회장 요한슨의 방해 때문에 격돌이 예상되었다. 이런 격돌과 혼란을 막기 위해서 요한슨이 제시한 한국과 일본의 공동개최는 정치적 이해논리에 따라서 결정되었다. 1986년 멕시코 월드컵 진출권을 따낸 한국 축구는 1990년 이탈리아, 1994년 미국, 1998년 프랑스월드컵 본선 진출권을 따내 아시아 축구의 최강자임을 입증했다. 2002년 한일 월드컵은 1988년 서울올림픽 이후 세계를 놀랍게 할만한 4강의 신화를 만들면서 온 국민을 하나로 뭉치게 한 국민 모두의 축제가 되었다.

아시아에서 처음으로 개최된 한·일 월드컵축구는 개최지로써만 만족한 것이 아니라 경기에서도 주최국 한국은 4강이라는 신화를 기록했다. 당초 한국은 16강 진출을 목표로 참가했지만 선수들의 투혼과 국민들의 감동적인 응원의 힘을 얻어 현실적으로 불가능한 4강을 달성하였다. 거기에는 물론 세계적인 축구 명장 히딩크를 빼놓을 수 없다. 그는 감독 초임부터 국가대표 선수들의 체력을 증진시키기 위해서 체력훈련을 위주로 진행하였다. 눈앞에 승리보다는 월드컵을 생각한 장기간의 계획에 따라서 훈련이 이루어졌다.

특이한 것은 히딩크는 선수들 간의 자유로운 의사소통을 강조하고 선배와 후배간의 서열의식을 사라지게 하고 학연과 지연에 의한 국가대표 선발도 실력에 따라서 선발할 수 있도록 하였다. 심지어 식사시간에 선배와 후배가 분리되어 식사하는 것을 보고 함께 앉아서 먹으라고 지시하기도 하였다. 소통이 단절된 상태에서 경기장에서 역시 소통 부재가 나타날 수 있기 때문에 생활에서 서로 간의 소통을 하기위해 선배와 후배가 함께 식사를 하게 하였다. 이외에도 국가대표가 결정되지 않은 상태에서 주전경쟁을 통해서 선수들의 기량상승을 모색하였다. 그 결과 박지성, 설기현, 이을용과 같은 선수들이 실력만으로 국가대표가 되었다. 연습게임은 약체인 팀과는 경기를 하지 않고 한국보다 강한 유럽 국가들과 평가전을 가짐으로써 기량향상을 도모했다. 그 결과 프랑스에 5대 0이라는 결과를 가져와 히딩크는 오대영 감독이라는 불명예를 얻었지만 여기에 불복하지 않고 자신의 계획에 따라서 훈련을 진행하였다. 그 결과 한국 축구역사의 초유의 사건이 발생하게 되었다. 빨간 유니폼을 입고 거리응원이라는 신기원을 보여준 한국의 힘은 미디어를 통해 세계로 확산되었다.

개인주의와 지역주의 한계를 월드컵을 통해 잠시 잊을 수 있게 하였고 국민 모두가 한 마음이 된 공동체문화를 형성하였다. 나이, 직업, 지역 모든 것을 넘어서 하나가 될 수 있음을 월드컵은 보여주었다. 빨갱이와 이념적 상징이었던 빨간색에 대한 이미지를 벗어나고 태극기에 대한 신성함에서 벗어서 친근감으로 다가 설 수 있었다. 과거에서 할 수 없었던 모습들을 월드컵을 계기로 보여주었다. 자동차로 거리를 달리면서 경적을 울리고 거리로 뛰어나와 함께 경축하는 새로운 응원문화를 볼 수 있었다.

2002년 월드컵축구를 통해서 세계 4강이라는 기록을 달성했지만 화려함 뒤에 가려진 지금까지 알지 못했던 사실은 FIFA의 횡포라는 사실이다. FIFA와 계약을 맺은 국내 숙박업계와 중소기업의 올림픽 상표계약으로 많은 피해를 입었다. FIFA와 관람권 계약을 맺은 독일의 회사는 월드컵 관람권

예약과 관리를 할 능력이 없는 작은 회사였다. 그럼에도 불구하고 FIFA는 계속 이 회사를 옹호하고 지원하였다.

월드컵 개회식 관람석이 텅 비어있는 것은 관람석 판매가 제대로 이뤄지지 않았기 때문이다. 개회식과 개막경기를 관람하려던 시민들은 입장권이 없어서 줄을 서고 있는데 경기장은 빈 좌석이 많이 남아 있었다. 이러한 사실만 봐도 제대로 입장권을 판매하지 못했다는 것을 알 수 있다. 그 결과 개최국의 입장권 수입에 악영향을 미쳤다. FIFA는 거대한 마피아와 같은 마케팅 회사에 불과하다. 이 회사에서 기획한 메가 이벤트가 바로 월드컵이다. 이 대회에 참가하기 위하여 세계 여러 나라들은 모든 에너지를 쏟아 붓는다.

우리에게 스포츠란 무엇인가?

지금까지의 내용을 정리하면 다음과 같이 공감할 수 있다. 우선, 우리나라 사람들에게 있어 스포츠는 단순히 스포츠만이 갖는 의미가 아니라는 것이다. 과거 일제 식민지 시절이나 IMF로 국가 경제가 어려울 때 이 위기를 이겨내는 원동력이 되게 하였다. 특히 일본에 의해 조선체육회가 해산되고 모든 나라 실정이 일제의 지배를 받고 있음에도 불구하고 베를린 올림픽에서 손기정 선수와 남승룡 선수가 비록 일장기를 달았지만 예상을 깨고 1위와 3위를 했다. 당시 자전거 경기의 우상이었던 엄복동 선수가 일본 선수를 이기는 장면은 우리나라 국민들이 일본에게 받는 부당한 대우나 고통을 덜어주는 것 같은 해방감, 쾌감을 느끼게 하였다. 비록 약한 나라 속의 열악한 상황이었지만 스포츠가 있어 힘든 상황을 이겨내게 할 수 있었다.

둘째, 한국인의 끈기와 대단함, 스포츠에 대한 애정을 느낄 수 있다. 서울올림픽을 개최할 때 그 누구도 대한민국 서울에서 올림픽 대회를 개최할 것이라고 예상하지 못하였다. 하지만 일본의 나고야를 제치고 1988년 서울올림픽을 유치하게 되었다. 또한 스포츠에 대한 사랑이 깊다는 걸 알 수 있다. 6·25 전쟁 중에도 불구하고 부산에서 전국체육대회를 계속 개최해 체육을 진흥시켰다는 점이다. 국난이 있어도 어려움을 극복하고 스포츠를 하였던 역사의 기록들을 만날 수 있다. 스포츠에 대한 끊임없는 사랑은 스포츠의 발전에 밑거름이 될 것이다.

셋째, 한국스포츠는 발전 가능성이 높다는 것을 알 수 있다. 최근의 WBC의 준우승, 세계 피겨스케이팅선수권 대회에서 우승한 김연아 등 세계적인 기량을 발휘하고 있다. 또한 한국은 자랑으로 삼을 만한 스포츠종목이 있는데, 투기스포츠 태권도이다. 처음에는 외국에서 태권도는 잘 알려지지 않은 무지한 것이었다. 하지만 1960년대 태권도를 세계에 전파시켜 결국 올림픽 시범종목에서 정식종목으로까지 발전시켰고, 이젠 우리나라 고유의 스포츠가 전 세계 사람들이 배워 경기를 하는 종목이 된 것은 실로 위대한 것이다.

이 모두가 한국 사람들의 스포츠에 대한 사랑과 끈기, 노력이 일궈낸 결과물이라고 할 수 있다. 한국은 아시아권 3, 4위를 다투고 이제는 1, 2위 자리를 넘보는 스포츠 강국이라는 점을 주목할 수 있다. 근대 스포츠를 도입한지 얼마되지 않은 짧은 역사를 가지고 있지만 그럼에도 불구하고 뛰어난 성적을 거둬내는 걸 보면 분명 스포츠를 사랑하고 아낄 줄 아는 나라임에 분명하다. 이미 우리는 여러 차례의 세계대회, 올림픽, 축구월드컵을 통해서 스포츠강국임을 증명해 왔다.

스포츠선진국을 향하여

이제 우리가 눈을 돌려야 하는 것은 스포츠강국이 아니라 스포츠선진국을 향한 노력일 것이다. 전 국민이 일상에서 스포츠를 즐길 수 있는 인프라가 갖추어져 마음만 먹으면 쉽게 운동할 수 있게 해야 한다. 전문운동선수에 대한 투자와 관심을 대중들에게 환기시킬 필요가 있다. 특정인에게 혜택을 주는 것이 아니라 모두에게 골고루 혜택이 분배되어야 한다. 우리가 원하는 것은 올림픽의 금메달이 아니라 얼마나 스포츠를 즐길 수 있는 문화를 가지는 것이다.

지금도 한국스포츠가 만들어 갈 내일의 역사는 밝다. 세계적인 선수들이 특정 종목에 한정된 것이 아니라 다양한 종목에서 나오고 있기 때문이다. 그 만큼 우리의 스포츠는 확대되었다는 것을 의미한다. 골프에 박세리, 수영에 박태환, 피겨스케이팅에 김연아, 축구에 박지성 등이 있다. 그 외에도 세계적으로 유망 받는 스포츠계의 인재가 늘어나고 있다. 스포츠에 대한 남다른 우리나라 사람들의 애정과 관심투자, 열악한 나라사정 그리고 힘들었던 스포츠계의 역사를 지내왔음에도 불구하고 굳건히 스포츠를 함께 즐기고 잘 이어갈 수 있었던 끈기, 이 삼박자만 보아도 우리 스포츠계의 역사는 밝다는 것을 알 수 있다.

2000년 이후의 스포츠역사

시기	내용
2002년	한일월드컵 4강 신화
2002년	부산아시안게임 개최
2008년	빼이징올림픽 박태완 수영 금메달

2008년	뻬이징올림픽 야구팀 우승
2010년	밴쿠버 동계올림픽 김연아 금메달
2010년	17세 이하 FIFA청소년여자월드컵 우승
2010년	프로야구 600만 관중돌파
2011년	박지성 유럽 챔피언스 리그 동양인 최초 참가
2011년	대구세계육상선수권 대회 개최
2018년	평창동계올림픽 대회 유치

한국 스포츠 운동약사 (이학래, 2001)

1945년: 조선체육회 재결성. 12개 경기단체 창립 (11월), 제26회 전국체육 개최

1947년: IOC(국제올림픽위원회) 정식가입(6월)

1948년: 한국 최초 올림픽참가(14회 런던올림픽)(7월), 조선체육회의 명칭이 대한체육회로 개칭됨(9월)

1949년: 이화여자대학교 체육과에서 최초로 졸업생 13명 배출

1951년: 문교부 학교 신체검사 규정공포 (3월)

1952년: 아시아 경기연맹(AGF)에 가입 (7월)

1955년: 한국체육학회 회지 "체육" 창간 (2월)

1960년: 한국 최초로 데이비스컵 테니스대회 예선 참가 (4월)

1961년: 군사혁명정부 대한체육회 예산을 정부가 지원하기로 결정, 혁명정부의 "재건국민운동본부가"가 "체력은 국력"이라는 슬로건 채택, 혁명정부의 재건국민운동본부가 "국민체조" 보급운동 전개

1962년: 국민체육진흥법 공포(9월 17일-법령 제146호), 10월

15일 체육의 날로 지정, 매월 마지막 주를 “체육주간”으로 제정

1963년: 장충체육관 개관, 각 시·도청 소재지에 체육관 건립

1966년: 태릉선수촌 완공(6월 15일), 대한체육회회관 개관 (면적 2,110평)

1968년: 정부의 체육조직 일원화 방침 공포, 대한체육회, 대한올림픽위원회(KOC), 대한학교체육회 3개 사단법인 대한체육회로 통합(3월)

1974년: 대한체육회에서 메달리스트들에게 종신연금제도계획 확정(대상: 올림픽 게임, 세계선수권대회, 아시안 게임 및 아시아선수권대회 메달리스트) (12월)

1976년: 올림픽 게임 참가 역사상 최초로 금메달 획득(양정모, 레슬링 자유형) (7월)

1979년: 잠실체육관 개관, 제24회 서울올림픽 유치 계획 확정(9월 21일)

1981년: 국민체육 스포츠진흥재단 상해보험제도 실시(3월), IOC총회 1988년 서울 올림픽 개최 확정(9월 21일), 아시아경기연맹(AGF)총회 1986년 제10회 아시안 게임 서울 개최 확정(11월 26일)

1982년: 체육부 발족(초대 체육부장관 노태우) (3월), 한국 프로야구 개막(3월 27일)

1983년: 한국 최초의 프로씨름대회 개막(4월)

1984년: 국군체육부대 창설(1월), 노태우 대한체육회 회장에 선임 (10월)

1985년: 국가대표 사격선수를 위한 88사격 훈련단 창설 (6월)

1986년: 86 아시아게임 스포츠과학 학술대회 개최 (9월), 제10회 서울 아시안 게임 개최(9월20일-10월 5일)

1988년: 서울 올림픽 스포츠과학 학술대회 개최 (9월), 제24회 서울 올림픽 게임 개최

1989년: 국민스포츠진흥공단 발족(4월), 지방자치행정조직에 "생활체육과"설치

1991년: 국민생활스포츠협의회 설립 (2월)

비판적 읽기, 반성적 읽기

• 승리가 주요한 목적이 되는 엘리트 체육의 특성상 그동안 우리 학생선수들은 학생이기 보다는 선수의 역할에 치중하고 있었다. 또한 우리는 결과보다는 과정이 중요하단 말을 흔히 하곤 했지만 결과만을 보는 우를 범해왔었다. 우리가 원하는 것은 금메달이 아니라 얼마나 스포츠를 즐길 수 있는 문화를 가지는 것이다. 또한 우리가 눈을 돌려야 하는 것은 스포츠강국이 아니라 스포츠선진국을 향한 노력일 것이다. 그 동안 우리는 메달 수에 의한 스포츠 강국으로 자리 잡기 위한 노력을 해왔다. 이제는 스포츠강국을 포괄할 수 있는 스포츠 선진국이 되어야 한다. 더 이상 선수에게는 관심이 없고, 단지 그들이 세운 기록과 우승, 메달에만 관심을 갖는 잘못된 방향의 스포츠강국, 인간성 상실의 스포츠강국은 만들지 않았으면 좋겠다. 학생선수 양성을 위한 올바른 체계 확립과 인프라를 구축하기 위한 사회의 제반 여건 등 기본적인 것들에 더욱 관심을 갖고 올바른 방향으

로 나아가길 진심으로 바란다. 그래야 스포츠로 인해 모두가 행복하고 즐거울 수 있고, 스포츠선진국으로 나아갈 수 있다고 생각한다.

- 스포츠는 사회와 밀접한 관계를 맺고 있다. 우리는 일상생활에서 받는 스트레스를 스포츠를 통해 푼다. 다른 사람과 기쁨을 나눌 수 있고, 협력할 수 있으며, 화합할 수 있다. 하지만 문제는 즐기는 스포츠가 다양하지 않다는 것이다. 인기 스포츠인 축구, 농구는 우리가 쉽게 볼 수 있지만 핸드볼 같은 비인기 종목은 찾아보기가 힘들다. 올림픽 동안 뿐이다. 월드컵 때 우리는 팀이 이기면 너무 기쁜 나머지 다른 사람들과 함께 껴안고 기뻐했다. WBC때에도 함께 감격했다. 올림픽에서 야구 대표 팀이 전승으로 금메달을 획득하자 야구팬들은 축구를 비판하기 시작했다. 투자를 한 만큼 결과가 나오지 않기 때문이다. 하지만 프로 스포츠를 보면 축구는 대표 팀 경기가 아닐 때는 썰렁하다. 월드컵이 끝나고 열기가 고스란히 프로축구에도 옮겨질 줄 알았는데 결과는 암담했다. TV중계를 보기가 민망할 정도로 관중석은 텅 비어있었다. 반면 야구는 붐이었다. 주말이면 경기가 매진되기 일쑤이다. 야구 중계가 있는 날은 축구는 녹화 중계를 한다. 현재 야구는 최고의 프로스포츠이다.
K-리그를 보면 관중이 외면할 만하다. 선수들의 능력부족, 심판 진행 미숙, 마케팅 부족 등 다양한 요인이 있다. 비인기 종목은 얼마나 심각하단 말인가. 비인기 종목이 인기 종목으로 발돋움하려면 국민의 인식도 중요한 요건이지만 투자도 필요하다. 곳곳에 여러 경기장을 지어 국민들이 다양

한 스포츠를 경험할 수 있는 기회를 만들어 줘야 한다.

• 한국스포츠 100년을 되돌아보면서 길다면 길고 짧다면 짧은 100년이라는 세월동안 참 많은 일이 있었고 그 역사 안에서 스포츠가 갖는 의미에 대해 되새겨 볼 수 있었다. 단순한 운동경기가 아니라 국민들의 희노애락을 함께하고 힘든 시기엔 이를 이겨낼 수 있는 원동력으로 작용하였다. 동서 냉전 상태에서 정치적 갈등 때문에 반쪽 올림픽을 치러내고 유치하게 된 서울올림픽은 화합의 올림픽으로서 그 역사적 의의가 크다고 할 수 있겠다. 지금도 생각하면 가슴 뭉클한 월드컵 4강의 신화, 온 국민을 하나로 뭉치게 한 평생 잊을 수 없는 순간일 것이다. 또 해외에 진출하여 큰 활약을 펼치는 우리나라 선수들을 볼 때면 너무나 자랑스럽고, 새벽 그 늦은 시간에도 자다 일어나 응원을 하는 걸 보면 이 스포츠라는 것이 정말 매력적이고 묘한 힘이 있는 것 같다고 느낀다. 이제 스포츠강국이 아니라 스포츠선진국을 향해 노력해야 할 시기라는 말에 공감이 간다. 전 국민 누구나 마음대로 스포츠를 즐길 수 있도록, 특정인에게 혜택을 주는 것이 아니라 모두에게 골고루 분배될 수 있도록 해야 할 것이다. 그리고 다양한 종목에서 두각을 나타내는 인재들과 스포츠에 대한 남다른 우리나라 사람들의 애정과 관심 속에 앞으로의 우리 스포츠계는 더욱 활짝 꽃피울 것임을 믿어 의심치 않는다.

• 스포츠의 변천사를 짧게나마 이해하면서 스포츠로 한국을 읽을 수 있었습니다. 그러나 저뿐 아니라 주변에서도 매일

박지성의 활약을 얘기하면서도 정작 본인이 축구하는 것은 정색하는 친구들을 많이 볼 수 있습니다. '내가 하는 것보다 보는 게 더 즐겁다.'라는 생각을 가진 사람들이 당연시 되고 있습니다. 스포츠를 통하여 본인의 자기 발전에 기여하는 것이 아니라 시간을 달래는 재미로써만 이용된다는 것이 참으로 안타깝습니다. 제 생각은 조금 남달리일요일이면 동아리 학생들과 함께 농구, 축구, 족구를 즐겨하고 있습니다. 같이 운동을 할 사람을 모으는 것이 조금 문제가 되는데 막상 운동을 같이 하고 사우나를 즐길 때면 다들 다음 주 모임을 기다리게 되는 것 같습니다. 후에 여유가 된다면 여러 스포츠를 접함으로써 심신의 건강을 다지며 스포츠선진국으로 나아가는 길에 보탬이 되고 싶습니다.

스포츠로 세상읽기

이 땅의 스포츠역사는 근 100년의 역사를 가지고 있다. 스포츠를 어떻게 보느냐에 따라서 그 역사를 더 고대로 올라갈 수 있지만 영국에서 형성된 근대스포츠의 역사로 한정하면 그 역사는 대략 100년으로 보는 것이 맞을 것이다. 한 세기 동안 이 땅에서 스포츠는 많은 사람들의 희노애락과 함께 한 시간들이었다. 때로는 국민들을 환희와 기쁨으로 때로는 국민들을 좌절과 슬픔으로 몰아갔었다. 이제는 분리할 수 없는 아주 밀접한 관계를 형성하게 되었다.

아쉬운 점은 스포츠가 너무 전문화 되고 프로가 등장하여 하는 것보다는 보는 스포츠가 주류를 형성하게 되었다는 점이다. 미디어 스포츠에서 벗어나 직접 체험하는 스포츠를 통한 다양한 가치를 몸으로 배울 수 있는 기회를 만들어 가는 것이 필요하다. 스포츠는 단지 보는 것으로 머무르는 것이 아니라 스포츠를 통한 인격을 형성하고, 살맛나는 세상을 만드는데 기여를 할 수 있어야 한다.

이 땅의 스포츠역사는 곧 이 땅에서 100년 동안 살았던 사람들의 역사이기도 하다. 홍수환의 투혼은 우리 민족의 포기하지 않는 고난의 역사를 이겨나가는 모습이라고 보아도 문제가 없다. 서울올림픽을 개최하고 세계가 서울에 모여서 올림픽 축제를 열어 함께 하는 시간을 가질 수 있었다. 이처럼 스포츠는 단순한 스포츠가 아니라 우리에게는 스포츠라는 단어를 넘어서는 무엇인가가 있다. 무엇인가 말할 수는 없지만 그것은 스포츠가 우리에게 선사하는 작은 선물이라고 생각된다.

스포츠 읽기

올림픽이여, 안녕!

백승종 〈마을공동체문화연구소 대표〉

피에르 드 쿠베르탱은 올림픽을 통해 인류의 평화와 친선을 도모하였단다. 새빨간 거짓말이다. 19세기 유럽 지식인의 전형이던 쿠베르탱은 백인 우월주의자였다. 그가 식민지에서 흑인종과 황인종을 데려다가 올림픽에 출전시킨 것은, 백인의 힘을 만천하에 과시하기 위해서였다. 백인 관중들은 그의 예상대로 미개 종족의 패배를 마음껏 조롱하였다. 올림픽은 제국주의와 인종주의의 그늘에서 독버섯처럼 자라났다.

1936년 베를린 올림픽은 더욱 볼만하였다. 히틀러 정권은 자국의 정치체제를 선전하고, 독일 민족의 우월성을 입증하려고 날뛰었다. 우리가 반드시 기억해야 할 점은 히틀러만 그랬던 것이 아니라, 그가 유독 심했다는 것이다. 그 독재자가 망한 뒤에도 올림픽은 여전히 체제 선전의 각축장이었다. 미국과 소련은 불꽃 튀는 경쟁을 벌였고, 나라마다 올림픽 금메달 개수에 울고 웃었다. 인류 평화와는 거리가 먼 올림픽, 그것은 또 하나의 전쟁터다.

올림픽위원회가 허울뿐인 정치중립의 가치를 고집해 사람을 웃긴 적도 있었다. 1968년 멕시코 올림픽 때, 200m 달리기의 우승자 토미 스미스와 3위 입상자 존 카를로스는 미국

사회의 흑인차별을 비판했다. 그러자 올림픽위원회는 올림픽정신을 훼손했다며 그들을 쫓아냈다. 약자에게만 한없이 강한 올림픽위원회 만세!

올림픽은 큰 볼거리다. 부정하기 어려운 사실이다. 하지만 그런 이유로 좋게만 봐줄 수가 없다. 상업주의의 폐단을 열거하기로 들면 끝이 없고, 겨울올림픽의 환경파괴 문제도 진즉에 도를 넘었다. 무자비한 빈민주택 철거와 마구잡이 재개발은 서울올림픽 때 목격한 바다. 예산 낭비도 심각하다. 올해 한국 정부는 런던에 선수단을 보낸다며 체육예산을 8634억원이나 책정하였다. 사회체육을 정착시킬 만한 거금이 아닌가. 그 돈으로 금메달 몇개 더 딴다고 무엇이 달라지나. 이제 올림픽 시청 거부운동이라도 벌여야 할 때다. 금메달에 매달리는 것은 바보짓이다.

출처: 한겨레신문 2012년 7월 30일자

생각 거리

1. 현대올림픽의 문제와 그 대안을 생각해보자.
2. 한국스포츠 100년사에서 10대 사건을 조사해보자.
3. 현대올림픽의 이상과 현실에 대하여 생각해보자.
4. 서울올림픽의 역사적, 정치적 차원에서 평가해보자.
5. 스포츠강국과 스포츠선진국의 차이를 알아보자.

읽을 거리

1. 이학래(2003). 한국체육백년사. 서울: 한국학술정보.
2. 정희준(2009). 스포츠코리아 환타지. 서울: 개마고원.
3. 하남길 외(2008). 체육과 스포츠의 역사.
   진주: 경상대학교 출판부.
4. 이학준, 김영선(2008). 역사로 읽는 스포츠.
   서울: 북스힐.
5. 김병화 역(2004). 올림픽 2780년의 역사. 서울: 효형.

05 스포츠는 평생필수과목이다[10)]

우리 사회는 한 가지만 잘하면 잘 먹고 잘 살 수 있다는 말이 회자된 적이 있다. 어느 장관시절부터 청소년들에게 못이 박히도록 한 말이다. 모든 것을 잘 할 필요가 없다. 한 가지만 잘해도 먹고 사는 데는 없다는 말을 너무나 당연하게 들으면서 살았다. 이 말은 전국의 학생들에게 각인되어졌다. 심지어 초등학교 선수들에게 공부 잘 할 필요가 없다고 어른들은 말한다. 한 가지만 해라. 공부와 운동을 모두 잘 할 수 없다. 운동선수가 된 이상 공부를 포기하고 운동에 전념해라. 그래야 성공할 가능성이 높다고 말한다. 사회분위기가 공부를 하지 말고 운동만 하도록 만들었다. 또한 지도자 역시 운동에 몰두하여 좋은 성적을 거두라고 말한다. 그 성적에 따라서 원하는 대학에 갈 수 있다고 말한다.

한국의 계층은 대학이라는 교육게임에서 판가름 난다. 어떤 대학을 진학하느냐에 따라서 운명이 바뀌진다. 순간의 노력을 통하여 인생 자체가 결정되기 때문에 학부모, 교사 등 학생 주위에 모든 사람들이 올인 한다. 이때부터 수학능력시험은 인생

10) 2004년 6월 25일 KBS특집 "학교스포츠를 살리자 스포츠는 평생필수과목이다" 참고.

에서 가장 중요한 하나의 교육게임이 된다. 여기서 실수하면 안 된다. 최선을 다하여 좋은 대학을 진학하게 되어 교육게임의 승자가 되어야 한다. 왜냐하면 출신 대학 자신의 운명이 결정되기 때문이다. 문제의 심각성을 인식하지만 어떻게 바꿀 수 없는 입장에서 공부에 올인 할 수밖에 없는 입장이 된다.

대학에서 선택과목과 필수과목으로 나누는 것처럼 우리의 삶에서 스포츠가 과연 선택이냐 필수냐 하는 생각을 가져볼 수 있다. 어떤 사람에게는 필수가 되고, 어떤 사람에게는 선택이 된다. 하지만 급격한 사회의 변화와 더불어 스포츠에 대한 생각도 변화하고 있다. 이런 변화에 맞추어 우리가 갖는 스포츠의 태도 역시 변화를 요구하고 있다. 거의 선택보다는 필수라는 쪽으로 태도와 사회적 인식이 변화하고 있다. 그렇다면 스포츠가 평생필수과목이라는 주장을 정당화하기 위해서는 근거가 필요하다. 그 근거를 하나씩 찾아보자.

1 스포츠와 건강 증진

스포츠만 하면 정말 건강해질까? 하는 의문을 가질 수 있다. 주변에 스포츠를 전문으로 하는 운동선수를 볼 때 부상으로 병원에서 치료를 받는 선수들을 많이 볼 수 있다. 하지만 운동선수들의 부상은 엘리트 체육의 단면이고 스포츠는 건강에 도움이 된다는 것은 분명하다. 의사나 건강관련 전문가들이 건강을 위해 스포츠나 운동을 권하는 것을 보면 알 수 있다. 또한 운동 혹은 스포츠를 하면 건강해진다는 인과관계를 증명하는 실증적 연구들이 한국체육학회지에 넘쳐나고 있다. 하지만 우려되는 측면이 있다. 스포츠만 하면 건강해질 수 있다는 막연한 믿음이다. 어떻게 운동해야한다는 전제가 생략되어 있기 때문에 위험한 믿음이다. 잘못된 정보를 믿기 때문에 스포츠와 건강과의 관계를 오해할 수 있다.

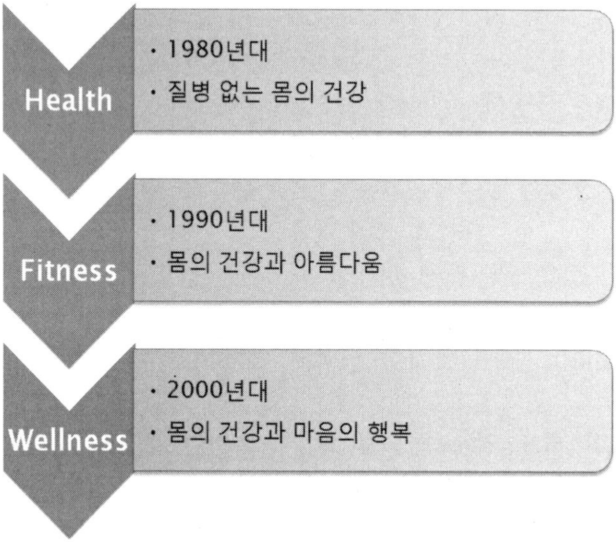

건강개념의 진화

스포츠는 만병통치약이 아니다. 하지만 즐겁게 스포츠를 하다보면 건강이라는 것은 일종의 보너스로 우리에게 다가온다. 특히나 스포츠는 다양한 측면에서 건강에 이로운 것은 사실이다. 스포츠를 통해서 우리는 세계보건기구(WHO)에서 건강에 대하여 정의내린 개념인 신체적, 정신적, 사회적, 영적 건강을 성취할 수 있다. 우리가 스포츠를 재미를 가지고 강박관념 없이 수단이 아닌 목적으로 행한다면 신체적 건강을 얻을 수 있을 것이다. 그리고 스포츠로 인하여 우리는 사회적, 영적 건강까지도 얻을 수 있다.

2 스포츠와 인성함양

스포츠는 과학이다. 스포츠는 예술이다. 이런 말들을 일상생활에서 많이 듣는다. 하지만 무엇보다도 스포츠는 교육이라는 말이 우선적으로 우리에게 다가온다. 스포츠의 교육적 가치는 다양하게 입증되고 있다. 스포츠를 하면 인성함양에 도움이 된다는 연구결과 또한 스포츠의 교육적 가치를 증명하는 사례라고 할 수 있다. 스포츠는 대부분이 여러 명이 팀을 이루어 하기 때문에 스포츠를 하면서 그 속에서 규칙준수, 페어플레이, 스포츠문화 등을 배울 수 있는 기회가 된다. 즉 책상에 앉아서 하는 교육은 인성교육을 하는데 많은 제약을 받지만 스포츠는 인성교육을 하고 배우는데 효과적이다.

운동선수의 인성 지침[11)]

운동선수의 인성 지침		
도덕적 가치	삶에서의 행동	운동에서의 행동
존경	다른 이들을 존경, 다른 이들의 소유물 존중, 환경을 존중, 자신을 소중히 여기기	경기 자체, 규칙, 전통의 존경, 상대편을 존중, 관리인들을 존중, 승패를 모두 존중
책임감	자신의 책임 다 하기, 신뢰감 쌓기, 자기 관리에 철저하기, 끈기 갖기	자신을 최고의 상태로 준비, 경기와 연습의 시간 잘 지키기, 성실하기, 협동심 기르기
정성	인정 많음, 용서하기, 관대와 친절, 이기주의 심술궂음에서 벗어나기	다른 팀 구성원 돕기, 곤란에 빠진 구성원 돕기, 비난 보다는 칭찬, 자신이 아닌 팀을 위해 경기하기
정직	진실함, 청렴한 생활, 신뢰있는 사람이 되기, 옳은 일에 용기 갖기	규칙 지키기, 팀에게 충성하기, 약물복용 않기, 잘못을 시인하기

11) 김병준외 역(2007). 코칭과학. 서울: 대한미디어. p.59

공평	대접 받고자 하는 대로 상대를 대접하기, 다른 이에게 관대하기, 나눌 줄 알기, 다른 사람을 이용하지 않기	팀 구성원 대접, 나와 다른 모든 이에게 공평하기, 다른 구성원들에게 기회주기, 경기의 규칙을 잘 지켜 승리하기
올바른 시민의식	법과 규칙 잘 지키기, 바른 교육과 지혜 갖추기, 사회에 공헌하기, 다른 이를 보호하기	좋은 본보기가 되기, 우수성을 위해 노력하기, 운동에 돌려주기, 다른 선수들도 바른 시민의식을 갖게 격려

3 스포츠와 공동체의식

스포츠를 통해서 공동체의식을 강화할 수 있다. 현대에 들어와서 서구문명이 들어오고 삶이 각박해져서 개인주의와 이기주의 등이 만연하고 있다. 스포츠는 이러한 문제점들을 보다 쉽게 해결할 수 있다. 이는 스포츠를 통한 공동체의식 함양이다. 공동체의식을 함양하여 나보다는 우리를 위한 생각을 키워갈 수 있다. 스포츠를 통해서 자존심의 벽을 허물고 거리감을 사라지게 하고 공동체를 형성할 수 있다.

대표적인 것이 조기축구회이다. 아침에 축구에 관심 있는 지역주민이 참여해서 축구를 통해서 친밀한 관계를 형성하고 이를 바탕으로 지역에 봉사로 이어지게 되면 공동체문화의 역할을 완성하게 된다. 공동체를 형성하는 것은 종교와 스포츠를 들 수 있다. 너무나 개인주의화 되는 현실에서 공동체문화를 실현하는데 스포츠는 하나의 희망이다.

4 스포츠와 인간관계

스포츠를 통해서 인간관계를 형성할 수 있다. 스포츠는 각자의 구성원들이 하나의 유기체를 형성하여 하는 것이다. 이러한 하나의 유기체를 형성하면서 인간관계를 형성할 수 있고, 더 나아가 정으로써 발전할 수 있게 된다. 스포츠를 통해서 관계 맺음은 지속적인 관계를 유지할 수 있다. 정직하고 진솔한 인간관계에는 허식이나 과장이 있을 수 없다. 허심탄회한 인간관계가 스포츠를 통해서 형성된다. 스포츠는 거짓말을 하지 않기 때문에 서로 스킨십을 통해 진솔한 인간관계를 형성하게 된다.

5 스포츠와 세계평화

스포츠는 나 자신을 위해, 가족을 위해, 국가를 위해 더 나아가 세계를 위해 필수불가결한 존재이다. 스포츠를 통해서 평화와 공존을 유지하고 있다. 올림픽과 월드컵축구를 통해서 세계평화를 성취했다고 할 수 있다. 메가 이벤트를 통해서 세계의 관심을 가지게 하여 세계를 하나로 만드는 힘을 보여주었다. 스포츠를 통해서 나, 가족, 국가, 세계가 하나로 뭉칠 수 있기 때문이다. 과거로부터 현재까지를 바라보면 스포츠는 전 세계에서 거시적으로든 미시적으로든 많은 일을 해왔다. 예를 들면 1970년대 각박한 냉전체제 아래서 미국과 중국의 핑퐁외교를 들 수 있다. 이전까지만 해도 양국은 이데올로기나 국가 체제적 그리고 사상적으로 상당히 판이한 특성을 가지고 있었다. 그런데 탁구라는 스포츠를 통해 서로의 불신을 종식시키고, 외교적으로 상당히 많은 진전을 갖게 되었다.

이상의 다섯 가지 근거를 바탕으로 스포츠가 평생필수과목이라는 주장을 정당화 할 수 있다. 스포츠가 평생 필수냐 선택이냐 문제는 개인의 취향이다. 국가주의 체육정책도 아니기 때문에 국민들에게 강권하는 것은 보기 좋은 일은 아니다. 적어도 개인의 취향에 따라서 자신이 선호하고 기호에 맞는 종목을 선택해서 일상의 무료함과 재미없고 건조한 삶에 대한 활력을 얻을 수 있다면 최고라고 할 수 있다. 자신의 생각대로 즐기면 되는 것이 스포츠이다. 너무 주변의 시선을 의식하고 잘 하려는 생각은 스포츠의 즐거움을 빼앗는다. 이런 차원에서 스포츠의 모습을 우리사회에 적합하게 다음과 같이 나누어서 적용할 수 있다.

체육적 앎과 삶

1 보건체육과 건강한 삶

보건체육이라는 규정은 초기에 체육을 수입할 당시의 당면 목표에서 연유해서 규정해 본 것이다. 체육이 도입된 초기의 체육 형태는 완전히 사라진 것이 아니라 아직도 현재 진행형이라고 할 수 있다. 명칭만 변경되었을 뿐 실제 내용은 지금도 남아있다. 운동처방과 건강스포츠의 확산에서 찾을 수 있다. 한국 사회에서 유행처럼 확산 된 단어가 바로 웰빙(참살이)이다.

웰빙 붐은 사회변화에 따른 자연적인 현상으로 보여 진다. 경제적 여유가 낳은 풍요의 산물이라고 할 수 있다. 이제 체육도 위생과 보건이라는 측면에서 개인의 건강을 위한 차원에서 인식할 필요가 있다. 초기의 체육개념이라고 할 수 있지만 그래도 체육에서 우리가 기대할 수 있는 것은 건강이다. 건강한 몸과 마음을 위한 위생과 보건으로써의 체육이 여전히 요구된다.

2 체육교육과 창의적 삶

학교에서 행하는 체육은 교육적 차원에서의 개념이라고 할 수 있다. 식민지 체육의 억압과 규제의 차원에서 벗어나 독립된 개체로서 민주시민의 양성이라는 목적을 실현하기 위하여 개성의 존중과 자율성을 보장하는 체육교육이 필요하다. 억압과 강제만을 행사하는 구시대적 체육교육은 이제 사라져야 할 악습이다. 식민지 체육의 청산을 통하여 시대에 부합하는 체육으로 거듭나야 한다. 사회가 빠르게 변화하는 것에 맞추어서 학교체육도 체육 그 자체를 관리와 지배라는 교육의 굴레에 감금하기 보다는 체육을 통하여 자아를 실현하고 자신을 절제할 수 있는 인성함양의 기회를 만들어 줘야 한다. 이러한 학교체육의 과정을 통해서 우리 사회에서 요구하는 창의적 삶과 연계할 수 있을 것이다.

3 사회체육과 공동체 삶

사회체육은 학교체육과 연계해서 개인의 건강과 활발한 삶을 위한 체육 개념을 말한다. 체육은 학교체육으로 끝나는 것이 아니라 사회에서도 연계하여 지속성을 갖출 때 체육의 역할을 다하게 된다. 학교체육과 생활체육의 이음새 역할을 하는 것은 기분 좋음이다. 신체활동을 통해서 기분 좋음을 얻을 수 있다면 자연스럽게 학교체육과 생활체육은 연결될 수 있다.

기분 좋은 신체활동에 대한 몸의 기억은 자발적으로 운동을 하게 만든다. 몸은 좋은 기억을 원하기 때문이다. 생존에 필요한 시간을 제외하고는 자신을 위한 투자할 시간을 유용하게 활용할 수 있는 방법 가운데 하나가 사회체육을 즐기는 것이다. 이미 한국 사회는 사회체육에 대한 수요의 증가에 따라서 다양한 동호회가 활성화 되어 있다. 이 때문에 개인의 의지에 따라서 지속적으로 사회체육에 참여할 수 있는 기회를 가질 수 있게 되었다. 사회체육을 통한 이웃과의 만남과 친선을 도모하는 과정에서 작은 공동체를 형성하고 이를 계기로서 지역공동체 중심의 삶으로 연결할 수 있을 것이다.

4 평생체육과 행복한 삶

건강한 삶, 행복한 삶을 위한 첫 번째 일은 지속적인 신체활동을 유지하게 함으로써 건강을 유지하는 것이다. 재미없는 신체활동은 아무리 강요해도 하지 않는다. 자발적으로 기분좋은 신체활동을 할 수 있도록 기회를 늘려 참여할 수 있도록 해야 한다. 특히나 지방자치제를 실시하고 있기 때문에 민선 시장들의 의지만 가지면 필요한 운동시설을 구비할 수 있을 것이다. 시민들이 원하는 것은 운동할 수 있는 시설과 프로그램이다. 누구나 시간과 경제적 비용 때문에 신체활동에 제약을 받아서는 안 된다. 접근이 용이하게 스포츠시설을 증설하고 수요에 맞게 운용하는 것이 필요하다. 뿐만 아니라 예방의학 차원에서 사람들이 누구나 신체활동에 적극적으로 참가할 수 있도록 기회를 많이 만드는 것 역시 필요하다.

국민체육진흥공단과 국민건강공단이 협력하여 국민건강을 유지, 향상시키고 위하여 평생체육에 필요한 스포츠시설을 증설하고 관리하는 것은 공단의 일이며 건강보험료를 절약할 수 있는 일이다. 의료비의 절감은 운동을 습관화하는데서 시작된다. 운동을 전혀하지 않아서 생기는 성인병은 일명 운동부족증이라고 할 수 있다. 정기적인 운동을 통해서 건강한 몸을 만들어서 병원에 가는 시간을 줄일 수 있다면, 의료비로 빠져나가는 비용을 줄일 수 있다. 이러한 과정을 통해서 스포츠공동체 형성과 더불어 평생체육을 통하여 건강하고 행복한 생애를 살아갈 수 있을 것이다.

지역공동체 문화의 참여뿐 아니라 친구를 만나고 함께 즐기는 신체문화를 유지 발전시킬 수 있다. 이러한 과정을 통해서 평생 신체활동의 즐거움을 향유할 수 있는 행복한 삶을 구현할 수 있을 것이다. 특히나 사람들은 한번 뿐인 인생 지금 여기서 즐거운 삶을 살아가야 한다는 생각이 지배적이다. 내세를 인정하지 않는다.

지금 여기가 중요한 삶의 요소이다. 또한 기분 좋은 신체활동은 가능하다. 우리는 국가대표가 되고 프로선수가 되는 것이 아니기 때문에 단지 기분 좋은 활동을 할 수 있으면 그것으로 충분하다. 일상에서 기분 좋은 신체활동을 늘리면 그 만큼 의료비를 절약할 수 있을 뿐만 아니라 명랑하고 밝은 표정으로 세상을 살아갈 수 있다. 운동은 스트레스를 해소하고 맑은 정신과 건강한 정신을 가지게 한다.

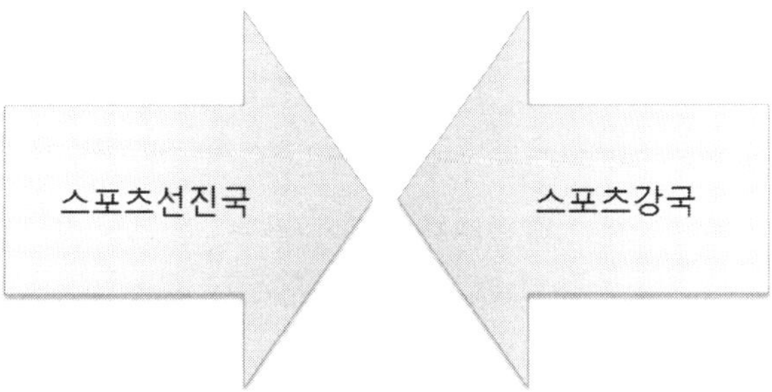

비판적 읽기, 반성적 읽기

- 스포츠는 평생필수과목이다. 이 문장은 많은 남성들의 경우에는 맞겠지만, 많은 여성들은 경우에는 그렇다고 말할 수 없을 것이다. 스포츠는 남성들에게 더욱 비중이 있기 때문이다. 하지만 운동은 평생필수과목이라고 본다. 꼭 꼬집어서 어떤 운동은 아니지만 적어도 스트레칭과 같은 근육을 이완해주고 스트레스를 해소해주는 작은 운동은 사람에게 활력도 불어 넣어주고 머리도 맑게 해주므로 필수운동인 것 같다. 하지만 헬스장에 가보면 근력운동만 4~5시간 이상 땀을 흘리며 하는 사람들을 자주 보곤 하는데 그런 현상은 좋게 보지 않는다. 운동은 좋지만, 그렇게 운동하는 사람들은 몸에 근육이 붙어 겉보기에는 건강해보이고 힘이 세보이고 할지는 모르겠으나 몸속의 근육은 손상되었을 것이다. 이렇게 무리가 가는 운동은 자제를 해야 하지만 어느 정도의 운동은 필요하다고 본다.
- 최근 웰빙 트렌드에 의해서 슬로우 푸드, 유기농 식단과 함께 부각한 것이 헬스 열풍이다. 어디 운동하러 나가기 바쁜 현대인들에게 근접성과 전문적인 운동기구를 제공하는 헬스클럽은 그 자체에는 순기능적이다. 그러나 연예인들과 모델들에게 불고 있는 몸짱 열풍이 TV나 잡지를 통해 일반인들에게 접해지면서 그러한 몸을 가지는 것이 건강한 것이라 여기게 된 것이다. 확실히 많은 사람들이 그러한 연예인을 보고 '보기에' 좋은 몸을 만들기 위해서 헬스를 다니고 지금은 헬스클럽이 성황하고 있다. 하지만 내가 보기에 근

육의 굴곡을 확연히 드러내기 위해서 체지방량을 0프로로 맞추고 그 근육을 유지시키기 위해서 간을 전혀 안한 닭 가슴살과 계란, 고구마 등으로 식사를 전부 대체한다는 것은 식도락을 즐기는 나로서는 전혀 이해가 안 간다. 스포츠는 그 자체로써 즐기고 활동하면 건강과 정신적인 건강, 사회적 친밀감은 부가적인 것으로 얻을 수 있다고 생각한다. 간단히 조기축구회를 예로 들면 아침에 일찍 일어나서 가볍게 운동을 함으로써 신체적인 건강을 얻을 수 있고 그 조기축구회의 인원들과 공동체 의식을 함양 할 수 있다. 그리고 이러만 스포츠를 통한 만남이 주는 장점은 말로써 이루어지는 관계가 아니라 행동, 습관 즉 신체로써 이루어지는 관계라서 어떠한 거짓말이 통하지 않는 사람과 사람의 만남이 될 수 있다는 것이다. 그렇다는 것은 이러한 사회체육, 평생체육의 도입 빙법인데, 선행 되고 있는 일본이나 유럽 등의 사례를 한국 풍토에 맞는 개선과 도입을 통해서 가능하지 않을까 싶다.

• 스포츠는 더 이상 선택 과목이 아닌 것 같다. 적어도 내가 요새 보는 풍경은 그러하다. 학교를 가는 길에 보이는 산책로에는 많은 사람들이 운동을 하고 있다. 자전거를 타는 사람, 달리는 사람, 빠르게 걷는 사람 등 남녀노소를 불문하고 참으로 많은 사람들이 운동을 한다. 젊을 여성들의 운동은 곧잘 다이어트와 연결이 된다. 젊을 때는 한참 예쁘게 보이고 싶기 때문에 몸매를 가꾸기 위해 운동을 하는 경우가 많다. 이는 나이가 든 여성들에게도 나타난다. 물론 그

때는 몸매관리와 건강관리로 합쳐진 이유에서 이기 때문이지만 말이다. 반면에 젊은 남자들의 운동은 몸매관리라기보다는 서로의 친밀감과 소속감을 위해서 하는 경우가 많은 것 같다. 실제로 많은 남자 학생들은 점심 식사 후에 시간이 되면 팀을 나누어 축구도 하고, 농구도 하는 모습은 굉장히 일상적인 것이 되었다. 그렇게 몸을 부대끼며 한 게임을 뛰고 나면 더더욱 돈독해지는 사이를 볼 수 있다. 그러한 운동 습관은 나이가 들어 조기 축구회와 같은 정기적인 운동모임으로 연결된다. 이토록 운동은 어느새 우리 삶 깊은 곳까지 스며들어 왔다. 예전에는 먹고 살기 급급해서인지 운동을 위해 따로 시간을 낸다는 것이 어려운 일이었지만 요새는 많은 사람들이 삶의 여유를 가지게 되었고, 웰빙에 대한 관심이 커지면서 좋은 것을 먹고 운동을 하며 건강관리를 한다. 예전에는 산책로의 문화가 크게 없었지만 요새는 산책로도 너무 잘 되어있고 심지어는 운동 기구들도 비치되어 있다. 이는 현대를 살아가고 있는 우리가 얼마나 운동에 대한 관심도가 커졌는지를 보여주는 예라 할 수 있다. 나 스스로는 운동과 그리 친밀하지 못하다. 물론 다이어트를 한다고 친구들과 잠깐 헬스클럽을 다녀본 적은 있지만 그리 지속적이지 못했다. 이제 따뜻한 봄이 다가오고 있으니 나도 자전거를 타고 산책로를 달리며 건강도 챙기고 몸매도 챙겨야 하겠다.

- 일상생활에서 스포츠의 비중은 점점 늘어나고 있다. 그러나 그에 맞는 시설이 부족하다고 생각한다. 내 경우를 예를

들면 저녁에 조깅과 배드민턴을 하고 싶으나 마땅한 장소가 없어서 하지 못했다. 집 앞 공원에서 할 수도 있었지만 배드민턴을 하기에는 너무 어두웠고 또 범죄의 위험성을 무시할 수 없었다. 대부분의 현대인들이 낮 시간에는 스포츠를 할 시간이 부족하다. 그래서 저녁시간을 이용할 수밖에 없다. 이렇게 시간을 내어도 스포츠를 이용하기 위해서는 돈을 들여서 헬스클럽이나 다른 스포츠 강좌를 등록해야 한다. 그러면 가기 싫더라도 돈 때문에 억지로 가기도 하고 그러면서 스포츠가 스트레스가 되기도 한다. 나는 진정으로 스포츠를 즐기는 사회 분위기를 위해서는 책에서처럼 어떤 특별한 조건 없이도 스포츠를 즐길 수 있는 시설이 확충되어야 한다고 생각한다. 여러 시설에서 지역 사람들이 자발적으로 모여 스포츠를 즐기면 건강과 행복, 일체감은 저절로 따라 올 것이다. 점점 개인화되는 현대 생활 속에서 사람들은 점점 외롭고 우울해져가고 그에 따른 범죄와 자살율도 심각한 수준에 이르렀다. 나는 이런 문제점의 돌파구를 스포츠를 통해 제시하고 싶다. 어렸을 때부터 재미있게 스포츠를 자연스럽게 접하면서 평생스포츠로서 사람들과 어울리는 법을 배우고 스트레스를 해소한다면 좀 더 밝은 사회가 될 것이라고 확신한다.

스포츠로 세상읽기

우리는 유한한 삶의 가운데 무미건조하고 너무 뻔한 삶에서 무엇인가 재미있는 것을 찾게 된다. 그 재미의 대상은 많이 존재하지만 그 중에서 스포츠가 우리 삶의 기분전환의 활력소를 제공한다. 야구장에 모여서 응원하는 관중의 함성은 사람들에게 살아갈 수 있는 힘을 주는 것 같다. 스포츠는 평생 함께해야 할 필수과목이 되어야 하는 이유도 여기에 있다.

재미, 건강, 삶의 지혜 등을 스포츠를 통해서 우리는 얻을 수 있다. 사는 재미뿐만 아니라 열심히 스포츠를 하다보면 건강은 자연스럽게 형성되어서 자신이 하고 싶은 일에 전력투구할 수 있도록 만든다. 스포츠에는 많은 시행착오가 인간사의 많은 일들이 그대로 녹아들어가 있기 때문에 스포츠를 통해서 세상을 살아가는 삶의 지혜를 만나게 된다. 그 지혜는 세상을 현명하게 살아가도록 한다.

스포츠는 전문선수들의 전유물이 아니라 하는 사람들이 체험하며 공유할 수 있는 것이다. 스포츠는 하지 않고 보기만 할 것이 아니라 스포츠를 통해서 재미를 얻는 경험을 가져보는 것도 좋다. 그래서 스포츠는 선택과목이 아니라 평생을 함께 해야 하는 필수과목으로 반드시 배워두어야 하는 것으로 생각할 수 있다.

스포츠 읽기

아이들을 뛰어놀게 하자

정남구 〈도쿄 특파원〉

일본에서 운동은 특별한 재능을 가진 아이들만 하는 게 아니다. 두해 전 이맘때 특파원 발령을 받고 도쿄에 왔다. 돌이켜보면 가장 잘한 일은 아이들을 일본 학교에 보낸 일인 듯하다. 그리 길다고는 할 수 없는 3년의 체재기간 동안, 나는 두 아들이 일본을 조금이라도 더 깊이 체험하기를 바랐다. 그런데 일본 학교엔 내가 미처 생각지 않았던 장점이 있었다. 아이들이 실컷 운동할 수 있게 한다는 점이다.

지난해 중학생이 된 큰아이는 부 활동으로 탁구를 선택했다. 운동량이 장난이 아니다. 학교가 끝나면 거의 매일 3시간쯤 연습을 하고 온다. 학교가 쉬는 토요일에도 두번 가운데 한번은 학교 체육관에 가서 연습하고, 방학 때도 운동을 쉬는 날은 길어야 일주일이다. 유니폼과 라켓을 구입하는 것 외에 다른 비용은 전혀 들지 않았다. 코치를 맡은 선생님의 열정이 참으로 놀라웠는데, 아들 얘기론 다른 운동부 지도 선생님들도 다 마찬가지라고 한다.

지난해 초등학교에 입학한 작은아이는 매주 한차례 체온을 재서 적은 카드를 들려 학교에 보냈다. 부모가 미리 몸 상태를 점검해서 동의해야 수영장에 들어갈 수 있기 때문이다. 대부분의 학교엔 수영장이 있고, 모두가 초등학교 때부터 수영을 배운다. 가끔은 먼거리 달리기도 연습한다. 작은 아이는 지난해 말 동네 소년야구단에도 입단했다. 매주 토요일과 일요일, 그리고 공휴일에 문을 닫은 학교 운동장에 모여 연습도 하고 각종 경기에도 참가한다. 헬멧은 물론 유니폼도 선배 선수들한테 절반가량은 물려받았다. 코치가 다섯 명이나 되는데, 모두 자원봉사자들이다. 그래서 부모의 경제적 부담이 거의 없다. 회비는 한달에 1000엔(약 1만5000원)이고, 돌아가며 물당번을 하는 부모들의 회비가 1500엔이다. 점심은 코치나 선수 모두가 주먹밥을 싸가지고 와서 먹는다.

두 아이는 외발자전거도 제법 탈 줄 안다. 이웃에 사는 중·고등학생 형제는 꽤 유명한 외발자전거 선수인데, 마을 초등학교가 매주 월요일 학교 체육관을 그들 형제 및 함께 연습하는 이들에게 무료로 개방한다. 거기서 배운 덕분이다. 일본엔 외발자전거를 타는 어린이가 아주 많다.

일본에서 운동은 특별한 재능을 가진 아이들만 하는 게 아니다. 누구나 즐거움을 찾아 운동을 한다. 그 과정에서 뛰어난 선수가 발굴되고, 직업 운동선수가 나오기도 한다. 학교 운동부에 속해 있다고 해서 공부를 소홀히 하는 일도 없다. 나는 가끔 구청이 운영하는 체육관에 탁구를 하러 가는데, 그곳을 찾는 이들의 실력이 모두 아마추어 선수급이다. 소년야구단의 자원봉사자 코치들도 대개 학창시절 야구선수를 했던 이들이다. 운동은 그렇게 생애 내내 이어진다.

어릴 적 꾸준한 운동은 정말 대단한 체력향상 효과가 있다. 문부과학성이 일본인의 체력을 조사해 지난해 10월 발표한 결과를 보면, 학교에서 운동부에 참가한 경험이 있는 40~44살 남성의 체력이 운동부 경험이 없는 25~29살 청년의 체력보다 좋았다. 여성도 마찬가지였다. 운동이 아이들의 학습능력을 향상시킨다는 연구결과는 세계 각국에서 아주 많이 나와 있다. 운동을 하는 아이들이 그렇지 않은 아이들보다 성적이 좋다는 것이다.

한국에 돌아갈 날은 아직 꽤 남았지만, 나는 벌써부터 조금 걱정이 된다. 과연 내 아이들이 지금처럼 즐겁게 운동을 계속할 수 있을까? 한국에선 요즘 탁구연습장을 찾아보기 어렵다. 안전하게 외발자전거를 탈 곳도, 동네 어린이야구단이 연습을 할 만한 곳도 드물다. 값싸게 이용할 수 있는 수영장도 흔하지 않다. 일본의 체육 인프라가 한국에 절반만 있어도 참 좋겠다. 내 욕심이 과한가?

출처: 한겨레신문 2012년 2월 16일자

생각 거리

1. 학생선수는 공부와 운동을 병행할 수 있는가.
2. 스포츠가 평생필수과목인 근거를 찾아보자.
3. 모두를 위한 좋은 스포츠에 대하여 알아보자.
4. 스포츠클럽 활성화에 대하여 조사해보자.
5. 공부와 운동을 병행하여 성공한 운동선수를 찾아보자.

읽을 거리

1. 황의룡 외 역(2003). 스포츠문화의 탈구축. 서울: 21세기교육사.
2. 한창호 역(2008). 매혹과 열광. 서울: 돌베개.
3. 이홍구, 한태룡 역(2004). 스포츠사회학 읽기. 서울: 무지개사.
4. 김진희 외(2009). 체육인문학의 창. 서울: 대한미디어.
5. 이학준(2009). 인문체육학의 시선. 서울: 북스힐.

06 약물로 뛰는 선수들[12)]

스포츠 타락의 증후로 운동선수들의 도핑을 들 수 있다. 지금은 도핑금지 담론이 형성되어 도핑금지에 대한 생각이 보편적인 것으로 자리 잡고 있다. 운동선수의 도핑에 대하여 우리는 비난을 한다. 어떻게 도핑을 할 수 있냐고 강도 높은 비판을 가한다. 비판을 하고 있는 자신 또한 과연 도핑에서 자유로울 수 있을까. 일상을 돌아보면 약물이 과잉으로 넘쳐나고 있다. 아침에 일어나서 졸음을 깨우기 위해 마시는 커피는 카페인이 함유된 물질이다. 커피를 마시는 것에 대하여 아무런 문제의식을 갖지 않는다.

아주 당연하게 카페인이 함유된 커피를 하루에도 몇 잔씩 마신다. 맑은 정신과 졸음에서 벗어나기 위해서 아니면 개인의 기호에 따라서 다양한 종류의 커피를 즐긴다. 이것에 대하여 비난을 할 사람은 아무도 없다. 커피는 기호식품이기 때문에 문제 제기를 하지 않는다. 당연히 개인이 즐기는 기호 식품을 소비할 뿐이다. 하지만 엄격히 따진다면 몸에 이물질을 주입하여 정신의 변화를 준다고 할 수 있다. 문학을 하는 시인이나 소설가는 작품을 집필하는데 커피와 담배를 애호한다.

12) 2003년 7월 5일 <추적60분> "충격보고 약물로 뛰는 선수들" 참고.

창작활동에 도움을 주기 때문이다.

일반인이나 문학을 하는 작가들의 카페인 복용에 대하여 아무런 비난을 하지 않는다. 어느 유명한 작가의 고전이라고 할 수 있는 작품이 담배와 커피 속에서 탈고한 작품이라고 해도 그것에 대하여 어느 누구도 비난을 하지 않는다. 문학 작품을 쓰는데 이용되는 물질은 아무런 문제가 되지 않는다. 커피와 흡연 자체가 작가의 생명에 위협적이지 않을 뿐만 아니라 문학적 상상력을 자극하는 이점이 있기 때문이다.

그렇다면 운동선수의 경우도 죽지 않을 정도의 물질의 도움을 받아 경기력과 기록을 향상 시킨다면 비난할 근거가 없어진다.

일상 속의 약물이 넘쳐나고 있다. 일상 속의 약물은 누가 대신 통제해줄 있는 것이 아니라 자기 자신이 통제할 수밖에 없다. 약물(물질)에 의존해서 인간의 잠재력과 문학적 상상력을 발휘하도록 하는 것은 문제가 있다. 이것들을 배제하고는 명작을 창작한다는 것이 어려울지 모른다.

약물은 나쁘다는 생각을 가지고 있다면 자신의 일상 속의 행동들을 반추해 볼 필요가 있다. 자신도 무의식적으로 도핑을 하고 있다고 한다면 그것에 대하여 무슨 말을 해야 하나. 작가가 작품을 창작하는데 상상력을 높여 주는 물질을 먹었다고 한다면 그것은 문제가 있다. 아무것도 먹지 않고 창작활동을 하는 사람과 공정한 경쟁을 할 수 없다. 그렇다고 운동선수들에게 도핑을 허락하라는 것이 아니다. 운동선수를 비난하기에 앞서 자신의 행위를 반성해보고, 약물의 도움 없이 맨 정신으로 세상을 살아가려는 의지를 강화하는 것이 필요하다.

도핑은 인위적으로 신체에 약물을 투여해 운동수행능력을 향상시키는 것이다. 꼭 불법약물이 아니더라도 일정수치 이상의 약물을 투여하는 것도 도핑이 된다. 국내외 스포츠계에 만연해 있는 도핑문제는 남의 나라만의 문제가 아니라 이제는 국내에서도 어린 학생들이 도핑을 하고 있다는 충격적인 사실을 접할 수 있다. 특히 기록경기에서 도핑은 쉽게 발견된다. 기록 단축과 체중 감량 등을 위해서 도핑이 만연되고 있다. 국내의 도핑테스트가 허술한 것도 이러한 분위기를 형성하는데 일조하고 있다. 이제부터 도핑이 왜 금지되어야 하는지 도핑금지담론 7가지를 알아보자.

도핑금지담론 7가지

도핑금지담론 7가지

❶ 자연성

도핑은 인위적으로 신체에 자연적이지 않은 물질이나 약물을 투여하거나 복용하는 것이다. 우리의 몸에서 생성되지 않는 호르몬이나 약물을 신체에 인위적으로 투여하는 것은 신성하고 고귀한 신체의 자연성을 무시하는 것이라고 할 수 있다. 하지만 이 주장 역시 약한 논증이라고 할 수 있다. 우리가 먹는 식품 중에서 인위적이지 않은 것은 없다. 영양식, 보약, 강장제 등 인위적인 물질이 생각보다 많다.

❷ 공정성

운동경기나 시합에서 도핑을 한 선수와 그렇지 않은 선수와의 차이는 분명히 있다. 이는 형평성에 문제가 있다는 것이다. 자신이 정말 최선을 다하고 열심히 노력해서 경기에 나왔는데 다른 선수가 도핑을 해서 더 뛰어난 성적과 기록이 나왔다고 가정을 해보자. 당한 선수는 의욕을 상실하게 될 것이다. 하지만 공정하지 않은 것은 도핑만이 아니다. 수영선수들의 경우 수영복의 차이에 의하여 기록에 영향을 미친다. 축구선수의 유니폼, 경륜선수의 자전거 등 스포츠과학의 영향으로 차이를 보인다. 동일한 기구와 용품을 사용하지 않는 것 역시 어떻게 보면 공정하지 못한 경우라고 할 수 있다. 그렇지만 지금까지 경기에 사용되는 장비와 용품에 대해서는 규제를 하지 않았다. 다만 약물복용의 검사에만 신경을 썼다.

❸ 타자 피해

이것은 위의 공정성의 문제와도 연관이 있다. 다른 선수들이 약물을 복용하는데 나도 해봐야지 라는 생각을 가지게 할 수 있다. 운동경기에서 피해를 본 선수들이 다음 경기에서 도핑을 하게 될 수도 있다는 것이다. 개인적인 문제가 아닌 사회적으로 문제가 될 수 있다. 도핑 테스트에서 검출되지 않고 도핑을 이용하여 경기력과 기록을 단축했다면 이를 목격한 다른 선수들 역시 약물에 대한 유혹에서 자유롭지 못하다. 운동선수들에게 올림픽에서 금메달과 세계대회에서 우승 그리고 신기록의 수립에 대한 강력한 열망은 약물복용이라는 유혹에 쉽게 빠지게 한다.

❹ 역할모델

우리나라에는 많은 스포츠 꿈나무 청소년들이 있다. 그 학생들은 자기가 하는 분야의 종목에서 우상으로 생각하는 스포츠 스타들이 있다. 이런 어린 청소년들은 우상으로 생각하는 스타를 보고 배우게 된다. 하지만 이런 역할 모델이 되는 스포츠선수들이 약물복용으로 물의를 일으킨다면 청소년들에게 엄청난 정신적 충격을 줄 수 있을 것이다. 대표적인 예가 국가대표 선수들이 경기를 할 때 침을 뱉는 모습을 보고 따라하는 초등학교 선수들을 볼 수 있다. 약물 또한 자신이 존경하는 선수가 약물복용을 하고 있다는 것을 알게 되었을 때 커다란 혼란에 빠지게 된다.

5 윤리성

흔히 우리가 말하는 페어플레이를 하지 않는 것이다. 모든 운동경기에는 규칙이 있다. 심판이 존재하는 이유도 이를 잘 지키기 위함이다. 하지만 불법약물을 복용해서 결과만 중시하는 선수들이 있다면 페어플레이를 하지 못하게 된다. 스포츠 정신의 부재를 가져올 수 있다. 정신성 부재는 스포츠를 타락하게 한다. 타락을 막는 길은 스포츠의 정신성을 회복하는 일이다. 도핑은 결국 도구적이며, 수단적 가치를 지향하며 과정 생략을 가져오게 한다. 그렇기 때문에 도핑은 금지되어야 하는 이유이다.

6 의학적인 문제

약물을 장기적으로 복용하면 심장에 좋지 않다는 연구결과가 있다. 선수들은 단기적으로 건강에 이상이 나타나지 않기 때문에 이 같은 결과를 간과하고 있지만 일부 여성선수들 중 생리불순이 오거나 건강에 문제가 생긴 선수들이 있다. 가장 치명적인 사실은 선수가 죽을 수 있다는 것이다. 약물 복용이 누적되어 심장 마비를 일으켜 죽은 사례가 있다. 사이클 선수가 경기 중에 심장마비 때문에 죽은 일이 올림픽 역사에 남아 있다. 과거 역도 올림픽 종목에 참가한 선수들이 올림픽 참가 이후에 알 수 없는 질병으로 단명한 사실이 밝혀지고 있다.

7 사업의 악영향

기업의 광고에서 이미지 마케팅은 중요한 전략 중 하나이다. 선수의 좋은 이미지로 인해 광고효과를 누리는 것이다.

하지만 이런 선수가 약물남용으로 사회적 이슈가 된다면 이 선수를 모델로 하는 기업은 큰 타격을 입을 것이다. 매출액이 급감하고 회사에 손해를 줄 수 있다. 그 만큼 회사들은 긍정적인 이미지와 신뢰지수가 큰 선수들을 광고 모델로 기용한다. 인기 선수가 등장하는 광고는 그 선수의 인기에 비례하여 판매율을 높일 수 있기 때문이다. 그렇기 때문에 광고에 등장하는 선수들은 이미지 관리에 철저하게 신경을 써야 한다. 한 여성 연예인이 마약복용 사실이 알려지면서 그 연예인을 광고에 실었던 회사들은 그 사건을 계기로 다른 모델로 광고를 다시 만들게 되었다. 그 만큼 선수 이미지와 광고효과는 밀접한 관계가 있다.

결과만 중요시하는 현대사회에서 어린 선수들에서 성인 선수들까지 자신의 의지와는 상관없이 주위의 강요로 여러 약물을 복용하고 있다. 이렇게 도핑이 비일비재하게 일어나는 이유는 도핑테스트가 엄격하게 실행되고 있지 않기 때문이다. 국제 대회에서 도핑은 생각지도 못할 일이지만 국내 대회에서는 아주 급격히 실력이 향상된 선수나 도핑의 가능성이 의심되는 선수에 한해서만 도핑테스트를 실시하고 있다. 국내 대회에서도 도핑 테스트를 엄격히 실시하고 불법적인 약물을 파는 상점이나 약국에 대해서도 단속을 해야 할 것이다.

도핑이 왜 문제인가?

앞에서 도핑에 대하여 알아보았다. 과연 왜 도핑이 문제가 되는지 생각해보자. 도핑을 금지하는 7가지 이유가 있지만 그 논리는 생각보다 철저하지 못하다. 예를 들어 형평성의 문제를 들어보자. 형평성의 문제에서 운동선수들이 착용하는 유니폼과 운동화에도 차이가 있다. 스포츠공학과 역학을 통하여 만들어진 운동화와 일반 운동화는 기능면에서 같지 않다. 엄격히 따진다면 형평성에 맞지 않는다. 약물을 복용한 경우와 복용하지 않고 경기를 한 것은 형평성에 맞지 않는다. 약물과 용기구의 경우를 비교하면 크게 문제가 되지 않는다. 운동화의 차이에도 그것이 형평성에 맞지 않기 때문에 문제가 있다고 생각하지 않는다. 그런데 약물은 아주 크게 문제를 만들고 만다.

도핑금지의 정당화론 비판

도핑금지는 정당화 될 수 있는가? 아주 도발적인 물음이다. 도핑은 어떻게 보면 위험에서 더 안전할지 모른다. 잠수부의 경우 도핑보다 사망할 확률이 더 높다. 잠수 중에 잠수 장비에 이상이 생기면 바로 죽음과 연결되기 때문에 매우 위험하다. 잠수하다 죽는 비율과 약물 때문에 죽는 비율을 따져보면 비슷할 것이다. 복싱의 경우 사망자 수가 약물의 복용 때문에 사망한 경우보다 훨씬 많다. 그럼에도 불구하고 복싱은 금지 내지 폐지되지 않고 오랫동안 전통을 유지하고 있다.

선수의 건강과 죽음을 이유로 도핑을 금지하는 논리는 약한 논리라고 할 수 있다. 도핑보다 더 치명적인 경기들이 얼마나 많은가, 그 경기에 대하여 문제 제기를 하지 않고 유독 도핑에 대하여 강한 비난을 하는 것은 그 자체로 형평성에 맞지 않는다. 도핑을 했다고 해서 신기록을 세우는 것도 아니고 우승을 하는 것도 아니다. 경쟁력과 능력이 있는 경우에 복용으로 그 효과를 볼 수 있지만 연습도 하지 않고 약의 힘만으로 우승하는 것은 불가능하다. 약물은 기호 식품과 같이 혹은 첨단과학에 의해서 만들어진 장비처럼 선택의 대상에 불과하다.

도핑과 유연한 생각

도핑에 대한 유연한 사고가 필요하다. 도핑은 절대 불가라는 논리와 금지해야 한다고 주장하는 것은 설득력을 얻지 못한다. 왜 금지해야 하는가에 대한 논리가 약하다. 약물은 운동수행을 강화하는데 도움을 주는 물질이라고 생각을 하는 것이 문제가 될까. 모든 선수에게 도핑을 허용한다면 문제가 더 커질까 하는 생각을 해본다. 도핑은 운동선수의 선택의 문제로 한다면 도핑문제가 어느 정도 해결될 것이다. 기록향상을 위하여 과학의 도움을 받아 훈련하는 것과 약물의 도움을 받는 것은 별 차이가 없다. 그것이 인간의 생명에 위협을 가할 수 있다는 것 말고는 말이다.

도핑은 금지해야 한다고 말하는 것은 설득력을 얻지 못한다. 금지하는 이유를 명확히 제시하고 그 토대 위에서 과연 도핑을 금지해야 할 만큼 위험한 물질인가에 대하여 숙고해봐야 한다. 도핑보다 더 위험한 종목과 기구들이 존재하는 데 그것들의 위험에 대해서는 말하지 않고 도핑에 비난을 쏟아 붓는 것은 그 자체로 형평성이 어긋나는 행위이다. 선수의 도덕적 판단능력을 향상시키고 아름다운 승리가 어떠해야 하는가에 대한 교육이 필요하다. 이러한 교육을 통하여 윤리의식을 강화하고 스스로 공정하지 않은 행위를 하지 않도록 마련해야 한다.

감기약을 잘못 복용하여 도핑 테스트에 걸린 사례는 그 자체가 갖는 문제이다. 감기를 극복하기 위하여 약물을 복용하는 것은 하등 문제가 되지 않는다. 생리 때문에 먹는 약은 도핑

물질 보다는 위험성이 더 높고 해롭다고 한다. 생리통 때문에 먹는 약에 대한 문제를 다루지 않고 유독 운동선수의 도핑만을 비난하는 것은 문제가 있다. 선수들의 윤리의식을 강화하고 도핑 물질에 의한 승리는 추악한 승리라는 인식을 할 수 있도록 교육되어야 한다. 아름다운 패배가 더 필요한 이유도 여기에 있다. 이기는 것만 최고라고 교육시키는 것은 문제가 있다. 다시 한번 도핑에 대하여 숙고하고 성찰 할 필요가 있다.

스포츠의 약물반대 정책을 뒷받침하고 있는 근거들[13)]

주장	증거	반박
약물은 공정하지 않다.	꽤 괜찮은 보강증거: 약물은 운동 실행에서 보완, 보조 또는 보충작용을 할 수 있다.	-역사적으로 다른 실행 보조제들은(스파이크 같은) 불공정한 것으로 간주되지 않았다. -출생조건이 이점을 줄 수도 있다.
약물복용은 선택이다.	그렇다. 종종 동료나 코치, 트레이너의 충고나 지지를 받는다.	-종종 유일한 대안이 최고 수준에서의 성공을 이루지 못하는 것이다.
약물은 건강에 해롭다.	일부는 부작용을 지니고 있지만, 다른 것들은 그렇지 않다.	-일부 스포츠 행위들 역시 위험하다. -합법적 약물들 중 금지된 물질들보다 더 해로운 것들이 많이 있다.
약물은 자연적이지 않다.	부분적 지지: 많은 약물들이 자연적 산물의 합성판이다.	-자연적 신체 상태란 존재하지 않는다. 훈련, 식사, 환경 등이 모두 생화학적 변화를 일으킨다.
선수들은 역할모델들이다.	강한지지: 젊은이들은 스포츠 스타들을 흉내 내려한다.	-록 스타와 배우들도 모방된다. -일단 어느 수준에 도달하면 젊은 선수들은 약물이 사용된다는 것을 어쩌면 그들의 역할 모델들을 보고 깨닫게 된다.
약물은 사업에 나쁘다.	좋은지지: 스폰서들은 약물을 사용했거나 사용중이라는 의심이 가는 선수와의 계약을 피한다.	-스포츠 규제조직들은 상업적 동기가 약물정책을 이끌어 가고 있는 것이 아니라고 주장한다.

13) 정준영 역(2001). 스포츠, 그 열광의 사회학. 서울: 한울. p. 281.

비판적 읽기, 반성적 읽기

- 스포츠 선수들의 약물복용문제는 사회적으로 많은 이슈가 되어왔다. 대표적으로 기억나는 것이 메이저리그 베리 본즈의 약물 사건인데 약물을 복용하여 홈런신기록을 갱신했다면 이것이 과연 정당하다고 말할 수 있을까? 그렇지 않은 것 같다. 모든 선수들이 똑같은 야구 장비를 착용하지 않기 때문에 완전한 공정성이 없다고 하는 것은 잘못된 생각이다. 장비는 자신에게 더 적합한 것, 몸에 더 잘 붙는 것을 사용하는 것이기 때문에 당연히 다 다를 수밖에 없다. 하지만 약물 같은 경우에는 자신에게 적합한 도구를 사용하는 것이 아니라 비정상적인 힘을 빌리는 것이기 때문에 옳지 않은 것이다. 그러므로 사람들은 약물의 힘을 빌려 세운 기록을 신뢰하지 못하고 찜찜하게 여긴다. 물론 약물을 복용한다고 다 홈런을 칠 수 있는 것은 아니다. 하지만 약물 복용으로 인해 선수가 근력이 좀 더 강화되었다거나 약물을 통한 정신적 안정을 취했다고 하는 것은 분명 공정하지 못한 것 같다. 커피를 마시고 담배를 피우면서 작품을 탄생시킨 문학가들의 경우에는 물론 맨 정신으로 하면 더 좋았겠지만 더 나은 작품을 사람들에게 제공하기 위해 어쩔 수 없는 면이 있다고 본다. 스포츠와 달리 문학은 수치화된 기록을 세우기 위한 격렬한 경쟁이 있는 것이 아니기 때문이다.
- 도핑에 관하여 깊게 생각해 본적이 없었는데 막상 6장을 읽기 전 도핑이란 단어를 보니 나 역시도 운동선수들의 도핑

은 비난받아 마땅하다고만 생각하고 있었다. 그러나 6장을 다 읽어보니 단순히 운동선수만을 비난하는 것은 옳지 않다고 생각이 변하였다. 전혀 생각지 못하고 살아왔지만 책에서와 같이 대부분의 사람들은 커피나 담배 등에서 도핑물질을 이용하고 살아간다. 또한 운동선수들을 제외한 전문직이나 다른 직종의 사람들에게는 도핑에 대하여 전혀 언급하지 않는다. 이는 어떻게 보면 매우 모순적인 상황으로 생각된다. 하지만 그렇다고 해서 운동선수들의 도핑이 옳은 것만도 아니다. 책에서 예를 들은 소설가로 생각해보면 소설가는 운동선수들과 경쟁 환경, 경쟁 정도, 과정 등 여러 면에서 다르기 때문에 운동선수와 단순히 비교하여 도핑문제를 설명하기에는 부족하다고 생각한다. 운동선수의 경우 자신의 기량을 단 한 순간에 최고에 도달하여야 하기 때문에 도핑을 행한다고 생각한다. 그렇기 때문에 사람들은 순수한 자신의 기량으로 승부하는 것이 아니라 도핑물질의 힘을 빌려 한 순간에 최고에 서는 모습을 비난하는 것이라 생각한다. 즉, 운동선수의 이런 경쟁 환경이나 시스템에 의해 운동선수의 도핑이 문제가 된다고 본다. 운동선수의 도핑문제를 비난하기 전에 도핑을 금지하려면 체계적이고 공정한 시스템이 필요하다. 도핑테스트를 실시하려면 공정하고 정확하게 실행해야 한다. 그렇게 해야만 선수들에게 불공정하거나 억울한 상황이 줄어들 것이라고 생각된다.

- 약물로 뛰는 선수들에 대해서 읽기 전에는 도핑이 스포츠 선수들이 기록향상을 위해 특별한 약물 등을 복용하는 것이라고 생각 했는데 간단한 약물도 도핑문제에 포함될 수 있다는 사실이 놀라웠다. 약물 말고도 자가 수혈 이라는 방법이 있다고 하는데 산소운반능력이 있는 적혈구가 들어있는 자신의 피를 수혈 해뒀다가 스포츠 경기 전에 다시 자기 자신의 피를 수혈하여 산소 운반능력이 향상된 모습으로 경기에 임하는 행위도 도핑에 해당된다는 것을 조사 하면서 알게 되었다. 스포츠 선수들은 기록이 향상된다는 이유로 약물을 복용하는데 이로 인해 자신의 능력이상의 결과를 내는 약물에 의존하게 될 수 있는 가능성이 있는 것 같았다. 다른 마약과 마찬가지로 도핑은 유혹이 강하고 한 번 하게 되면 두 번 세 번은 더 쉽게 생각하게 되니 처음부터 아예 시작도 하지 말아야 한다고 생각했고, 첫 유혹에 잘 참아 낼 수 있도록 자신의 도덕적인, 윤리적으로 옳은 마음가짐을 잘 지켜나가야 하겠다고 생각했다.
- 미국 메이저리그에서 활약했던 베리본즈라는 선수가 있다. 미국 야구의 홈런 신기록을 가지고 있는 선수이다. 박찬호 선수도 이 선수에게 홈런을 맞은 적이 있다. 베리본즈는 홈런 신기록을 가지고 있는 훌륭한 선수이지만 금지약물을 복용했다는 사실이 밝혀지면서 미국인들뿐만 아니라 전 세계 야구팬들에게 큰 충격을 안겨 주었다. 베리본즈가 이룩한 그 기록들이 과연 정당성이 있을까? 약물의 힘으로 홈런을 쳤다는 것에 대해 인정할 수 있는 것일까? 많은 사람들

이 베리본즈가 약물에 의존해 경기에 임했다는 것에 대해 분노하고 배신감을 느낄 수도 있겠지만 다시 생각해 본다면 베리본즈가 과연 약물의 힘만으로 그렇게 홈런신기록을 작성할 수 있었을까 하는 의문이 든다. 베리본즈는 타고난 힘과 능력을 갖춘 선수이다. 부단한 훈련도 했을 것이다. 이런 것을 배제한다면 그 선수에 대한 평가가 제대로 이루어질 수 없다고 생각한다. 도핑에 대해 좀 더 유연한 자세가 필요할 때이다.

스포츠로 세상읽기

도핑은 승부욕 때문에 나타난 현상이다. 경주용 말이 먹던 약물을 인간에게 투여하게 된 것이다. 도박사들에 의해서 내기 때문에 사람들에게 먹게 하였다. 도핑은 나쁘기 때문에 금지되어야 한다는 논문은 다양하게 제시되었다. 이들 논리는 정당성을 얻기에는 허술한 논리가 작동하고 있다.

도핑금지를 정당화하는 좀 더 완전한 근거를 제시하는 것이 도핑금지를 정당화 하는 이유가 된다. 약을 먹지 않고 맑은 정신을 유지하는 것이 약물에 의존하는 것보다 세상을 밝게 볼 수 있는 이점이 있다. 약물에 의존해서 얻어진 문학작품, 명곡 등은 약물을 하지 않고서는 불가능한 것들인지 문제를 제기하고 싶다.

대마초, 마약 등 다양한 정신착란을 일으키는 물질들을 사람들은 복용한다. 더 감각적인 쾌락을 위하여 약을 먹지만 그 효용이 오래가지 못한다. 그럼에도 불구하고 사람들은 더 많은 약을 복용하여 쾌락을 즐기려 한다. 그리고 일상에서 마시는 커피, 알코올, 녹차 등 주위에 너무 많은 물질들이 존재한다. 이것에 대하여 누구도 문제가 있다고 말하지 않는다. 카페인이 포함되어 있지만 인체에 해로움이 크게 미치지 않아 처벌을 하지 않는다.

스포츠 읽기

더 빨리, 더 높이, 더 힘차게

송형석 〈계명대 태권도학과 교수〉

1988년 9월 24일 서울잠실종합운동장 메인스타디움에서 남자 육상 100m 결승전이 열렸다. 이 경기에서 벤 존슨은 자신의 종전 세계 기록을 0.04초 앞당긴 9.79초라는 경이적인 기록으로 금메달을 획득했다. 새로운 올림픽 영웅이 탄생하는 순간이었다. 그러나 그는 도핑 검사에서 스테로이드 계통의 약물 복용 사실이 적발돼 기록은 취소되고 금메달은 3일 만에 박탈당했다. 당시 언론과 스포츠단체들은 존슨의 도핑 행위를 맹렬히 비난했다. 비난의 초점은 주로 그의 인격이나 도덕성과 관련된 것이었다.

그 논리에 따르면 스포츠가 추구하는 이상은 공정한 경기의 이념, 세계 평화와 공존, 선수의 건강과 복지, 자연적으로 주어진 인간능력의 탁월함 같은 숭고한 가치들과 관련이 있는데, 부도덕한 존슨이 도핑을 자행함으로써 이와 같은 가치들을 심각하게 훼손시켰다는 것이다. 1990년대 들어서 언론과 스포츠단체들은 신성한 스포츠 세계에서 추악한 도핑을 몰아내야 한다며, 도핑과의 전쟁을 선포했다.

도핑과의 전쟁은 1999년 세계반도핑기구의 발족을 통해 구체화됐다. 세계반도핑기구가 발족된 이후 도핑 검사 기술은 획기적으로 발전했고, 도핑을 자행한 선수에 대한 처벌규

정도 한층 강화됐다. 또한 선수들을 대상으로 한 의식교육도 지속적으로 이루어지고 있다. 그러나 이 모든 노력에도 불구하고 도핑 적발 건수는 해를 거듭할수록 증가하고 있으며, 도핑 대상도 프로 선수들에 그치지 않고 아마추어 선수들과 스포츠 동호인들, 그리고 스포츠와 무관한 일반인들에게까지 확산되고 있다. 도대체 무엇이 잘못된 것일까?

〈피로 사회〉의 저자 한병철은 이와 관련하여 "약물 금지만으로 몸뿐만 아니라 인간 전체가 하나의 성과기계가 되어 원활한 작동으로 최대의 성과를 산출할 것을 요구하는 사회적 발전 경향에 제동을 걸 수 있는 것은 아니다"라고 밝힌 바 있다. 문제의 원인이 개인의 인격적 자질보다는 성과사회 그 자체에 있다는 말이다. 근대스포츠는 그가 말하는 성과사회의 전형이라고 할 수 있다.

근대스포츠에는 끊임없는 자기 갱신과 성과 극대화를 요구하는 원리가 내재돼 있기 때문이다. 이는 '보다 빠르게, 보다 높게, 보다 강하게'라는 올림픽 표어가 암시하고 있듯이 올림픽 경기에서는 공정하게 경기에 임하는 선수가 아니라, 최고 성과를 산출한 선수가 명예와 찬사의 대상이 된다. 아무리 공정하게 경기에 임해도 다른 선수보다 뛰어나지 못하면 퇴출될 수밖에 없다. 이렇듯 자기 갱신과 성과 극대화의 원리는 외부로부터 강요된 이질적 요청이 아니다. 그것은 근대스포츠 자체에 내재된 원리이며, 체제 강요이다.

자기 갱신과 성과 극대화의 원리는 근대스포츠가 출현한 19세기 초부터 스포츠를 이끌어온 주요 동력이었다. 당시 사회는 진보의 이데올로기에 사로잡혀 있었으며, 진보를 추동하는 가장 중요한 요인이 테크놀로지라고 여겼다. 그 결과 테크놀로지가 비약적으로 발전했고, 그로 말미암아 육체가 담당했던 역할이 기계에 의해 대치됐다. 이에 비례해 육체의 실용적 가치는 점점 더 평가절하됐다. 또 기계적인 것만이 근대적이고, 육체적인 것은 근대적이지 못하다는 인식이 확산됐다. 스포츠는 바로 이 시점에서 진보의 이데올로기를 적극 수용해 전근대적인 것으로 평가받았던 육체를 근대적인 진보의 원리에 종속시켰다.

전근대적인 육체를 통해 근대의 이념을 실현하고자 하는 스포츠의 노력은 그 출발점부터 한계를 지닐 수밖에 없다. 다윈의 보고서가 보여주듯이 육체 기능의 진화, 육체 능력의 향상은 하루아침에 이루어지는 것이 아니기 때문이다. 더디고 느리게 진행되는 육체의 진화, 가시화되지 못하는 육체 능력의 진보만으로는 스포츠가 진보의 원리를 구현한다고 주장할 수 없다. 이를 위해서는 가속화된 진보, 단시간 내에 가시화될 수 있는 진보의 증거가 요구된다. 이러한 요구는 테크놀로지의 도입을 통해서 충족될 수 있었다. 그런 의미에서 테크놀로지는 근대스포츠에서 선택사항이 아니라 필수요소이다. 있어도 되고 없어도 되는 그런 것이 아니라 자신이 터하고 있으며 자신의 존재를 보장하는 구성적 근거이다.

테크놀로지는 철저하게 목적합리적 행위 양식이다. 테크놀로지는 육체 능력 향상이라는 목적이 바람직한 것인지 아닌지는 고려하지 않고 단지 그것을 달성할 수 있는 최상의 수단, 가장 효율적인 방법의 개발에만 관심을 기울인다. 그런 의미에서 테크놀로지는 가치중립적이며, 탈도덕적 속성을 지닌다. 즉 테크놀로지는 육체 능력 향상을 위해 취해진 조처들이 선한지 악한지, 도덕적인지 비도덕적인지 판단하지 않는다. 그것들이 능력 향상에 효율적인지 아닌지만 사실적으로 판단할 뿐이다.

도핑은 테크놀로지가 근대스포츠에 도입된 결과로 나타난 현상이다. 도핑은 자기 갱신과 성과 극대화라는 근대스포츠의 요청을 효율적으로 충족시켜주는 테크놀로지 가운데 하나일 뿐이다. 스포츠단체들과 대중매체의 온갖 추방 노력에도 불구하고 도핑이 여전히 횡행하고 있는 이유는 바로 여기에 있다. 근대스포츠는 문제의 원인이 그 자체에 있음에도 그것을 외부로 전이시켜 버렸다.

지금까지의 설명이 유효하다면 도핑문제에 접근하는 우리의 방식은 바뀌어야만 한다. 도핑에 대한 비판은 도핑을 자행한 선수 개인에 대한 인신공격이 아니라 선수들로 하여금 도핑을 하도록 부추기고 강제하는 근대스포츠의 내적 원리, 끊임없는 자기 갱신과 성과 극대화 원리에 대한 비판적 성찰이어야만 한다. 이 원리에 대한 근원적 반성과 성찰이 수반되지 않은 개혁적 노력은 그것이 어떤 종류의 것이든 무의미할 수밖에 없다. 싸워야 할 적은 스포츠 밖이 아니라 안에 있다. 근대스포츠를 개혁하려는 모든 노력은 이러한 명확한 사실의 인식에서 출발해야만 한다.

출처: 중앙대 대학원신문 2012년 4월 26일자

생각 거리

1. 도핑금지 7가지를 제시하고 비판하시오.
2. 혈액도핑에 대하여 알아보자.
3. 약물을 복용한 배리본즈의 기록은 정당한가.
4. 국내 도핑의 사례를 찾아보자.
5. 도핑은 정당화 될 수 없는가.

읽을 거리

1. 송형석(2006). 도핑은 왜 비도덕적인가? 한국체육학회지. 45(4).
2. 박성주(2007). 스포츠에서의 약물복용의 공정성 논쟁. 한국체육학회지. 46(6).
3. 황징연(2008). 반도핑에 관한 철학적 고찰. 한국체육학회지. 47(5).
4. 이학준(2009). 스포츠생각 60. 서울: 북스힐.
5. 김건열(2008). 도핑: 국내선수의 관리와 국제대회운영. 서울: 최신의학사.

07 몸의 전쟁: 다이어트 유혹을 넘어[14)]

몸이란 우리의 일상용어로 정신과 육체가 하나로 이루어졌음을 내포하고 있다. 몸을 사회적 결과물과 동시에 생물적이라고 보는 입장이 우리사회에서 지배적이다. 몸은 일종의 살아있는 유기체이기 때문에 생명적 삶과 감각적 삶, 그리고 정신적 삶의 주관한다고 할 수 있다. 동물들의 육체는 생물학적 대상인 육체에 불과하지만 인간의 몸은 윤리적 행위주체와 심미주체 그리고 인식주체이다. 이 점에서 다른 동물들의 몸과는 구별된다. 몸은 사회학, 생물, 의학, 체육학 등 여러 학문 분야에서 연구의 초점이 되고 있다. 그러나 현실적으로 몸에 대한 관심은 다이어트와 건강, 장수에 대한 관심에만 집중되고 있다. 이 때문에 건강산업과 다이어트산업의 성장만을 가져왔다.

우리 주변에서 흔하게 볼 수 있는 체형관리소, 비만 클리닉, 헬스장 등은 바로 몸에 대한 사회적 관심도를 보여주는

14) 2010년 9월 9일 KBS 생로병사의 비밀 제343회 "몸의 전쟁: 다이어트 그 유혹을 넘어. 방송 참고. 이 글은 '몸의 지위'라는 제목으로 2003년 6월 30일 움직임의 철학: 한국체육철학회지 11권 1호에 발표한 글이다.

단적이 예가 된다. 그 만큼 오늘날 사람들의 몸에 대한 주된 관심은 눈으로 확인되는 몸에 대한 분명한 결과를 얻을 수 있는 외모, 현상적인 면에 관심을 집중되고 있음을 알 수 있다. 뿐만 아니라 인터넷을 통한 사이버 세계의 출현으로 몸의 개념이 변질되고 있다. 모든 인격적 관계가 정보적 관계로 환원되면서 기존의 몸 개념이 소멸하고 있다.

시대적인 반영을 볼 수 있듯이 몸의 관심은 나날이 증가하고 있을 뿐만 아니라 넘쳐나고 있다. 이러한 시대적 분위기에서 몸의 관심의 증가에 대한 분석과 비판 그리고 방향의 제시가 우선적으로 필요하다. 이를 위한 순서는 몸의 과거, 현재, 미래의 시대적 개관을 통하여 몸의 대한 인식의 변화과정을 알아본다. 이러한 의미에서 이 글의 목적은 몸의 지위를 확보하기 위한 방법을 신체활동 혹은 스포츠에서 찾는 데 있다.

이를 위하여 몸을 과거의 몸, 현재의 몸, 그리고 미래의 몸으로 구분하였다. 과거의 몸은 몸의 상실의 시대였지만 현재의 몸은 몸의 회복을 가져왔다고 할 수 있다. 그러나 그것이 몸의 진정한 회복이 될 수 없다는 점을 지적하고 몸의 지위를 확보하는 길로서 스포츠를 통한 그 가능성을 확인하려고 하였다. 또한 다른 측면에서 진정한 스포츠의 길이 몸의 지위를 회복하는 일이라는 것을 알아보았다.

몸의 흐름

몸이란 우리말로 마음, 맘에서 파생되어 몸이 된 것이다. 그렇기 때문에 정신과 육체가 하나로 이루어진 총체적 실체로써 사회학적 산물임과 동시에 생물학적 실체이다. 몸의 한 부분을 가리키는 것을 몸 동아리 또는 살덩이, 육체, 물리적 실체라고 한다.

몸에 대한 20세기 연구들을 살펴보면, 인간의 사회적 상호작용에서 몸이 갖는 상징적 의미와 중요성을 지적하면서 몸을 통한 자아연출과 '연기하는 자아'의 개념을 제시한 고프만, 정치권력이 어떻게 시대와 사회에 따라 몸에 다르게 행사되어 왔는가를 설명한 푸코, 개인과 집단의 계급성향이 상징적으로 각인된 육체자본으로 몸을 인식하면서 사회적 불평등과 몸의 관계를 분석한 부르디외, 가부장적 억압체계에서 몸이 갖는 의미를 지적하면서 정치적 저항과 해방의 도구로서 여성의 몸을 분석한 페미니스트들, 몸의 사회화, 합리화 및 개별화가 이루어지는 역사적 과정, 즉 몸의 문명화 과정을 분석한 엘리아스, 버거와 기든스의 죽음에 대한 분석 등이 있다(임인숙 역, 1999: 9).

몸에 대하여 다양하게 연구되어졌지만 문제는 인간의 몸을 단지 동물들의 고기 덩어리, 살로 인식하는데 문제가 있다. 이것은 몸과 정신과 하나로 이루어진 인격화된 하나의 실체이기보다는 보여 지는 몸의 측면만을 연구되어진 한계를 보여준다. 이제 보여 지지 않는 정신을 포괄하는 몸에 대한 관심이 필요할 때이다. 몸을 이해한다는 것은 어려운 일이다. 그렇기 때문에 몸의 변천사에 대한 이해가 필요하다. 그것이 몸에 대한 올바른 이해를 돕는 일이며, 몸의 지위를 고양시키는 일이 될 것이다. 이를 위하여 몸에 대한 과거, 현재 그리고 미래를 조망하여 보자.

1 과거의 몸: 몸의 상실

몸은 겉으로 나타나며 보여 지고 또한 접촉할 수 있는 대상인 반면에 정신은 보여 지지 않으며 겉으로 확인할 수 없기에 몸과 정신은 대립된다. 일반적으로 정신을 가진 살아 있는 몸과 정신이 없는 시체는 쉽게 구분될 수 있다. 그러나 몸과 정신을 모두 가진 살아 움직이는 실체에 대하여 이 양자의 구분은 쉬운 것만은 아니다. 그렇다면 몸에 대한 역사를 더듬어 보자.

몸에 대한 담론은 소크라테스 이전 그리스철학자들의 사유까지 거슬러 올라간다. 그리스 시대의 플라톤은 인간의 본질을 정신과 신체로 분리된 실체로 보았으며, 정신을 우위에 두고 신체는 정신을 보조하는 별개의 실체로 생각하였다. 또한 그는 몸을 영혼의 감옥으로 생각한 나머지 신체 혹은 신체적 기능은 초감각적 현실계에 도달하는 데 방해가 되며 이성적 작업을 위해서는 벗어나야 할 대상으로 간주하였다. 정신적 영역 내에 거주하는 이데아가 불완전한 감각계의 대상을 통해서 현상으로 나타날 수 없었다. 그는 육체와 정신을 이원화하였고 정신적 영역의 실현을 이데아에서 찾았다. 이처럼 플라톤에게 있어서 영혼은 완전한 상태의 세계이며, 반면에 신체는 물질적인 것이며 불완전한 그림자에 지나지 않는 것으로 보았다.

철학과 육체를 죄악시하고 영적인(정신적)존재를 중요시했던 중세 기독교적 전통에서는 정신을 육체에서 분리하여 정신은 우월하고 육체는 천박하다는 신체관이 형성되었다. 그것은 정신과 몸의 주종관계를 의미하는데, 이런 맥락에서 이 당시의 신체활동을 요구하는 운동, 혹은 스포츠의 위상은 이전 시대와 비교하여 볼 때 현저하게 떨어지게 되었다.

근대 서양철학에서 데카르트는 인간을 물리적 대상으로서의 연장적 실체인 육체(물체)와 심리적 주체인 정신의 이원론으로 양분하면서 일반적인 인식론의 문제와 인간의 본질을 육체보다도 정신에서 찾았다. 그에 의하면 우주에는 두 가지 활동 수준이 있다고 하였다. 하나는 기계적 법칙들의 질서에 따르는 물질의 세계고, 다른 하나는 인간의 사유에서만 찾을 수 있는 정신적 세계이다.

데카르트에 의하면 인간의 신체는 다른 동물들과 공동적인 물질적인 실체일 뿐이다. 신체는 생리적 기제들을 통해서 외부세계에 반응하므로 신체기능은 기계적인 원리로 설명 가능하다. 그러나 사유능력만은 그러한 기계적 원리들밖에 있기 때문에 신체는 자동기계이지만 이와는 달리 인간정신은 영적이며 비물질적인 실체이다. 이러한 정신과 신체간의 관계는 정신과 물질적인 상호작용으로 설명할 수 있다.

데카르트의 신체관은 체육, 스포츠에 많은 영향을 준다. '기계와 같은 몸'의 이미지가 단순한 의학에만 적용되는 것은 아니다. 가장 빈번하게 몸이 어떻게 인식되고 다루어지는 영역중의 하나는 스포츠분야이다. 기계라는 어휘가 스포츠 언어를 지배하고 있다고 지적하면서, 급진적인 스포츠 비평가들은 몸을 '목적을 위한 기술적 수단', 즉 생산과 결과물을 위한 하나의 사물화 된 요소, 그리고 최대량의 노동과 에너지를 생산하는 기계로서 이해하게 된 것은 스포츠 활동을 통해서라고 주장했다(Brohm, 1978).

스포츠에서 몸은, 다름 기계들처럼, 성능이 강화될 수 있고 고장 나거나 수선될 수 있는 복잡한 기계로 간주된다. 이런 맥락에서 스포츠과학은 완벽한 장비를 만들고 경쟁력을 갖추기 위해서 가장 중요한 육체 부위를 특화하고 분리해서 변형시키는 기술을 연마하는 작업을 하고 있다. 따라서 스포츠계의 성공은 운동선수의 육체라는 '원자재'에 가장 절 적용될 수 있는 과학적 지식을 가진 나라들이 지배하고 있다는 것은 오래 전부터 알려져 있는 사실이다(임인숙 역, 1999: 64). 이처럼 플라톤에서 데카르트까지의 몸에 대한 인식은 인식주체보다는 인식대상으로 정신보다 하위의 실체로 파악하였다.

2 현재의 몸: 몸의 회복과 변화

고대 플라톤에서부터 근세의 데카르트에 이르기까지 몸에 대한 담론의 정신에 비하여 대부분은 몸의 천시, 몸의 지위 상실의 전형을 유지하여왔다. 이처럼 정신 중심의 이원론적 세계관은 지난 수백 년간 서양 문명을 떠 받들어온 기둥이었기 때문에 그 속에서 사유하고 생활할 수밖에 없었다.

이성의 들러리 노릇을 해왔던 몸이 그 위상을 찾기 시작한 것은 19세기초 프랑스 철학자인 멘 드 비랑(Maine de Biran: 1766-1824)에서 부터였다. 그 후 20세기 후반의 니체, 후설, 메를로-퐁티, 푸코 등에 의한 현상학과 실존주의, 구조주의 철학자들에 의해서 몸은 인식대상이 아니라 인식하는 주체로서 제자리를 찾기 시작하였고, 그들은 몸에 대한 심오한 통찰을 남겼다.

니체는 그의 저서《차라투스트라는 이렇게 말했다(1885)》에서 육체의 존재 가치와 육체의 사회적 현상을 고려하지 않은 자아와 이성 중심적인 이성론에 강한 비판을 가했다. 니체는 이제까지의 철학은 몸을 주석하는 데 불과했으며 몸을 오해했다. 니체는 "나의 육체는 나의 전부다. 나는 나의 육체 이외에는 아무것도 아니다. 영혼이란 몸의 어떤 면을 말해주는 것에 불과하다."하는 파격적인 선언을 통해 육체 속에 이미 정신의 지혜보다 더 많은 이성이 깃들어 있다고 주장하였다(양해림, 2000: 107-107).

후설에 의하면, 신체는 순수자아의 의지대로 직접 자발적으로 움직이는 의지기관이다. 신체는 감각의 담지자로서 심리와 더불어 구체적 통일체를 형성한다. 외적 태도에서 보면 신체는 나머지 물질세계와 주관적 영역사이를 가르는 특유한 현출 방식의 물질적 사물이며 그 주위로 나머지 공간세계가 둘러싸는 중심이 실재적 외계와 인과적 연관 속에 있다. 뿐만 아니라 후설은 신체를 생물적으로 파악하기보다는 인격이 인식하고 실천하는 데에 함께 참여하는 것으로서 파악하였다. 그래서 신체의 본질은 모든 지각과 수단, 지각기관이다. 신체는 모든 지각에 필연적으로 함께 참여한다고 보았다.

메를로-퐁티의 현상학에서 개인자신의 몸, 즉 현상학적 몸과 대상으로서의 몸, 즉 객체적 몸을 구분했다. 근본적으로 자신의 몸에 대한 경험은 대상에 대한 경험이 아니다. 자신의 몸에 대한 지식은 다른 대상에 대한 지식이나 지각과는 전형적으로 다르다. 사실상 대부분의 경험에서 우리의 몸은 우리 자신에게 너무 투명하여, 우리는 몸을 특별하게 의식하지 않게 된다. 예를 들어 우리는 소리를 들을 때 우리 몸의 고막을 의식하지 않는다. 우리가 세상을 경험할 때 현상적 몸에 대한 우리의 지식은 암묵적이다(Teichman, 1988). 이처럼 순수한 사고자체가 애초에 존재할 수 없다. 사고란 결국 습관, 문화, 개인적 경험, 특정한 맥락 그리고 객관적인 생리적 신체의 특징에 의해서 조건화된다고 보았다.

메를로-퐁티에게 있어서 몸은 인식주체는 순수의식도 물리적 존재로서 육체도 아닌 육화된 의식으로서 몸이며, 이 몸속에서 정신과 육체, 영혼과 자아, 인간과 자연은 형이상학적 구별이 불가능한 단 하나의 세계 혹은 존재일반으로 된다. 인간의 존재양태가 신체이기 때문에 그에 있어서 신체는 곧 인간이 된다. 이러한 신체는 존재론적 관점에서 세계-내-존재, 인식론적 관점에서 인식주체로서의 신체에 해당한다.

푸코는 그의 저작《감시와 처벌》에서 신체는 영혼의 감옥이라는 말 대신에 영혼이 신체의 감옥이라고 주장하였다. 그에 의하면 인간의 자유는 우리의 신체적 생활에 있으며, 이는 사회적 규율에 의하여 식민화 되지 않은 우리의 신체적 활동에 있다는 것이다. 그러나 우리의 신체적 자유는 사회의 발달로 지칭되는 근대화의 과정에서 권력과 지식의 거미줄 같은 감시와 처벌, 훈련 등으로 인하여 규제되고 억압되어 왔음을 지적하였다. 또한 그의 다른 저작《성의 역사》에서 신체의 정치학이라는 표현을 사용하여 심리학, 의학, 인구통계학 등과 같은 인간과학이 권력과 동맹을 체결함으로써 부단히 교육과 훈련으로 인간의 자유로운 신체를 권력에 순응하는 온순한 인간으로 만들어 왔음을 주장하였다(오생근 역, 1994).

20세기 이후의 몸에 대한 인식들이 인식대상에서 인식주체로 점차적으로 변화되었고 상실되었던 몸은 몸의 회복으로 제자리를 잡아가게 되었다. 게다가 니체, 후설, 메를로-퐁티, 푸코 등의 철학자들에 의하여 몸은 정신과의 관계에서 중심의 자리로 위치하게 되었다. 이러한 변화 속에서 몸에 대한 문제가 발생하게 되는데 그것은 바로 몸에 대한 지나친 숭배와 광기라고 할 수 있다. 지금의 몸에 대한 지나친 관심과 투자로 대변되는 몸의 변화는 역설적으로 몸에 대한 또 다른 몸의 상실과 천시를 가져오게 되었다.

몸의 변화가 시작되었다. 미디어가 제시하는 멋진 몸은 인위적으로 베고 오려내는 방식으로 조작되어진 몸이다. 한 예로 멋진 몸의 소유자인 모델들의 몸은 카메라 앵글에 잘 보이기 위하여 인위적으로 조작된 몸에 불과하다. 실제로 그들의 몸은 불균형적인 면이 많이 노출된다. 영상 속의 몸과 실제 생활에서의 몸의 차이점을 찾아 볼 수 있게 한다.

모델과 같은 몸을 영상을 통해서 접하게 되는 일반인들은 누구나 노력을 하면, 아니 성형수술과 다이어트를 하면 모델과 같은 몸을 가질 수 있다는 환상을 갖게 만들며 더 문제가 되는 것은 허상을 쫓아 성형외과와 다이어트 산업에 몸을 던지는 것이다. 모델과 같은 몸은 거의 불가능하다는 생각은 조금도 가지지 않는다는 데에 문제가 있다. 이처럼 몸에 대한 인위적인 조작은 사실상 몸의 상실, 몸의 학대, 몸의 빈곤을 가져오게 하였다.

근면한 노동을 위한 도구로서의 근대적인 몸, 고귀한 정신을 담는 그릇으로서의 고전적인 몸은 이제 없다. 지방 흡입술과 주입술, 뼈를 깍는 미용 성형 수술 같은 현대 의학기술이 가세, 몸은 이제 하나의 '프로젝트'가 되었다. 몸이야말로 지각이 살아 있는 현장이며, 철학의 출발점도 의식이 아니라 몸이라는 주장이 등장했지만, 정신과 몸의 이분법이 사라진 상황에서 몸은 더욱 거센 권력 다툼의 현장이 되고 있다. 현대 미술가 바버라 크루거가 "너의 몸은 전쟁터이다" 라고 선언했듯이, 몸을 둘러싼 소유와 통제의 싸움은 성적 욕망과 매력 같은 것을 생산해내는 자본주의 사회의 여러 장치들-미모 산업과 대중문화, 미디어-덕에 더욱 치열해지고 있다(조선일보, 2001년 6월 7일자).

몸에 대한 투자는 다이어트 산업과 성형수술의 호황을 가져오는 기형적인 모습으로 한국사회에 나타나게 되었다. 이와 같이 과거에 찾아볼 수 없었던 몸에 대한 관심의 증가와 투자의 확대는 몸의 지위를 확보하는 것이 아니라 역설적으로 몸을 상실하게 하는 몸의 천시에 불과하다. 특히 이러한 몸에 대한 투자는 몸의 주체성의 향유를 방해하는 하나의 거대한 장벽으로 존재하게 되었다.

한국에서 몸은 하나의 규격화된 상품으로 태어나게 되었다. 대형 마트에 진열된 물건처럼 우리들의 몸은 허상의 왜곡된 이미지의 신체상을 쫒게 되었다. 그래서 복사품 처럼 비슷한 화장과 옷, 그리고 몸을 가진 사람들을 길거리에서 쉽게 만날 수 있게 되었다. 그러나 이러한 현상은 우리에게서 몸의 주체성의 향유라는 큰 재산을 훔쳐가게 되었다.

"오늘날 아름다운 여성의 기준은 전례가 없을 만큼 천편일률적이다. 모델과 영화배우들의 모습은 첨단의 미디어를 통해 전 세계에 퍼지기 때문에, 이제는 아름다운 외모에 관한 기준도 세계적으로 동일해졌다. 공업품 표준규격이라도 되는 듯 여성들의 육체에도 한치의 틀림이 없는 엄격한 기준이 세워졌다. 이것은 마치 개성이 들어설 여지가 없고 교체가 가능하도록 틀에 박힌 똑 같은 육체만을 가지라고 명령하는 것 같다.……남의 시선을 개의치 않고 자기 몸을 갖는 것, 그러한 고유성이 이제는 정상규범에서 벗어나는 행태로 인식되기에 이르렀다. 세계에 통용되는 아름다운 몸의 기준은 서구적인 것이다. 부유하고 백인이며, 서방인 이라는 3가지 조건이 붙어있다"(조원규 역, 2001: 103).

보여 지는 몸에 대한 지나친 관심과 투자는 아름다움 몸에 대한 열망 때문이라고 볼 수 있다. 아름다운 외모 즉 몸은 이제 하나의 자본이다. 자본을 축적하기 위하여 몸에 대한 투자는 당연하다. 문제는 아름다움의 기준이 획일화, 규격화되고 있다는 것이다. 동양이나 서양이나 이제는 아름다움이라 만들어 질 수 있으며 교체 가능한 것으로 인식되고 있다.

아름다운 외모에 집착하는 것은 보여 지는 몸에 대한 타인의 시선과 어떻게 보여 지기를 바라는 자신의 욕망이 투영되어 나타나기 때문이다. 또 다른 이유는 자기 자신에 대한 일종의 나르시스에 몰입하기 때문이라고 볼 수 있다. 그래서 착각에 빠진 혹은 환상에 젖혀있는 젊은이들을 쉽게 볼 수 있다.

3 미래의 몸: 몸의 지위

몸의 지위를 확보하기 위해서는 몸의 인식론적 지위(즉, 인식주체로서의 몸), 존재론적 지위(즉, 주체성 향유로서의 몸),

그리고 몸의 가치론적 지위(즉, 윤리적 관점에서 본 도덕주체로서의 몸)와 몸의 미학적 지위(즉, 심미주체로서의 몸)에 대한 성찰이 필요하다.

첫째, 몸의 인식론적 지위는 인식주체로서의 몸에서 찾는다. 몸은 서양문명에서 항상 회피와 은폐의 대상이었다. 20세기 이후의 몸은 인식론적으로 볼 때, 인식 대상이 아니라 인식주체가 된다는 점에서 20세기 이전의 몸에 대한 담론과 구별된다. 고대 플라톤에서부터 근세의 데카르트에 이르기까지 몸에 대한 담론의 대부분은 몸의 천시, 몸의 지위 상실의 전형을 보여주었다. 그러나 20세기 후반의 후설, 메를로-퐁티, 마르셀, 하이데거, 사르트로, 푸코 등에 의한 현상학과 실존주의, 구조주의 철학자들에 의해서 몸은 인식대상이 아니라 인식하는 주체로서 제자리를 찾기 시작하였다. 몸의 지위를 회복하는 길은 몸이 인식대상이 아니라 인식주체로서의 몸의 지위를 확보하는 길이다. 이러한 일은 스포츠를 통해서 인식주체로서의 몸의 지위를 확보할 수 있을 뿐만 아니라 스포츠 속에서 인식주체로서의 몸의 자유와 해방을 구현할 수 있다.

둘째, 몸의 존재론적 지위는 주체성 향유로서의 몸에 있다. 몸의 주체성을 향유하기 위해서는 다른 무엇보다도 운동을 행해야한다. 여기서 몸의 주체성 향유의 길은 인간이 희구하는 일종의 행복감을 찾는 길이기도 한다. 이는 다시 말해서 몸의 주체성을 찾는 일은 다름 아니라 스포츠를 통해 행복한 삶을 영위하는 일이다. 스포츠를 하는 것은 잊고 살고 있는 몸의 상실에서 잠시 동안 몸으로 사는 것을 인식하는 시간이다. 우리가 잊고 혹은 망각하며 살고 있는 몸에 대한 주체성의 확보의 시간은 자신의 존재의 확인의 길이며 이러한 존재 인식의 시간은 스포츠 하는 시간 속에서 찾을 수 있을 것이다.

셋째, 몸의 가치론적 지위는 도덕주체와 심미주체로서의 몸이다. 몸의 지위를 회복하는 일은 스포츠에서의 도덕주체로서의 몸과 심미주체로서의 몸을 확보하는 일이다. 그렇지 않고 도덕적이지 않고 심미적 감수성을 가지지 못한 스포츠 행위는 기계적인 행위에 지나지 않는다. 그러한 몸은 이미 인간으로서의 인격에서 탈주한 동물들의 육체에 비견될 수 있을 뿐이다. 비도덕적 행위는 바로 스포츠를 타락하게 만들 수 있고 유치한 몸싸움으로 전락할 수 있을 것이다. 그렇기 때문에 인간의 혹은 스포츠 하는 인간의 몸의 지위를 얻을 수 있는 길은 몸의 도덕성과 심미성을 회복하는 일이며 찾는 일이다.

몸의 지향[15]

1 몸닦달: 보다 빠르게, 보다 높게, 보다 강하게

과거의 몸은 영혼의 감옥이며 금욕의 대상이었다. 근대의 몸은 자연과학적 몸으로 물질과 대상으로 인식대상에 불과했다. 그것은 몸과 마음을 이분법적인 시각에서 본 결과이다. 하지만 20세기 실존주의, 현상학, 구조주의 등장으로 몸과 마음은 하나라는 생각이 지배적이다. 그래서 몸은 인식대상이 아니라 인식의 주체로 거듭나게 되었다. 그 결과 살아있는 몸의 주체성에 대하여 관심이 집중되었다. 이는 과거의 인식대상에 불과했던 몸이 인식주체로 거듭난 것을 의미하며, 몸의 상실에서 몸의 자리를 회복한 것을 의미한다. 하지만 과잉된 몸의 광기와 숭배는 또 다른 몸의 학대, 상실에 불과하다. 이는 근대올림픽의 성격에도 잘 나타난다.

근대올림픽의 모토를 보면 그 성격을 상세하게 알 수 있다.

---

15) 이 글은 2008년 8월 20일 월간 <불교와 문화> 8월호에 개재한 내용이다. 연속기획 불교와 사회, 그리고 우리'라는 코너에서 '문화의 중심에 선 스포츠'라는 주제로 기획된 부분에 발표된 글이다.

보다 빠르게, 보다 높게, 보다 강하게 라는 모토가 상징하는 것은 근대인들의 외형적 성취이다. 누가 얼마나 빠른가 하는 것은 초시계의 등장과 함께 측정을 하면서 인류의 관심사가 되었다. 인간이 아무리 빠르게 달려도 치타보다 더 빠르게 달리 수는 없다. 그럼에도 불구하고 인간들은 누가 더 빠른지에 관심을 가진다. 그 결과 매년 세계신기록과 올림픽 신기록은 갱신을 더 하고 있다. 결과로만 보면 인간들의 모습은 진화를 거듭하고 있다. 100미터를 9초 74로 뛸 수 있다고 누가 생각이나 했을까. 그런데 현실이 꿈이 아니라 지금 당장 나타나고 있다. 이러한 놀라운 기록은 바로 인간의 진보이기 보다는 과학기술의 발전에 영향을 받아 얻어낸 인간의 성취이다. 과학의 힘이 없었다면 상상도 할 수 없었던 일이다.

근대올림픽의 외적 성장에 비하여 내적 성숙은 따라주지 못하였다. 성장을 위해서 선수들에게 향하는 몸닦달의 모습을 볼 수 있다. 기록향상을 위해서 과잉된 훈련과 약물복용, 민족주의, 상업주의가 넘쳐났기 때문이다. 근대올림픽의 모습에서 과학의 본질이라고 할 수 있는 닦달의 특징을 발견할 수 있다. 무엇인가를 얻기 위하여 지도자들은 선수들을 몸닦달하기 시작하였다. 몸은 자유로운 표현과 성취를 통해서 거듭나는 특성을 가지고 있다. 이러한 몸의 욕구는 차단되고 오직 기록과 승리를 향하여 조련되고 만들어진다. 그 결과 올림픽 신기록과 국가의 승리를 보장받을 수 있지만 인간성이 사라지는 모순을 경험하게 된다. 올림픽은 인간을 중심에 두고 인간을 위한 올림픽이 되어야 한다. 하지만 역으로 올림픽 때문에 체중조절과 과잉된 훈련, 약물복용 등 선수들의 몸을 닦달하게 하였다. 몸을 닦달하는 것은 몸을 황폐화 시키고 죽어가게 한다. 몸의 성장만을 위한 닦달에서 벗어나 몸의 성숙을 향한 몸 닦기에 대한 관심이 필요할 때이다.

2 몸 닦기: 보다 아름답게, 보다 즐겁게

우리의 일상용어 중에 몸을 닦는다는 말이 있다. 여기서 몸을 닦는다는 것은 몸에 묻은 때를 닦아서 몸을 깨끗하게 한다는 것이다. 이 때 몸은 눈으로 보이는 몸이다. 우리가 일상생활에서 목욕을 하는 것은 몸의 때를 닦기 위해서이다. 하지만 때는 보이는 몸에만 있는 것이 아니라 마음에도 있다. 욕심, 시기, 질투 등이 그것이다. 마음의 때를 닦을 필요가 있다. 그래서 몸 닦기는 두 가지로 나타난다. 하나는 눈으로 확인할 수 있는 몸의 때를 닦는 것이고, 다른 하나는 눈으로 볼 수 없는 마음이라는 몸의 때를 닦는 일이다. 내면의 아름다움은 바로 내면의 때를 닦는 일에서 시작된다. 아름답고 즐거운 스포츠를 위해서 노력하는 일은 앞에서 말한 보다 빠르게, 보다 높게, 보다 강하게 하기 위하여 몸을 닦달하는 것에서 벗어나 몸의 성숙을 향하여 나아가는 일이다. 단지 외적 성취라고 할 수 있는 올림픽의 메달집계, 금메달의 숫자가 아니라 몸을 닦고 몸의 성숙을 향한 노력이 요구되는 것도 여기에 있다.

우리는 흔히 올림픽과 관련하여 특정 국가를 스포츠 강국과 스포츠 선진국을 구분한다. 스포츠강국은 올림픽 세계10위 안에 들어가는 것이다. 그래서 언론이나 매체에서는 금메달 사냥에 나선다고 표현한다. 1960년대 근대화를 시작한 이후, 우리는 국가를 세계에 알리기 위해서 손쉽게 할 수 있는 방법이 올림픽에 참가하여 금메달을 따는 일이었다. 금메달을 목에 걸어서 세계에 한국을 알리는 일 뿐이 없었다. 그래서 태릉선수촌을 만들어서 선수들을 혹독하게 훈련하여 올림픽에서 좋은 성적을 거두어 들였다. 그래서 4회 연속 올림픽에서 세계 10위를 유지하는 스포츠강국의 면모를 과시했다. 올림픽 순위는 바로 그 국가의 경쟁력을 나타내는 상징적 지표다. 이 때문에 한국 또한 엘리트스포츠의 강화만을 통해서 세계10위를 위해서 선수들을 닦달하는 결과를 가져왔다. 그 결과 몸의 성장을 통해서 성취를 얻어냈다. 반면에 인간성 상실이라는 문제를 가지게 되었다. 즉 외적 성취를 얻어냈지만 내면의 병리라는 고질적인 병을 얻게 되었다.

3 몸 살림: 인간화를 위한 스포츠

몸의 외적 성취는 올림픽 세계 10위에서 확인된다. 세계 10위는 스포츠강국이라고 할 수 있는 성적이다. 하지만 체육대학 입시비리, 성폭력, 선수폭력, 심판매수, 승부조작, 약물복용 등 심각한 내면의 병리 현상을 맞이하게 되었다. 이러한 현상은 몸의 성장만을 생각하고 스포츠강국의 체면만을 중시하기 위해 선수들의 몸을 닦달한 것에서 비롯된 것이다. 이제는 변해야 한다. 변하기 위한 시도로서 보다 아름답고, 보다 즐거운 스포츠를 관람할 수 있고 직접 땀을 흘릴 수 있어야 한다. 올림픽도 베이징올림픽을 계기로 변해야 하고 우리 자신도 몸을 닦달하는 일에서 몸을 닦는 것으로 변해야 한다. 그래야 몸을 죽이는 운동에서 벗어날 수 있고 몸을 살릴 수 있게 된다. 이를 위해서 모두가 함께 스포츠를 즐길 수 있도록 기회를 늘리고 참가할 수 있는 동기를 부여해야 한다.

엘리트스포츠의 전유물이었던 시설과 재정을 이제는 일상에서 스포츠를 하는 모든 이들이 함께 할 수 있도록 되돌려 주어야 한다. 그래서 몸을 닦달하는 것이 아니라 몸을 닦는 사람들이 늘어나서 몸의 성장과 함께 몸의 성숙을 위해서도 노력해야 한다. 덧붙여 스포츠강국에 대한 강박관념에서 벗어나 스포츠선진국으로 우리의 시선을 향해야 한다. 왜냐하면 스포츠강국은 인간보다는 금메달로 상징되는 기록과 승리를 강요하지만, 스포츠선진국은 아름답고 즐거운 스포츠를 즐기는 사람이 더 우선시되기 때문이다.

이제 우리는 베이징올림픽에서 금메달의 숫자에 목매기 보다는 보다 아름답게, 보다 즐겁게 스포츠를 할 수 있고, 관람할 수 있어야 한다. 이를 실천하기 위해서는 몸의 주체성을 회복해야 한다. 몸의 주체성은 몸닦달에 있는 것이 아니라 몸 살림으로 가능하다. 이는 인간화를 위한 스포츠를 향하여 가는 길이기도 하다. 그 길은 보다 빠르게, 보다 높게, 보다 강하게라는 몸을 죽이는 일에서 벗어나 보다 아름답고, 보다 즐거운 스포츠를 향한 몸 살림에서 시작될 것이다.

맺음말

몸의 지위에 대하여 알아보았다. 사람들이 몸에 대한 관심과 투자는 바로 고대 그리스의 플라톤에서 근대의 데카르트에 이르기까지 그 동안 천대받아 왔던 몸의 자기 자리를 찾는 일이라고 볼 수 있다. 하지만 몸의 대한 이 같은 현상은 확인할 수 있는 몸에 한정하여 투자하고 인위적으로 조작하는 데 집중되고 있다는 것이다. 역설적으로 이 같은 투자와 집중은 회복한 몸의 지위를 사실상 상실하게 하는 일에 지나지 않는다. 또 다른 측면에서 보면 몸의 상실과 학대에 다름 아니라고 할 수 있다.

몸의 상실은 몸의 학대를 의미한다. 상실에서 회복하고 나아가 지위를 확보하는 길은 몸이 객관적 대상으로서의 몸이 아니라 인식주체, 주체성의 향유 그리고 도덕주체와 심미주체로서의 몸을 확보하는 것이다. 이러한 몸의 지위 확보는 스포츠를 통해서 가능할 뿐만 아니라 진정한 스포츠의 길이며 기존의 운동하는 몸에 대한 기계적이고 이분법적인, 그리고 수

동적인 대상으로서의 몸에서 해방되는 길이다.

인간의 몸은 단순한 고기 덩어리, 동물적인 몸, 육체로 치부되는 그러한 몸과는 물질적, 질료적 차원에서는 동일하지만 차이점은 인식주체, 주체성 향유, 도덕주체, 심미주체로서의 몸에서 찾을 수 있다. 이것은 막스 셸러가 그의 저서《우주에서 인간의 지위》에서 인간은 인격을 갖춘 윤리적 실체이기 때문에 이 지상에 존재하는 여타의 다른 동물보다도 고귀하고 귀중하다고 한 말과 상통한다.

이제 플라톤이나 데카르트의 생각하던 몸, 즉 천하고 영혼의 감옥이며 볼 것 없는 그런 몸이 아니라 인간의 인격이 포함되어 있는 실체로서의 그런 몸의 지위를 확보해야 할 것이다. 하지만 문제는 몸의 대한 지나친 관심의 증폭은 또 다른 위험을 가져올 수 있다는 것이다. 이런 의미에서 다음의 글은 몸에 대한 우리의 관심을 어떻게 조명해야 하는 가를 말해주고 있다.

> 관념의 놀이로부터 몸-살을 해방시켜야 할 것이다. 몸 예찬에 혼을 빼앗긴 정신적-유희-노름을 이젠 그만두자. 몸론, 살론을 몸과 영혼의 가능한 만남과 녹아듦에서 자기자리를 찾는 것이 그래서 무엇보다도 중요하다 하겠다……가리고 은폐되어 왔던 몸이며 살을 거칠게 드러낸, 드러내려는 주장이 문제를 해결한다기보다는 오히려 우리의 몸(살)에 대한 새로운 관심을 미궁에 빠뜨릴 확률이 높기 때문이다. 지나친 이데올로기로 무장된 몸론, 살론은 이런 의미에서 재고되어 마땅하다. 영혼, 정신중심주의나 몸, 살 중심주의나 그게 그것일 것이므로 말이다(박치완, 2001: 146-147).

몸의 상실과 천시도 문제이지만 몸에 대한 지나친 몸 예찬론도 문제이다. 이에 대한 위험성을 우리가 직시하고 이것을 몸의 지위를 고양시키는 길이라고 왜곡하지는 말아야 할 것이다. 이와 더불어 몸의 지위를 회복하는 길은 몸을 생물적으로 파악하기보다는 인격과 실천하는 실체로 파악하는데서 시작된다. 진정한 스포츠의 길은 몸의 지위를 찾는 길이다. 이는 인간의 지위를 높이는 길이며 인간을 위한 스포츠의 길이기도 하다.

비판적 읽기, 반성적 읽기

- 사실 내 몸에 대해서 이렇게 진지한 측면에서 생각해본 적이 없었다. 누군가 나의 몸에 대해 설명해보라 한다면 외적인 면으로만 이야기하고 결국 끝은 다이어트였을 것이다. 이처럼 나도 몸을 인위적인 대상으로만 생각했다. 예전에는 화려한 무대아래 연예인을 보면서 저런 몸과 얼굴을 갖는 것은 그저 환상이라고만 생각했는데, 이제는 연예인뿐만 아니라 주변에 친구들마저 성형과 다이어트로 예뻐지는 상황이다 보니 막연한 환상에서 나도 가능하다는 확신으로 변해가는 것 같다. 또 이제는 소수에서 그치지 않고 많은 사람들이 환상을 해소하기 위해 무리한 다이어트와 큰 비용이 드는 성형을 쉽게 결정한다. 이제 더 이상 소수의 작은 문제가 아니고 보편적인 문제가 된 것이다. 이렇듯 문제를 해결하지 않으면 점점 커질 것이다. 책에 나와 있는 문제점이 현실적으로 더 크게 느껴져 몸에 대한 인식이 얼마나 더 나빠지게 될 지 걱정이 되고 한편으로는 무섭기까지

하다. 과거에 몸을 천시했다는 것을 보며 몸에 대한 지금의 인식이 훨씬 낫다고 생각했는데, 몸에 대한 태도 면을 봐서는 현재가 더 안 좋다고 생각된다. 말 그대로 회복된 몸의 지위를 상실하고, 더욱 안 좋은 방면으로 향해가고 있는 것 같다. 몸을 인식하는 주체로 인정하고, 운동을 통해 잊고 있던 내 몸에 대한 주체성을 꾸준히 확보해 나간다면 지금보다는 어느 정도 몸의 지위를 회복할 수 있을거라 생각하지만 온전히 스포츠만으로 몸의 지위를 확보할 수 있을지 아직은 잘 모르겠다.

• 현재 몸의 지위는 과거와는 다르게 자신의 개성을 표현하는 하나의 수단이 되었다. 우리는 흔히 몸이라고 하면 날씬하고 근육질의 몸만을 생각한다. 그리하여 사람들을 의료과학의 힘까지 빌려 몸에 대한 한계를 뛰어 넘으려 한다. TV에서는 건강한 몸, 근육질, 날씬한 몸을 강조하며 자기관리를 한 멋진 몸은 사회에서도 좋은 대우를 받을 수 있다는 식의 광고를 내보낸다. 몸에 대한 투자, 자기관리가 나쁜 것은 아니지만, 우리는 흔히 적절한 운동을 통하여 자신의 몸을 건강하게 만들겠다는 의지가 아닌 외형상으로만 보이는 멋진 몸을 갖기 위한 욕구가 더 크다. 그렇기 때문에 몸에 대한 지나친 관심이 문제라는 것이다. 과거에서도 점차 변하였듯이 현재에서 미래로 갈수록 몸에 대한 관심과 문제는 더욱 커질 것이다. 나 또한 몸이라 함은 외형적인 몸만을 생각해왔다. 하지만 이 책을 읽고 몸은 자연 그대로의 실체이며 인위적인 모든 것은 몸에 문제를 일으킬 수 있다고 느꼈다. 몸의 지위가 나날이 높아짐에 따라 스포

츠의 가치도 지키며 사회와 문화가 더욱 발전할 수 있는 방법을 모색하는 것이 좋은 해답일 것이라 생각한다.

- 현대인들은 몸을 중시하기도 하지만 반대로 몸의 지위를 떨어뜨리는 반어법적인 양상을 보여주고 있다. 이러한 것들은 우리 주변에서도 흔히 볼 수 있다. 성형이나 지나친 다이어트, 몸을 성적위주로 보는 천박한 행위들은 21세기 사회에서 보이는 또 다른 몸의 지위 상실이다. 마치 공장의 기계들이 찍어낸 물건처럼 우리의 몸도 결국 미디어에 맞추어 가는 것이었다. 몸의 지위를 보면 생각난 예가 있었다. 십 만원을 벌기 위해 클럽에서 옷을 벗는 젊은층, 각종 미디어에 나오는 연예인이나 모델의 왜곡된 몸을 따라 하기 위해 거식증, 지나친 다이어트, 성형을 하는 사람들을 보면 결국 이들은 자신의 몸의 지위를 높이는 것이 아니라 낮추는 것이었다. 몸의 지위를 높이기 위해서 우리가 해야 할 일은 몸에 대한 건전한 가치관 정립과 스포츠를 행하는 것이다. 이 또한 스포츠의 진정한 의미라는 것도 알게 되었다.
- 현대사회에서 다이어트를 해보지 않은 여성이 얼마나 될까? 뚱뚱하거나, 못생기면 취업도 안되는 세상이다. 그렇기 때문에 취업성형이라는 것도 등장했다. 여성뿐만 아니라 이는 남성에게도 해당된다. 자본주의 사회에서 몸은 단순히 몸이 아닌 상품이 되어가고 있다. 그래서 다들 똑같은 체형을 선호하고, 똑같은 옷, 비슷한 얼굴이 되어간다. 부모님 세대는 사람이 상품이 되리라 과연 생각이나 했을까?

예로 가수들을 보면 알 수 있다. 예전에 여자 가수들만 말랐었는데, 요즘에 남자 가수들까지도 너무 말라있다. 어린 신체불균형적인 다이어트는 이들을 상품으로 만들기 위한 한 단계일 뿐이다. 이 장에서 가장 와 닿았던 부분은 "나도 내 몸을 학대하고 있었던 건 아닐까" 하는 부분이었다. 왜냐하면 사회적인 분위기가 보다 빠르게, 보다 높게, 보다 강하게 라는 인식이었기 때문에 그 인식 속에서 나 자신을 단련해 왔기 때문이다. 이런 강박관념에서 벗어나고 싶어 하면서도 그렇게 하지 않으면 뒤쳐진다는 생각에 휩쓸려 왔던 것 같다. 우리는 몸을 사랑해야 한다. 이것은 정신적인 것도 포함한다. 외적으로만 빛나는 것이 아닌, 내적으로도 갈고 닦을 필요성이 있다. 인위적으로 건강을 해치면서까지 다이어트를 하는데 문제가 있다고 본다. 그렇다면 요즘 연예인들이 말하는 요가라던가, 필라테스 등을 하면서 식이조절도 하고 또 그로인해서 돈도 벌 수 있다면 그들의 몸과 마음이 풍요롭고 건강한 것 같은데 이것에 대한 문제가 있다면 무엇일까?

• 최근 들어 몸 짱이라는 단어를 여기저기서 쉽게 들을 수 있다. 몸 짱 아줌마. 몸 짱 할아버지.... 몰론 시대의 흐름으로 다이어트와 더불어 자신의 몸매관리를 하는 붐이 일어나고 있는 건 개인에게 있어서 좋은 현상이다. 예전에 아르바이트로 헬스장 트레이너 보조를 했던 적이 있다. 헬스장 주변이 다 크고 작은 회사들로 이루어진 지역이라 새벽에, 점심때 또는 퇴근 후에 직장인들로만 꽉 찬다. 경제인구로서 20대, 30대, 40대가 대부분 이었는데 하루도 거르지 않

고 매일 같은 시간에 규칙적인 운동을 습관화하는 그들의 모습은 참 대단하다고 느꼈다. 뚱뚱한 사람이 다이어트를 목적으로 유산소 운동과 무산소 운동을 병행하고 때론 근육을 키우기 위해서 PT도 끊으면서 땀을 흘리는 그들, 탄력 있는 몸매를 만들기 위해서 근력 운동을 꾸준히 하는 젊은 여자들....하지만 이들은 왜 이렇게 보여지는 몸매를 가꾸는데 여념이 없을까? 그들의 운동하는 모습을 보고 있으면 저 정도면 굳이 돈을 들여가면서 몸매의 치중을 할 필요가 있을까? 하는 사람들도 꽤 많다. 물론 개인의 차이고 주관적인 판단이라 다 다를 수 있지만 내가 보기엔 그런 사람들의 대부분은 몸짱 열풍의 휩쓸린 사람으로 밖에 안 보였다. 건강하기 위해서 운동을 하는 것인지 건강한 몸으로 보이게 하려고 운동하는 것은 어폐가 있다. 자기만족이라고 생각할 수도 있지만 이것은 여러 미디어들에서 충동질을 부추김 한 현상도 한몫 했다고 생각한다. 나 또한 이 아르바이트를 시작한 것이 처음엔 그들과 비슷한 목적이었지만 운동의 대해서 배우다 보니 선수로 뛸 것이 아니라면 굳이 돈과 시간을 들여가면서 할 필요는 없을 거라 판단하고 건강과 연결 시켜서 운동을 배워 나갔었다. 앞으로도 우리사회는 몸 짱 열풍이 계속될 것 같다. 이렇게 가다간 몇십년 뒤에는 뚱뚱한 사람은 없고 몸 짱만 있는 세상이 될까 흥미롭다.

스포츠 읽기

초·중·고 학생 100명 중 14명이 '비만'

진명선 〈한겨레신문 기자〉

우리나라 초·중·고교 학생 100명 가운데 14명이 비만인 것으로 조사됐다. 26일 교육과학기술부가 전국 743개 초·중·고교 학생 18만1000여명을 상대로 조사한 '2011 학교건강검사 표본조사 결과'를 보면, 조사 대상 학생의 85.7%가 정상체중이었으며, 비만율은 14.3%였다.

학생들의 비만율은 2007년 11.6%에서 지난해 14.3%로 4년 만에 2.7%포인트 증가했다. 고도비만율 역시 1.3%로 2007년(0.8%) 이후 꾸준히 증가해왔다. 신장별 표준체중보다 20% 이상 많으면 경도비만, 30% 이상이면 중등도비만, 50% 이상이면 고도비만으로 분류된다.

저체중(체질량지수 기준) 학생의 비율은 2007년 5.8%에서 지난해 4.6%까지 줄었으나, 고등학생의 경우 6.3%에서 6.6%로 되레 증가한 것으로 나타났다. 특히 여학생은 6.9%였던 저체중 비율이 6.4%까지 떨어진 반면, 남학생은 5.8%에서 6.7%로 늘어난 점이 눈에 띈다. '몸짱'이 유행하면서 남학생들 사이에서도 다이어트가 성행한 결과라는 분석이 나온다.

또 우리나라 학생 2명 가운데 1명은 좌우 한쪽이라도 맨눈 시력이 0.7 이하이거나, 시력이 나빠 안경을 쓰고 있는 것으로 나타났다. 이러한 '시력 이상'의 비율은 57.6%로 2001년 이래 처음으로 50%를 넘어섰다.

고등학생의 운동·수면 부족 현상은 여전했다. 고등학생의 43.2%가 '하루에 6시간도 못 잔다'고 답했으며, 권장 운동량(주 3회 이상 격렬한 운동)을 실천하는 고등학생은 22.1%에 불과했다.

출처: 한겨레신문 2012년 2월 26일자

생각 거리

1. 자신의 몸의 지위를 높이는 방법은?
2. 스포츠를 통해서 몸의 지위를 확보할 수 있는 방법은?
3. 운동하는 몸과 정신의 관계는?
4. 몸의 지위란 무엇을 의미하는가?
5. 몸 예찬론에 대한 비판적 성찰은?

읽을 거리

1. 김정현(2000). 니체의 몸 철학. 서울: 문학과 현실사.
2. 박치완(2000). 베르그송의 간-신체와 사이 존재론. 몸. 서울: 산해.
3. 한국현상학회(2000). 몸의 현상학. 서울: 철학과 현실사.
4. 오생근 역(1994). 감시와 처벌. 서울: 나남.
5. 조원규 역(2001). 몸 숭배와 광기. 서울: 여성신문사.

연구문제

01. '스포츠를 권하는 사회 만들기'를 위하여 자신이 할 수 있는 구체적 방법은?
02. 게임과 도박의 차이를 설명하시오.
03. 학생선수가 공부와 운동을 병행할 수 있는 방법에 대하여 서술하시오.
04. 놀이, 게임, 스포츠의 차이와 특성을 비교하여 서술하

시오.

05. 도핑금지담론 7가지를 제시하여 설명하시오.

06. 바둑이 스포츠인지 혹은 아닌지에 대하여 논하시오.

07. 서울올림픽의 역사적 의의에 대하여 서술하시오.

08. 스크린 경마, 도박인가 혹은 게임인가를 서술하시오.

09. 표절에 대한 반성적 읽기와 비판적 읽기를 하시오.

10. 연구의 세 가지 유형에 대하여 설명하시오.

11. 스포츠가 평생필수과목인 정당화 근거를 제시하시오.

12. 스포츠선진국과 스포츠강국의 차이를 설명하시오.

13. 현대올림픽의 문제와 그 대안에 대하여 서술하시오.

14. 자신의 스포츠체험을 바탕으로 스포츠 삼락을 서술하시오.

15. 바둑이 스포츠가 될 수 없는 이유를 서술하시오.

16. 연구진실성 확보의 디딤돌에 대하여 서술하시오.

17. 도핑금지이유 중에서 자신이 가장 지지하는 이유에 대하여 실명하시오.

18. 표절과 인용의 차이를 설명하시오.

19. 도핑의 문제점과 해결방안에 대하여 서술하시오.

20. 한국스포츠 100년을 10대 사건중심으로 서술하시오.

21. 자신의 몸의 지위를 높이기 위하여 할 수 있는 구체적 방법에 대하여 서술하시오.

22. 성공적인 다이어트를 하기 위해서 어떻게 해야 하는가.

23. 스포츠를 통하여 몸의 지위를 확보할 수 방법에 대하여 서술하시오.

24. 몸닦달, 몸 닦기, 몸 살림에 대하여 설명하시오.

25. 몸의 과거, 현재 그리고 미래에 대하여 설명하시오.

1부 연습문제[16]

1. 대한민국이 최초로 참가한 올림픽 대회는?

1) 런던올림픽　　2) 파리올림픽
3) 베를린올림픽　　4) 아테네올림픽

2. 한국의 최초 프로복싱 챔피언은 누구인가?

1) 홍수한　　2) 김기수
3) 염동균　　4) 김상현

3. 서울올림픽의 역사적 의의 4가지를 쓰시오.

(　　　　), (　　　　), (　　　　), (　　　　)

4. 국내최초로 프로스포츠를 실시한 종목은?

1) 축구　　2) 야구
3) 씨름　　4) 농구

※ 다음 문장을 읽고 맞으면 0, 틀리면 X를 표시하시오.

5. 황영조는 서울올림픽 마라톤 대회에서 금메달을 차지하고 히로시마 아시안게임 마라톤에서도 금메달을 받았다. (　)

---

16) 6-15번 문제는 연구윤리정보센터(www.cre.or.kr)에서 가져옴.

6. 한국의 대통령이 이명박이라는 사실은 일반 상식에 해당되니 인용할 필요가 없다. (　　)

7. 이명박 대통령이 당선될 때의 득표율처럼 누구나 알 수 있도록 공개된 정보는 인용할 필요가 없다. (　)

8. 나는 윤보선 대통령에 대해 전혀 들어본 적이 없다. 그렇다면 우리나라의 제4대 대통령이 윤보선이었다는 내용을 논문에 쓸 때, 이 정보가 실린 자료를 인용해야 한다. (　　)

9. 논문에 쓴 정보가 상식에 해당되는지에 대한 확신이 서지 않을 때에는 인용하지 않는 것이 좋다. 쓸데없이 참고문헌 목록을 길게 잡아 현학적으로 보일 필요가 없기 때문이다.(　　)

10. 누군가가 썼던 표현을 그대로 사용하는 경우에는 일반상식에 대해 언급하는 경우라 해도 출처를 밝혀 인용해야 한다. (　)

11. 100분 토론에 나온 토론자의 이야기나 채팅 중 친구가 한 말이 내가 지금 작성하고 있는 논문 주제에 꼭 들어맞는다. 이 사람의 아이디어를 논문의 맥락에 맞추어 내 자신의 표현으로 고쳐 쓰는 경우에도 인용해야 한다. (　)

12. 논문에서 모든 인용문의 출처만 분명하게 밝힌다면 인용하는 글의 분량은 문제될 것 없다. (　　　)

13. 글의 맨 처음에 특정 문헌에서 인용한 부분이 많다고 밝히거나, 글의 마지막 부분에 참고문헌 목록을 충실하게 적었다 해도, 본문에서 인용한 부분마다 다시 출처를 밝혀야 한다. (   )

14. 단락 맨 끝에 인용한 문헌의 출처를 밝혔다면, 같은 단락 안에서는 인용한 부분의 위치를 정확하게 표시할 필요는 없다. (   )

15. 자료를 인용할 때에는 풀어쓰거나 요약하는 것보다 그대로 인용하는 것이 항상 더 좋은 방법이다. (   )

16. 년도 순서에 따라서 번호를 쓰시오. (예) 1-2-3-4

1) 홍수환, 4전5기의 신화를 쓰다.
2) 양정모, 몬트리올 올림픽 첫 금메달을 목에 걸다.
3) 프로스포츠 시대를 개막하다.
4) 축구 남국단일팀을 구성하다.

17. 지금의 전국체육대회의 전신으로 조선에서 처음 열린 대회 명칭은 무엇인가?

(   )

18. 올림픽 역사에서 정치올림픽이라고 할 수 있는 올림픽 3개를 쓰시오.

(   ),   (   ), (   )

19. 현대올림픽의 문제라고 할 수 없는 것을 고르시오?

1) 상업주의　　2) 민족주의
3) 승리지상주의　　4) 외모지상주의

20. 스포츠강국이라고 할 수 있는 나라가 아닌 곳은?

1) 미국　　2) 중국
3) 소련　　4) 스웨덴

21. 바둑이 스포츠가 될 수 없는 이유 4가지를 쓰시오?

(　　　　), (　　　　), (　　　　), (　　　　)

22. 인용과 표절의 차이를 무엇인지 서술하시오. (2줄 이내)

23. 연구의 종류가 아닌 것은 무엇인가?

1) 좋은 연구　　2) 연구부정
3) 부적절한 연구　　4) 표절

24. 좋은 연구의 특성 4가지를 쓰시오.

(　　　　), (　　　　), (　　　　), (　　　　)

25. 연구부정에 해당하지 않는 것은?

1) 위조　　2) 변조
3) 표절　　4) 인용

26. **주석의 방법이 아닌 것을 선택하시오?**

1) 내주　　2) 각주

3) 참고문헌　　4) 미주

27. **국내에서 합법화 된 도박 4가지를 쓰시오.**

(　　　), (　　　), (　　　), (　　　)

28. **게임과 도박의 차이를 간략하게 설명하시오.**

29. **도핑금지이유 7가지를 쓰시오.**

(　　　), (　　　), (　　　), (　　　), (　　　),
(　　　), (　　　)

30. **스포츠가 평생필수과목이 될 수 있는 이유 4가지를 쓰시오.**

(　　　), (　　　), (　　　), (　　　)

31. **운동의 생리적 효과라고 할 수 없는 것은?**

1) 성장발달　　2) 조기사망 예방

3) 혈당저하　　4) 스트레스 해소

32. **운동의 사회적 효과 3가지를 쓰시오.**

(　　　), (　　　), (　　　)

33. **질병 없는 몸의 건강을 지칭하는 명칭은 어떤 것인가?**

1) health　　2) fitness

3) wellness　　4) physical activity

34. 운동이 건강에 도움이 되는 3가지 효과를 쓰시오.

( ), ( ), ( )

35. 카이유와가 말하는 놀이의 특성 4가지를 쓰시오.

( ), ( ), ( ), ( )

36. 놀이, 게임, 스포츠의 차이점은?

37. 스포츠를 구성하는 4가지 조건은 무엇인가?

( ), ( ), ( ), ( )

38. 놀이의 특성에 해당되지 않는 것은?

1) 허구성
2) 비생산성
3) 자유성
4) 신체기능, 확률, 전술

39. 스크린 경마에 빠져드는 이유가 아닌 것은?

1) 우연놀이
2) 한판 70만원 배팅(제한)
3) 24시간 영업시간
4) 상품권 환전

40. 게임과 도박을 구분할 수 있는 기준이 아닌 것은?

1) 배팅액수
2) 목적과 수단
3) 내적보상과 외적보상
4) 내기

41. 임의적인 규칙을 사용하는 신체활동은 무엇이라고 하는가?

1) 놀이
2) 게임
3) 스포츠
4) 운동경기

42. 스포츠에서 발견되는 3가지 즐거움은?

( ), ( ), ( )

43. 스포츠에서의 자아실현 또는 성취욕에서 얻을 수 있는 즐거움에 해당하는 것은?

1) 쾌락 2) 희락
3) 열락 4) 지락

44. 게임의 특성에 해당되지 않는 것은?

1) 경쟁성 2) 신체기능, 전술, 확률
3) 불확실성 4) 제도화

45. 김연아가 금메달을 받은 올림픽을 선택하시오.

1) 밴쿠버동계 올림픽 2) 나고야 동계올림픽
3) 릴레함메르 동계올림픽 4) 모스크바 동계올림픽

46. YMCA 초대총무로서 근대스포츠의 아버지라고 불리는 외국인은 누구인가?

1) 질 레트 2) 원더우드
3) 크리티아 4) 스미스

47. 결과적으로 책임있는 연구수행을 방해하거나 위배하는 행위를 무엇이라고 하는가?

1) 부적절한 연구 2) 연구 부정
3) 좋은 연구 4) 연구 조작

48. 연구진실성 확보를 위한 방법 2가지는?

( ), ( )

49. 스포츠공동체가 지역사회에 기여할 수 있는 방법 2가지?

( ), ( )

50. 도핑검사를 통해서 들어나지 않는 도핑은 무엇인가?

1) 기술도핑 2) 혈액도핑
3) 약물도핑 4) 한약제

51. 스포츠강국과 스포츠선진국의 차이를 설명하시오. (2줄 이하)

52. 2000년 이후의 한국스포츠 5대 사건은?

( ), ( ), ( ), ( ), ( )

53. 근대올림픽 패러다임 지형도에 들어가지 않은 올림픽은?

1) 정치올림픽 2) 경제올림픽
3) 환경올림픽 4) 평화올림픽

54. 놀이의 특성이 아닌 것을 고루시오.

1) 허구성 2) 비생산성
3) 자유성 4) 제도화

55. 도박스포츠가 활성화 된 이유에 해당되지 않은 것은?

1) 국민소득증가 2) 주 5일 근무제 확산
3) 레저 욕구 증대 4) 프로스포츠

56. 국민체육진흥공단에서 추진하고 있는 7330운동를 설명하시오.

57. YMCA의 초대 총무인 질 레트가 도입한 스포츠가 아닌 것은?

1) 야구 2) 농구

3) 스케이트 4) 축구

58. 1920년 스포츠스타가 아닌 사람은?

1) 엄복동 2) 이영민

3) 안창남 4) 손기정

59. 1936년 베를린 올림픽 마라톤에서 동메달을 차지한 사람은?

1) 손기정 2) 서윤복

3) 최윤칠 4) 남승룡

60. 운동선수의 몸에 약물을 주입하여 운동수행을 향상시키는 것은?

1) 도핑 2) 기술

3) 약물 복용 4) 양성반응

61. 몸의 지위란 무엇인가에 대하여 설명하시오.

62. 스포츠를 통해서 몸의 지위를 확보할 수 있는 방법은 무엇인가?

63. 자신의 몸의 지위를 높이는 방법이 아닌 것은?

1) 인식주체 2) 도덕주체
3) 심미주체 4) 쾌락주체

64. 몸 예찬론의 문제점 2가지를 쓰시오?

( ), ( )

65. 근대 올림픽 표어를 쓰시오.

( ), ( ), ( )

66. 몸닦달과 몸 닦기의 차이를 설명하시오.

67. 몸 살림을 위해서 필요한 스포츠는 무엇인가?

68. 인간의 신체를 영혼을 감금하는 감옥이라고 말한 철학자는?

1) 소크라테스 2) 플라톤
3) 아리스토텔레스 4) 소피스트

69. 과잉된 신체의 대표적인 예 2가지를 쓰시오.

( ), ( )

70. 몸의 중요성을 인식하고 철학적 주제로 연구한 학자가 아닌 사람은?

1) 푸고　　2) 후설

3) 니체　　4) 소크라테스

2부

세상 속의 스포츠를 읽다

08 자살, 한국사회를 말하다.[17)]

죽음을 향한 존재

삶과 죽음은 멀리 떨어져 있는 것이 아니라 항상 같이 있다. 동전의 앞면과 뒤 면의 경우라고 하겠다. 어떻게 보면 산다는 것은 죽어가는 것이라고 할 수 있다. 독일철학자 하이데거(Martin Heidegger)는 그의 주저 <존재와 시간>에서 인간은 '죽음을 향한 존재'로 규정하였다. 인간은 죽음에서 벗어날 수 없는 유한한 존재라는 것을 말 한 것이다. 그는 죽음을 앞 당겨 생각해 본다면 실존이 가능하다고 했다. 죽어야 하는 시한부 인생을 사는 사람에게 오늘 하루는 살려고 하는 귀중한 시간이다. 이런 것처럼 미리 죽음을 향해 달려가서 마주쳐 삶을 생각할 수 있다면, 현재의 삶이 적극적이고 후회하지 않는 삶으로 살아 갈 가능성이 높다는 말이다.

---

17) 2011년 5월 19일, 20일 춘천MBC "자살, 한국사회를 말하다" 방송 참고. 이 글은 2009년 12월 4일 제8회 한국스포츠인류학회 학술대회에서 "군대에서 스포츠로 행복하기"라는 제목으로 발표한 글이다.

자살하는 사람들의 숫자가 매년 증가하고 있다. 가장 큰 이유는 경제적 이유이다. 최근에 사회적으로 늘어나는 자살을 예방하기 위하여 생사학, 혹은 죽음학이라는 분야에서 죽음교육을 실시하고 있다. 유서를 미리 작성해 보는 등 죽음을 기피하는 것에서 벗어나 잘 죽는 웰 다잉에 대한 관심이 높아지고 있다. 잘 죽는 것은 잘 사는 것과 같다. 잘 죽기 위해서는 잘 살아야 한다는 논리가 성립된다. 누구나 죽는다는 명제는 진리라고 할 수 있다. 죽음을 회피할 수 있는 생명체는 이 지상에 존재하지 않는다. 죽지 않고 영원히 살 수 있는 생명체는 없다. 유한성을 인정하고 소중한 삶을 잘 살기 위해서 열심히 살아야 함에도 불구하고 군대에서 매년 자살하는 병사들이 생겨나고 있다.

군대에서 왜 자살을 할까?

군대에서 발생하는 자살을 부정할 수 없는 현실이다. 왜냐하면 군대에서 자살은 없다고 단언할 수 없기 때문이다. 군대에서 생명을 잃은 경우들 중에서 자살은 빼놓을 수 없는 일이다. 자살은 군대가 이 땅에 자리 잡은 이후 지금까지 끊이지 않고 지속적으로 이어져 오고 있다. 많고 적음의 차이만 있을 뿐이다.[18] 그렇다고 군대에서의 자살은 군대의 문제라고 치부하기는 어렵다. 사회와 병사 개인의 특성에 영향을 받기 때문

18) 연도별 자살자 현황으로는 06년 128명 사망자 중 77명으로 60%, 07년 121명 중 80명으로 66%, 08년에는 134명 중 75명으로 58%, 09년 6월 30일 현재 사망자 57명 중 45명으로 78%가 자살로 사망한 것으로 나타났다. 2000년 이후 군대 내 사망자 1374명 중 717명이 자살한 것으로 나타났다. 전체 사망자의 60% 이상이다. (한겨레신문, 2009월 10일 1일자).

이다. 사회에서 행해지는 자살에 비하면 군대의 자살은 심각하지 않지만 그래도 자살이 일어나고 있다는 것에 경각심을 가지고 자실을 예방할 수 있는 방법들을 마련해야 한다.

우선 자살의 원인이 어디에 있는 지를 찾아내는 일이 급선무이다. 자살은 하는 이유는 여러 가지 이유가 있겠지만 자신의 욕망이 충족되지 않아 좌절하거나 다른 희망을 발견하지 못할 때 극한 상황에서 선택하는 경우라고 하겠다. 지금까지 보고된 군대에서 자살하는 원인으로는 가정환경, 염세비관, 복무부적응, 이성문제, 채무고민, 정신질환, 자신감 결여 등인 것으로 파악됐다.

첫째, 이성문제이다. 대부분의 군인들이 사랑하는 연인과 헤어짐이라는 것을 경험하게 된다. 군대는 사회와 단절되어 있기 때문에 함께 할 시간이 이전보다 줄어든다. 그 공간의 거리감이 연인사이에 마음의 거리를 멀어지게 한다. 일방적인 헤어짐을 통보 받을 경우 어떻게 할 수 없기에 탈영을 하거나 아니면 실연으로 삶을 마지는 일이 생긴다. 생각만 바꾸면 별 문제가 없는데 너무 심각하게 고민을 하게 되는 것이 문제이나. 나른 해결책을 찾시 못하고 자신의 생명을 끊게 된다. 과거에서 지금까지 전형적인 군대에서의 자살이유라고 할 수 있다.

둘째, 복무부적응이다. 친한 친구들과 가족들과 헤어져 낯선 남자들과 함께 자고 훈련하고 일상을 보내야 한다. 사회에서의 모든 것을 잊고 군대에서 다른 사람들과 빠른 적응이 필요하다. 그런데 사회에 대한 동경만 하고 잊지 못할 경우 군대에 적응은 생각 보다 쉽지 않다. 외톨이가 되어서 군 생활을 힘들게 된다. 부적응은 군대에 대한 반감과 회피를 하게 된다. 긍정적 마음보다는 부정적인 마음으로 군대라는 현실을 수용하지 못하고 거부하는 경우다. 그것이 심각하여 우울증과 연계되어 자살로 이어진다. 병사들 간의 심적 거리를 줄이고 전우애를 가지게 되면 쉽게 해결될 수 있는 문제다. 일정한 벽을 쌓게 되면 그 벽을 허물기는 쉽지 않다.

셋째, 염세비관이다. 스트레스는 개인에게 중압감을 준다. 어느 곳이나 스트레스가 존재한다. 졸병시절 선임 병들이 아무리 잘 해준다고 해도 졸병만의 스트레스가 있다. 그 스트레스가 중압감을 잘 해결하지 못하고 자살을 선택하는 경우가 있다. 계급사회에서 나타나는 자신의 무력함은 자신이 무능력하고 아무 쓸모없는 인간이라는 자책감을 가지게 되고 생존할 이유마저 잃게 된다. 자신이 소중하고 시간이 지나면 자신 역시 진급을 통해서 선임 병이 된다는 생각이 필요하다. 일정 시간이 지나면 자연적으로 진급을 한다는 생각만 한다면 현재의 어려움을 극복할 수 있다. 하지만 지금 여기에서 자신의 위치에 대한 불만과 불안은 극단적인 행위를 하게 한다.

넷째, 가정환경이다. 가정 경제에 문제 때문에 자살을 선택하는 사례라고 할 수 있다. 자신이 경제활동을 해서 가정을 책임졌는데 자신이 군 입대를 하게 되어 가정을 돌볼 사람이 없다는 것에 좌절하고 그 좌절이 심화되어 극단의 방법을 택하는 경우라고 하겠다. 이것은 군대 자체의 문제이기보다는 사회문제를 입대와 함께 군대에 가져와서 고민하다 자살을 범하는 경우다. 이 경우는 가족들이 경제적으로 안정될 수 있도록 주변의 도움과 지원을 통해서 해결한다면 해결할 수 있는 문제이다. 경제적 빈곤의 문제는 병사 개인이 해결하기는 어렵다. 도움이 필요한 사안이다.

스포츠를 통한 카타르시스

자살충동이나 군대에서 발생하는 사고는 스포츠를 통해서 해결할 수 있다. 하나는 지구력이나 절제를 요구하는 스포츠를 통해서 강한 정신력을 키우는 것이다. 즉 강한 정신력은 건강한 정신과 관련이 있다. 쉬게 좌절하거나 중도에 포기하려는 마음을 다스리기 위해서는 인내력이 필요하다. 그 인내력은 극기스포츠를 통해서 함양된다. 군대에서 자살을 예방하기 위해서 활용할 만하다. 다른 하나의 방법은 스포츠가 일종의 감정의 정화장치의 역할을 한다는 것이다. 우리가 매일 정수기를 통해서 물을 마시는 것처럼 우리의 감정도 일정의 정화장치를 통해서 정화해 줄 필요가 있다. 정화를 하지 못할 경우 욕구불만으로 이어져 후임 병에게 나쁜 영향을 미칠 수 있다. 그렇기 때문에 좋은 물을 마시는 것처럼 감정의 정화정치를 통해서 건강한 정신건강을 유지하는 것이 밝고 명랑한 병영생활을 만들 수 있는 요소이다. 강점의 정화장치는 여러 가지가 있을 수 있다. 독서를 한다든지 명상을 한다든지 다양하지만 그 중에서 스포츠 활동을 최고의 정화장치라고 할 수 있다.

스포츠는 정신집중력과 함께 감정을 정화할 수 있는 기능을 가지고 있다. 신체적 건강만이 중요한 것이 아니라 정신건강이 더 중요하다. 정신건강이 문제가 생기면 다른 병사들에게도 좋지 않은 영향을 미칠 수 있다. 독서나 여가행위를 통해서 감정의 정화를 할 수 있지만 군대에서 많이 하는 신체활동, 스포츠 활동을 통해서 감정을 정화할 수 있다. 특히나 외부와 단절되어 있기 때문에 모든 욕망과 좌절, 슬픔을 스포츠와 함께 해결할 수 있다는 점에서 긍정적이다. 일단은 병사가 직접 스포츠 활동에 적극적으로 참여하는 것이 필요하다.

그리고 너무 승부욕에 빠지게 되면 역으로 그것이 스트레스로 작용하여 감정의 정화가 아니라 불쾌감만 쌓일 수 있다는 것을 명심해야 한다.

욕망이 좌절되어 나타나는 자살은 지금으로 부터 2500년 전의 아리스토텔레스의 카타르시스 이론에 따라서 해결할 수 있다는 희망을 찾을 수 있다. 특히 군대에서 활발하게 하는 운동을 통해서 개인적인 욕망을 정화할 수 있다는 점이다. 감정은 인간관계에서 받는 스트레스에 의해서 영향을 받는다. 항상 좋은 감정만을 가질 수 있는 것이 아니기 때문에 나쁜 감정을 어떻게 발산하느냐가 중요하다. 그것이 잘못 발산되면 폭력이 될 수 있고, 자살이 될 수도 있다. 그렇기 때문에 나쁜 감정을 잘 정화할 수 있도록 도움을 주는 것이 필요하다. 일종의 정화장치로서 각종 욕구불만과 스트레스를 해소함으로서 개인의 정신건강을 유지할 수 있게 된다면 병영은 활기차고 즐거운 곳이 될 수 있다. 운동에 몰입해서 다른 걱정과 스트레스를 날려 보낼 수 있는 기회를 주는 것이 필요하다.

감정의 정화장치로서 스포츠를 생각한다.

우울하고, 슬프고, 무기력에서 벗어나는 길은 새로운 도전을 시도해보는 것이다. 운동에는 다양한 도전 거리가 존재한다. 특히 운동에 몰입해서 감정의 정화를 하고 그 결과로 건강한 정신건강을 가지게 된다. 건강을 위해 개인위생도 중요하지만 정신건강도 중요하다. 이를 위해서 운동을 적극적으로 하는 것도 유용하다. 신체적 건강만을 위한 운동은 과열될 수 있기 때문에 위험하다. 잘못될 경우 심각한 스트레스를 줄 수 있다. 승패에 너무 집중하지 말고 운동 그 자체에 빠져드는 것이 정신건강을 유지하는데 도움을 준다. 정신건강은 건강한 병영생활뿐 아니라 전투력에도 기여하는 바가 크다. 운동에서 형성하게 되는 팀워크는 바로 전우애로 전이되어 전투력에 영향을 미치게 된다. 전투력은 신체적 힘만이 아니라 정신적 힘의 결합에서 비롯된다. 다음은 우울증을 스포츠로 효과적으로 대처하는 한 병사의 사례이다.

> 저(김00일병)는 군대에서 우울하고 기분이 좋지 않은 일이 종종 나타납니다. 그때마다 연병장에서 운동을 합니다. 다른 잡념을 버리고 정신을 집중해서 스포츠에 헌신하고 몰입합니다. 그러면 몸에서 땀이 나면서 점차적으로 기분이 전환되고 즐거움을 경험하게 됩니다. 스포츠를 한 이후에 바로 정신이 맑아지는 것을 알 수 있습니다. 이렇게 군대에 입대해서 불쾌감, 스트레스, 우울증, 무기력함, 불안 등의 감정들을 스포츠를 하면서 사라지게 하고 있습니다. 저에게 스포츠는 정신건강을 유지하는 보약과도 같습니다. 스포츠가 있기에 군대생활을 활력이 넘쳐나게 생활을 할 수 있게 되었습니다.

병사들의 정신이 건강하지 못할 때 군대 내에서 크고 작은 사고가 발생할 개연성이 높아진다. 그 대표적인 것이 자살이다. 자살을 예방할 수 있는 방법은 다른 무엇보다도 병사 개인의 정신건강을 관리하는데 있다. 우선 병사 개인의 욕망을 충족시킬 수 있는 장치를 마련하는 것이 요구된다. 특히나 군대에서 발생하는 자살의 경우는 적극적으로 대처해야 한다. 가족에게 소중한 자식이 군대에서 사망 할 경우 가족들에게 큰 아픔을 가져다준다. 가족만 이 아니라 군대에서도 소중한 병사를 잃게 되기 때문에 병사들이 잘 생활할 수 있도록 배려하는 것이 필요하다. 그 배려 중에 하나가 운동을 할 수 있도록 시설과 기회를 늘려주는 일이다. 정수기를 설치하여 깨끗한 물을 마시는 경우와 같이 병사들의 정신건강을 위해서 운동을 적극적으로 활용할 필요가 있다. 왜냐하면 운동은 나쁜 감정을 정화할 수 있는 힘을 가지고 있기 때문이다.

피하지 못하면 즐겨라!

하기 싫은 일을 할 때 어떻게 하면 이 일에서 벗어날 수 있을까 하는 잔머리를 굴리는 것이 일반적인 모습이다. 하지만 일상에서 잔머리는 잔머리로 끝나는 경우가 많다. 결국에서 가서는 하기 싫은 일조차 어쩔 수 없이 해야 하는 경우를 만나게 된다. 피할 수 없다면 당당히 맞서 즐기는 것이 최상의 방법이다. 그래도 해결은 쉽지만은 않을 것 같다. 어떻게 하면 하기 싫은 일을 하지 않을 수 있을까. 어려운 문제지만 곰곰이 생각하면 그 해답은 그리 멀리 있지 않다. 그 해답은 이미 자기 자신에게 있다. 우리는 단지 그것을 발견하지 못하기 때문이다. 쉽게 생각하면 답은 이미 문제 안에 들어가 있다. 찾기만 하면 된다.

그 해답은 마음의 태도이다. 마음을 어떻게 먹느냐에 따라서 고통은 즐거운 시간이 될 수 있다. 아니면 더 큰 고통의 시간이 될 수 있다. 사람의 마음은 간사하기 때문에 마음의 변화를 바꿀 수 있다면 귀찮은 일도 또한 즐거운 일이 될 수 있다. 다산 정약용은 인간의 간사한 마음을 쉽게 해결하는 방법을 말한 적이 있다. 예를 들어 매일 먹는 음식에 대하여 그는 다음과 같이 설명한다. "입은 맛있는 것을 좋아한다. 하지만 입에 들어가면 똑 같이 배설물이 되기 때문에 입을 속이면 된다. 그 하나의 방법이 상추를 싸서 밥을 먹는 것이다. 우리가 충성을 해야 할 것은 화장실이 아니라 자신의 내면을 가꾸는 마음공부에 있다"고 강조한다.

문제의 핵심은 생각만 바꾸면 된다. 아주 하기 싫은 일이 즐거운 일이 될 때 그 시간은 정말 소중한 시간이 되고 만다. 병영생활 역시 자신의 의지와는 관련 없이 군복무를 해야 한다는 생각만 하고 있다면 더 힘들어 진다. 어쩔 수 없이 복무기간을 마쳐야 한다면 마음을 바꾸는 것이 현명한 해결방안이다. 그렇다면 즐거운 마음으로 행복하게 병영생활을 할 수 있는 방법을 찾아보자. 일상에 만나는 전투체육은 하기 싫은 귀찮은 시간이 아니라 마음만 바꾼다면 기분 좋은 신체활동이 된다. 스포츠로 행복하기는 어려운 일이 아니다. 마음을 바꾸고 적극적으로 즐기다 보면 가능해 진다. 군대에서 신체활동은 피할 수 없기 때문에 즐기다 보면, 몸도 마음도 건강해 질 수 있는 행복한 시간이 된다. 이제 군대에서 스포츠로 행복하기에 대하여 알아보자.

군대에서 스포츠로 행복하기

다른 부분은 잘 모르겠다. 저자가 전공하는 체육학에서 보면 병영생활은 행복기법으로서 스포츠를 할 수 있는 유일한 시간이며 기회이다. 행복기법은 어려운 말로 들릴 수 있지만 실제로 어렵지 않은 용어이다. 행복기법은 행복을 위한 신체가 할 수 있는 방법을 말한다. 자동차를 몰기 위해서는 운전기법을 배워야 한다. 그 운전기법은 일종의 신체기법에 해당한다. 그 기법은 행복을 위한 기법이 될 수 있고, 그렇지 않은 경우가 될 수 있다.

축구를 하기에는 축구에 필요한 기법이 필요하다. 차기, 달리기, 헤딩하기, 패스하기, 골 넣기 등 쉽게 보이지만 해보면 마음처럼 쉽지 않다. 이런 것들이 축구를 잘하는 신체기법에 속한다. 축구에 필요한 기본 동작들에 대한 습득은 어느 정도의 시간이 요구된다. 그렇기 때문에 어느 정도의 축구 기본기를 배우는 시간을 가져야 한다. 축구를 한다고 해서 모두 행복한 것은 아니다. 앞의 기능들을 충분하게 마스터하여 자신의 신체기법으로 만들 때 그것은 행복기법이 될 수 있다. 신체기법이 행복을 위해 사용될 때 행복기법이 된다.

행복기법은 군대의 병영생활을 행복하게 해주는 재산이 된다. 재산은 돈만이 아니라 행복기법도 돈이 된다. 왜냐하면 행복기법으로서 신체기법을 배우는 데 어느 정도의 돈이 들어가기 때문이다. 이런 의미에서 신체기법은 일종의 신체자본이 된다. 신체자본은 문화자본의 일종으로 문화를 향유할 수 있는 능력을 말한다. 예를 들어 스키를 타려고 하면 초보의 경우 배우는데 시간과 돈이 요구된다. 하지만 스키를 타는 기법을 알고 있다면 더 이상 시간과 경제적 비용은 필요하지 않다. 이런 차원에서 군대에서 돈을 벌 수 있는 방법은 행복기법을 배우는 것이다. 행복기법은 스포츠로 행복하기를 가능하게 한다. 그러면 스포츠로 행복하기의 셋 가지 방법에 대하여 알아보자.

1 배우는 즐거움

스포츠를 배우는 즐거움에 빠져보자. 배우는 것은 즐거운 일이다. 그것도 자신이 관심을 가지고 무엇인가를 배우고자 하는 열정이 있을 때 배움은 큰 즐거움으로 이어진다. 맹자의 군자삼락이라는 말이 있다. 군자의 세 가지 즐거움이 있는데 하나는 하늘을 우러러 부끄러움이 없고, 땅을 굽어서 부끄러움이 없는 것이 첫째 즐거움이다. 둘째는 부모와 형제가 모두 살아계시고 건강할 때이다. 셋째의 즐거움은 세상에서 영재를 얻어 그를 가르치는 것이다.

배우는 즐거움과 가르치는 즐거움이 군자의 즐거움 가운데 들어있다는 데 주목할 필요가 있다. 태어날 때부터 완전한 지식을 가지고 배어나지는 않는다. 배움의 과정을 거쳐서 일정한 지식을 가지고 세상을 살아가게 된다. 모르는 것을 배우는 데서 오는 즐거움은 크다. 익숙하지 않은 스포츠를 배우는 것, 또는 자주하지만 제대로 배워보지 못한 스포츠를 제대로 배울 때 즐거움은 크다. 그 동안 우리는 머리로 배우는 공부에 너무 몰두해 왔다. 이제는 몸으로 배우는 공부를 해 볼 때이다. 몸으로 배우는 지식은 잊혀버리지 않는 특성이 있다. 몸에 힘이 남아 있는 한 몸으로 배운 것은 일상생활에서 곧 활용할 수 있다. 김이병의 예를 들어보자.

"군대에 갓 들어온 김00 이병은 사회에서 땀을 흘리면서 운동하는 것을 싫어했다고 한다. 왜냐하면 힘들고 땀이 나면 곧 씻어야 하는 번거로움 때문이다. 그래서 지금까지 살아오면서 김 이병은 제대로 된 운동을 배워보지도 못했고 할 줄도 모르고 있었다. 그에게 군대생활은 힘든 일 자체이었다. 왜냐하면 군대는 신체활동이 주가 되기 때문이다. 여하튼 김 이병은 군대생활에 적응하기 위하여 축구라는 것을 배울 수밖에 없었다. 그 축구는 사회에서 자신과 먼 거리에 있었고, 보기만 했는데 어쩔 수 없이 공을 차야 하는 입장에서 축구를 하게 되었다. 처음에는 재미가 없었지만 차츰 배우면서 축구를 잘하게 되었다. 그 결과 회피의 대상이었던 축구를 하는 과정에서 배우는 즐거움이 생겨서 적극적으로 공을 차는 것을 볼 수 있었다."

앞의 예처럼 축구를 배워보지 않은 상태에서 축구는 자신과 거리가 먼 스포츠일 뿐이다. 하지만 축구를 배우는 과정에서 배우는 즐거움을 경험하게 되고 그것이 지속되어 축구를 잘하게 된다. 스포츠를 하는 것은 일종의 신체기법을 배우는 것이고 그것을 활용하는 것이다. 축구로 행복해지려면, 축구에 필요한 신체기법을 배워야 한다. 다른 시공간 속에서 축구를 다시 잘 하는 것은 이미 배운 신체기법 때문이라고 할 수 있다.

여유롭게 스포츠를 즐길 수 있는 기간도 인생에서 그리 많지 않다. 시간을 내서 구지 스포츠 할 시간을 찾기가 어렵기 때문이다. 제대 후에는 운동을 배우고 싶어도 쉽지 않다. 왜냐하면 먹고 살기 위해 분주하게 움직여야 하기 때문이다. 충분하게 신체기법을 배울 수 있는 군대 생활에서 열심히 축구도 하고 다른 스포츠도 하다보면 그것이 쌓여서 자신을 행복하게 할 수 있고 또한 스포츠로 행복한 삶을 살 수 있는 행복기법을 배우게 되는 것이다.

세상은 빠르게 흘러가고 경쟁은 살벌하다. 그 속에서 삶의 즐거움을 누릴 수 있는 방법은 스포츠 혹은 운동을 하는 것이다. 하지만 그냥 운동만 하면 되는 것이 아니라 운동과 스포츠는 할 줄 알아야 즐길 수 있다. 무조건 한다고 즐길 수 있는 것이 아니기 때문에 어느 정도의 신체기법이 필요하다. 이때를 준비해서 병영에서 행복기법으로서 스포츠를 배우고 연습해두면 사회에서 인정받고 자신의 삶을 즐길 수 있을 것이다.

사회에서 낯선 사람을 만나고 친해지는 것은 스포츠가 최적이다. 그 때 잘하면 사람들에게 인정받고 쉽게 친해질 수 있다. 축구를 잘하기 위해서는 기본기를 배워야 하는데 그것을 배우는데 시간이 많이 걸린다. 그 시간을 군 생활에서 하면 된다. 축구기법, 배구기법 등 신체기법은 일종의 문화자본에 해당하고 평생을 즐겁게 살아가게 하는 커다란 재산이다. 이러한 재산은 도둑당할 일도 없고 평생 함께 할 수 있는 재산이다.

2 몰입의 즐거움

몰입의 즐거움을 경험해보자. 행복은 다른 말로 몰입이 즐거움이라고 할 수 있다. 칙센트미하이라는 심리학자는 몰입의 즐거움에 대하여 “무슨 일을 하든 몰입할 수 있다면 즐거움과 함께 다른 사람보다 월등한 성취를 할 수 있다”고 말한다. 한 가지 일에 몰두하게 되면 정신이 집중되어 고도의 창의력과 집중력을 발휘하게 되어 일의 성과를 향상시킬 수 있다. 문제는 집중하지 못하는데 있다. TV를 볼 때도 한 방송을 오래보지 못하고 채널을 여기저기 돌리는 게 현실이다.

집중하고 그리고 빠져들어 몰입의 즐거움을 경험하는 것이 스포츠로 행복하기의 두 번째 과제이다. 축구를 할 때 하기 싫은데 억지로 해야 한다고 생각하지 말고, 적극적으로 순간이 곧 영원이라고 생각하고 축구에 몰입할 때 행복감을 얻게 된다. 축구 등의 스포츠를 하게 되면 인체에서 생성되는 엔돌핀이 발생하게 되어 기분을 즐겁게 만들어 준다. 따분하고 의욕이 상실되었을 때 더욱더 스포츠를 하게 되면 기분이 즐거워지고 의욕을 회복힐 수 있다. 다른 예를 들어보자.

"다음은 군대에서 만났던 박00 일병에 관한 이야기이다. 그는 사회에서 어느 정도의 축구를 해본 경험과 조기축구회에서 활약한 경력을 가지고 있었다. 하지만 박 일병은 축구를 할 줄 알고 있었음에도 불구하고 적극적으로 축구에 참가하지는 않았다. 다만 하기 싫은데 어쩔 수 없이 해야 하기 때문에 축구를 하고 있었다. 이겨야 산다는 마음만 가지고 승부욕에 불타고 있었다. 축구에서 재미를 발견하기 보다는 전투에 가깝게 축구를 하였다. 어느 날 박 일병은 축구경기에서 패했는데도 불구하고 기분이 나쁘지 않은 경험을 하게 되었다. 그 이유는 자신이 축구에 완전히 빠졌기 때문이라는 것을 깨달게 되었다. 이 때부터 축구를 할 때 전심전력으로 몰입하게 되었고 그 과정에서 몰입의 즐거움을 알게 되었다."

요즘 부척 들어나는 것이 자살이다. 자살이 매년 있어왔지만 최근 연예인의 자살이 급증하면서 자살에 대한 관심이 높아졌다. 자살이 주된 원인은 우울증 +알코올 +성격에 의한 것으로 보고 있다. 우울한 마음을 잊게 하는 것은 즐거운 신체활동에 빠져드는 것이다. 즐거운 신체활동은 몰입으로 가는 길이다. 마라톤에서 '런너 하이'는 사람들은 마라톤에 빠져들게 한다. 군대에서 체험하는 구보, 행군, 유격 훈련 등 그 자체를 회피하기 말고 몰입하여 빠져들게 되면 즐거움을 얻을 수 있다. 이처럼 몰입은 완전히 잊고 즐거움 마음 상태를 유지할 수 있게 한다.

병영은 낯선 또래들과의 만남과 집합으로 구성되어진 공동체이다. 주위에서 만나는 사람들은 낮선 타자들일 뿐이다. 어떻게 서로 친하게 어울려 지낼 수 있는 방법이 그래서 더욱 더 필요하다. 타인과 친숙하게 관계를 맺을 수 있는 것을 찾아보면 함께 어울릴 수 있어야 하는데 그게 바로 스포츠이다. 함께 땀을 흘리면서 스포츠의 맛을 느낄 수 있다면 서로간의 거리를 줄일 수 있다.

쉽게 다가가지 못하는 게 사람과의 관계이다. 그 관계의 벽을 넘을 수 있는 것이 스포츠이다. 특히 관계 맺음이 익숙하지 못하면 고립감과 외로움을 겪게 된다. 여기서 벗어나는 길은 능동적으로 스포츠에 빠져들고 그 속에서 모든 스트레스를 날려버리고 몰임의 즐거움을 경험하는 것이다. 그러면 근심과 외로움 그리고 고립감은 사리지고 만다. 중요한 것은 스포츠에 빠져들어 몰입하는 것이다. 몰입의 즐거움은 스포츠로 행복하기의 또 다른 표현이라고 할 수 있다.

3 성취의 즐거움

목표를 구체화해서 성취의 즐거움을 누려보자. 스포츠 혹은 운동을 할 때 그냥 되는대로 하는 것이 아니라 성취 가능한 목표를 설정해야 한다. 목표를 도달하려고 노력하는 과정 자체에서 즐거움을 경험하게 되고, 그 목표를 달성했을 때 성취욕을 얻게 된다. 성취욕은 일상의 어려움을 극복하고 즐겁게 살아가게 하는 원동력이다. 이를 위하여 자신이 실현 가능한 스포츠의 목표치를 설정하고 스포츠에 능동적으로 참여하면 된다. 그 결과로 우리는 열심히 스포츠에 빠져들게 된다.

구체적인 목표가 없다면 스포츠는 큰 재미가 없다. 그냥 하는 데에 만족감을 느낄 뿐이다. 자신이 할 수 있는 한에서 목표를 설정하고 그것을 달성하기 위해 일정한 시간을 투자하는 것이 즐거움을 얻는 길이다. 현재 무기력하고 의욕이 상실되어 있다면 더욱 더 구체적인 스포츠의 목표를 제시하고 그것을 달성하기에 빠져들어 보자. 그러면 근심과 의기소침 그리고 스트레스를 날려버리게 되어 건강하고 의욕적으로 생활할 수 있게 될 것이다. 예를 들어보자.

"군대에서 만난 오00 병장은 다른 병사들과는 다른 데가 있었다. 모든 일에 적극적으로 임한다는 특성을 가지고 있었다. 오 병장은 군 입대부터 의욕적으로 군 생활을 즐겼다. 군대에서 하게 되는 신체활동은 자신의 인내력을 단련하는 시간으로 생각하였다. 그래서 육체적으로 힘든 훈련에도 불구하고 자신의 목표를 구체적으로 설정하고 그것을 넘어서려는 의지를 보여주었다. 축구를 하면 반드시 한 골을 넣겠다는 목표가 분명했고 그는 축구를 할 때 마다 최선을 다해 그 목표를 달성하였다. 축구를 하기 전에 볼 리프팅을 30개하고 100미터를 12초

안에 뛰겠다는 목표치는 그에게 노력과 최선을 다하는 삶의 태도를 형성하게 하였다. 그 결과 목표를 달성하게 되어 무한한 성취의 즐거움을 느끼는 것을 지켜볼 수 있었다."

앞의 예와 같이 목표가 중요함을 엿볼 수 있다. 적절한 목표를 설정하고 그것을 달성하기 위해 노력하는 과정과 그 결과 얻어지는 성취감은 일종의 행복이다. 스포츠로 행복하기 세 번째 요소는 바로 성취의 즐거움이다. 바로 앞에서 말한 적절한 목표를 가져야 한다는 것과 그 목표를 달성하기 위한 노력이 필요하다는 것을 알 수 있다. 만약 구체적인 목표가 설정되면, 행동의 방향이 설정되고 그것을 달성하기 위한 노력을 하게 된다.

예를 들어 벤치프레스를 할 때 구체적인 목표치를 설정하고 노력하는 것이 필요하고, 축구의 경우 볼 리프트를 몇 개 한다는 달성 가능한 목표치를 설정해서 연습하다 보면 성취의 즐거움을 경험하게 된다. 목표치를 너무 높게 책정하게 되면 역으로 본인에게 스트레스가 가중된다. 자신이 할 수 있는 중량과 회수를 설정하는 것이 그래서 중요하다.

과욕하지 말아야 한다. 자신의 운동능력을 빠르게 인식하고 자신에게 맞는 운동을 하는 것이 스포츠로 행복해지는 지름길이다. 스포츠가 스트레스를 주고 좋지 않은 기분을 가져다주는 주원인은 처음부터 너무 큰 목표를 설정하는데서 시작된다. 시작이 반이라고 했다. 즐거움을 줄 수 있느냐는 이미 시작단계에서 결정된다. 자신의 운동능력과 수준을 빠르게 파악하고 거기에 맞는 계획을 세우는 것이 필요하다.

이와 같은 군대에서의 경험은 제대 후에 사회생활에서도 연계된다. 군대에서 열심히 연습한 스포츠는 사회생활에서 쉽게 인간관계를 형성해 주는 재산이 된다. 어차피 군대에서 전투체육이나 그 밖에 다양한 신체활동은 자신의 몸을 자신의 의지에 따라서 움직이게 할 수 있는 최고의 시간이다. 땀을 흘리면서 서로간의 관계를 형성하고 동려들과 전우애를 살리는 즐거운 병영생활이 될 수 있다.

스포츠는 스킨십이라는 몸과 몸의 접촉을 통해서 우정을 형성하는 이점이 있다. 문제는 너무 과열된 승리지상주의가 문제가 된다. 반드시 이겨야 산다는 승부근성은 전투력과 직접적으로 연관된다. 하지만 기분 좋은 신체활동을 통해서 더 큰 승리라고 할 수 있는 우정을 맺을 수가 있다. 우정은 서로를 생각하고 따듯한 마음을 공유하는 것이다. 정서적으로 메말라질 수 있는 군대에서 스포츠를 통한 인간관계는 서로의 어려움과 외로움을 극복할 수 있도록 한다.

군대에서 가장 많은 하는 스포츠는 축구이다. 군대에서 축구를 빼놓고 장병체육을 말할 수 없다. 많은 인원이 함께 어울려 할 수 있는 스포츠는 축구가 최적이다. 뭐 야구도 있지만 야구는 장비를 구비해야 하기 때문에 접근이 어렵다. 축구는 공하나만 있으면 쉽게 할 수 있기 때문에 최적의 스포츠이다. 축구에서도 우리가 배울 수 있는 것은 많다. 20세기 최고의 축구선수 펠레는 축구에 대하여 다음과 같이 말한다. "우리가 축구를 통해서 배울 수 있는 가장 위대한 교훈은 혼자서는 아무것도 할 수 없다는 것과 마지막 휘슬이 울릴 때까지 게임은 끝나지 않는다는 것이다." 이처럼 축구는 우리에게 협동심과 최선을 다함 그리고 인내를 가르치고 있다.

축구는 군 생활과 비교하면 쉽게 행복해지는 것을 배울 수 있다. 축구라는 스포츠로 행복하기는 그리 어렵지 않다. 축구를 통해서 다른 전우와 팀워크를 살리면서 협동심을 배울 수 있다. 뿐만 아니라 자신이 가진 모든 역량을 쏟아 부어서 경기를 하게 되면, 쉽게 포기하지 않고 끝까지 최선을 다하는 자세와 인내심을 배우게 된다. 전우들과 함께 골대를 향해서

질주하다 보면, 협동심과 인내심이 저절로 습득하게 된다. 나 하나쯤이야 하는 마음을 버리고 함께 어려움을 나누어서 함께 하면 승리는 눈에서 다가온다. 하지만 자기만을 위한 플레이나 쉽고 편하게 축구를 하려고 하면 다른 전우가 더 힘들어 진다. 함께 목표를 향해 나아갈 때 행복은 가까이 다가온다. 이기면 좋지만 졌다고 기쁜 나빠 할 게 없다. 왜냐하면 승리보다 더 소중한 전우애를 얻을 수 있기 때문이다.

바꿔! 바꿔! 태도를 바꾸자!

누구나 행복해지기를 바란다. 하지만 행복은 구체적으로 무엇을 뜻하는 지에는 관심이 없다. 다만 행복을 기원하다. 대부분 건강과 즐거운 삶을 행복이라고 믿는 것 같다. 행복은 참살이라고 하는 웰빙, 삶의 복지 등 다양하게 표현하고 있지만 그 뜻은 거의 같다. 행복을 정의하는 것은 학자들의 숫자만큼 많다. 그 만큼 정의하기가 어렵다. 하지만 쉽게 생각하면 행복은 자아실현이며 즐거운 삶이다.

인간의 자아는 무엇인가를 실현하려고 한다. 하지만 쉽게 자아가 실현되는 것은 아니다. 쉽게 자아가 실현되면 삶이란 재미가 없고 값진 성취욕도 경험하지 못한다. 자아라는 것은 방해물을 만나게 된다. 그 방해물을 넘어야 자아를 실현할 수 있다. 예를 들어 코스모스의 씨앗(자아)이 꽃을 피(실현)는 것이 자아실현이다. 하지만 비, 바람 등의 고난(방해물)을 만나게 된다. 이러한 고난을 이겨내야 코스모스 꽃이 피는 것이다.

행복은 기분 좋은 신체활동을 통해서도 얻게 된다. 기분 좋은 신체활동은 스포츠로 행복하기의 다른 말이다. 스포츠로 행복하기는 어려운 일이 아니라 어떻게 스포츠를 하느냐에 달려있다. 성취하느냐 혹은 그 반대가 되느냐는 태도에 있다. 그 만큼 태도가 중요하다. 적극적으로 축구를 한다든지 혹은 기분 좋은 스포츠를 한다면, 쉽게 스포츠로 배우는 즐거움, 몰입의 즐거움, 성취의 즐거움이라는 행복하기를 실현할 수 있을 것이다.

하지만 과열된 승부욕과 결과에 집착한다든지 또는 맹목적 기록에 빠지는 것을 경계해야 한다. 이것만 지키면 스포츠로 행복하기는 어렵지 않다. 하지만 알면서도 행하지 않기 때문에 스포츠 때문에 열을 받고 흥분하고 스트레스를 받기 쉽다. 알면 그대로 실천해야 한다. 실천하기가 어렵겠지만 조금씩 스포츠로 행복하기를 위해 노력하는 것이 필요하다. 실천이 쌓이다 보면 내공이 생겨서 위에서 말한 행복기법을 배우게 된다.

군 생활은 바쁘게 앞만 보고 살아온 시간을 잠시 멈추고 자신을 뒤 돌아 보고 미래를 준비할 수 있는 최고의 시간이며 행복기법을 배울 수 있는 시간이다. 군대에서 많이 하는 축구를 통해서 인생의 지혜도 배우고 행복기법을 배울 수 있다. '피하지 못하면 즐겨라'는 말이 있다. 일상의 어려운 일들과 훈련의 고통은 자신의 발전을 위한 원동력이 된다는 긍정적인 생각으로 즐기는 것이 필요하다.

장병체육, 구보, 행군, 유격 훈련을 체력단련과 자기절제 능력을 함양하는 시간으로 생각한다면 즐거운 시간이 될 것이다. 군대축구 역시 승리에 과열되지 말고 기분 좋은 신체활동으로 즐기는 것이 필요하다. 그것이 바로 군대에서의 즐거운 삶이며 스포츠로 행복하기이다. 생각만 바꾸면 쉽게 얻을 수 있는 것이 행복이다. 행복은 무지개처럼 저 멀리 존재하는 것이 아니다. 내 눈앞에 있는데 그것을 발견하지 못하고 있을 뿐이다. 이제 생각을 바꿔 스포츠로 행복한 생활을 시작해 보자.

비판적 읽기, 반성적 읽기

• 나는 2007년 4월에 군 입대를 해서 2009년 3월에 군 제대를 하였다. 군대에서 나도 처음에는 사회생활을 하던 버릇이 있어 선임들에게 꾸지람도 많이 받고, 어려운 이등병, 일병 생활을 보냈다. 그럴 때 마다 주말에 하던 동아리활동에 관심을 갖게 되었다. 동아리 활동을 족구로 신청을 했다. 일반인 생활을 할 때에도 친구들과 족구를 가끔씩 하면서 즐겼었기 때문에 족구로 신청을 했는데 군대에서 힘들거나 지칠 때 동아리 활동을 하면서 족구하면서 많이 회복도 되고 정신적인 안정, 몸의 건강 등을 찾을 수가 있었다. 나도 군대를 다녀와서 군대에서 자살이 얼마나 무섭고 얼마나 고통스러운지 잘 알고 있다. 군대에서 이성교제, 복무부적응, 가정문제 등으로 인하여 고통스러워하고 견디기 힘들어하는 모습도 보았다. 심지어 자살시도를 하려는 후임도 있었다. 그때마다 느낀 것이 조금만 마음을 편하게 먹고 살면 되는데, 너무 부정적인 생각만 갖지 말고 긍정적인 생각을 갖고 행동을 하면 달라질 수 있는데 하는 아쉬움이 너무나도 컸다. 나는 그런 생각들을 병장 때 후임들에게 많이 말을 해주면서 군대생활을 보냈다. 민간인 생활을 하면서도 많이 느낀다. 군대생활을 할 때와 다르지 않다. 조금 힘들고, 지치고, 고통스러울 때 자살을 생각하는 경우를 많이 본다. 나는 정말 많이 생각한다. 운동을 할 때는 다른 생각이 잘 나지 않고 그 자체로 행복하기 때문에 운동이야 말로 자살을 예방할 수 있는 지름길이라고 생각한다. 운동을 통해서 자살에서 벗어나 장수하는 길로 발전되었으면 하는

것이 나의 바램이다. 결론적으로 '자살'은 반대로 생각하면 '살자'라는 말이 있다. 자살은 절대 안 된다고 생각한다.

- 한국은 자살율이 높은 나라로 알고 있다. 그 중 일반 사람들이 알지 못하는 매스컴을 통해 많이 나오지 않는 군대에서 자살이 많이 일어난다. 많은 장병들이 자살하는데, 나 또한 군대생활을 하면서 자살을 시도하거나 실제로 높은 곳에서 뛰어 내린 병사들도 보았다. 자살을 하게 되면 마냥 편해질까? 군대뿐만이 아니라 연예인, 아니면 다른 사람들도 자살하는데 이런 사람들은 거의 대부분이 자신 때문에, 불필요하니까. 현실을 이겨내지 못해서 하는 결정인 것 같다. 이 사람들이 사회를 긍정적으로 보고 대인 관계를 넓혔다면 자살까지 결정하진 안았을 것이다. 나도 군대생활이 힘들었다. 또 지금 군대생활 하는 장병들도 힘들 것이다. 힘들수록 더욱 재미를 찾고 즐길 수도 있어야 한다. 자랑같이 보일지 몰라도 잘하지는 않지만 나는 입대 전 학교 다니면서 축구를 해서 군대에서 많은 사랑을 받았다. 휴가증이라는 포상도 있었지만 나는 새로운 사람들과 그것도 군대에서 내가 좋아 하는 운동을 할 수 있다는 것에 대해 행복을 느꼈다. 군대에서 다른 방법으로 다른 사람들과 친해질 수 있는 방법도 있겠지만 운동이 가장 빠른 것 같다. 그렇다고 해서 축구만 하고, 금방 친해지고 중대에서도 거의 대부분과 관계가 좋았다. 이 처럼 그 상황이 어려울 때 서로 운동하는 것이 좋다고 생각한다. 군대 예기만 나와서 여자들은 잘 모르겠지만 전역하고 보니 스포츠를 많이 좋아하는 여성들도 많다. 격한 운동은 서로 같이 할 수 없지만, 가

벼운 운동이라도 같이 하고 서로 관심사를 알아 간다면 또 긍정적인 생각으로 즐거운 마음으로 같이 한다면 '자살'이라는 말 보다 거꾸로 행복하게 '살자' 라는 말을 하면서 살지 않을까 한다.

• 2011년 4월에 제대해서 그런지 이번 8장은 읽고 공감이 많이 되었다. 대한민국 남자라면 꼭 갔다 와야 할 군대, 하지만 제대하고 나면 누구나 쉽게 말하고 과장을 해서 말하기도 하지만 누구나 이등병 때는 똑같이 힘들었을 것이다. 나도 이등병 때 생각만 하면 이유 없이 욕을 듣고, 아무런 대가없이 일하고 화장실 청소, 막사 청소 등등.....사회생활과는 전혀 다른 그곳이 정말 숨이 막힐 듯 갑갑했었다. 하지만 내가 유일하게 좋아했던 시간이 저녁 먹기 전에 1시간 동안 하는 체육활동이었다. 내가 주로 하던 것은 족구, 축구, 배드민턴 이었다. 막막하고 지루하게 느껴졌던 병영생활을 활력소로 만들어 주었던 게 바로 운동이다. 생활관 별로 축구를 할 때만큼은 선, 후임 상관없이 페어플레이를 하고 이기면 팀워크와 전우애가 돈독해지고 물론 졌을 때는 위로와 격려가 있어서 스포츠를 할 때만큼은 근심이나 스트레스가 다 날아갔었다. 내가 군대생활을 했을 때도 타 부대에서 병사, 게다가 간부까지도 자살하는 사고가 있었다. 그게 타인에 의해서 인지 반복되는 일상 속에서 우울함이나 싫증을 느낀 것인지 잘 모른다. 하지만 제일 중요한 건 자신의 마음가짐인 것 같다. 군대라는 곳 안에서도 충분히 스포츠나 운동을 통해 그 안에서의 즐거움과 행복을 충분히 느낄 수 있다. 계급과 상관없이 누구나 스포츠를 즐기기

위해서 시간과 시설 등이 잘 이루어져야 되는데, 군대에서 그런 점들이 많이 안타깝다. 작업이나 업무, 또는 아직 존재하는 내무 부조리 등으로 자신의 여가시간을 보장 못 받는 병사들이 많고, 운동 기구나 장비들도 병사들 인원에 턱없이 부족한 점들이 하루 빨리 개선되어 자기에게 주어진 시간만큼은 아무런 문제없이 스포츠를 즐길 수 있었으면 하는 바람이다.

- 이번 장 '자살, 한국사회를 말하다.'에서 소주제로 군인의 자살 부분의 내용을 읽고 많은 점을 느꼈다. 올해 9월에 군 입대를 앞둔 나로서는 다른 장보다는 열심히 읽었다. 군대에서의 자살은 정말 심각한 문제이다. 나보다 군대를 빨리 간 친구들의 이야기를 들어보면 아직도 군대 내에서 자살을 하는 수가 많다고 한다. 군 생활에 적응을 잘 하지 못한 사람들도 많다고 하고 적응을 잘 한 사람들도 우울함을 느끼는 경우가 많다고 한다. 사회에서 살았던 삶의 방식과 다른 방식을 살아가니 얼마나 답답하겠는가. 하지만 나는 이 장을 읽고 군대 내에서의 우울함과 2년이라는 긴 병영생활을 알차게 보낼 수 있는 방법을 알게 되었다. 그 방법은 바로 스포츠를 통하여 행복기법을 터득하는 것이다. 평소에 운동을 별로 하지 않았던 나로서는 군대 내에서 하게 될 운동에 대한 관심이 별로 없었다. 그냥 하게 되면 하자 이런 생각을 하고 있었다. 하지만 군대 내에서 스포츠가 정신건강에 좋다는 것과 군 생활을 더욱 알차게 보내는데 도움을 준다는 내용을 읽고 마음이 변화하였다. 스포츠를 통해 감정을 정화하고 전우끼리 팀워크를 공유한다면 끈끈한 전우

애를 느낄 수 있을 것이라고 생각한다. 그리고 군대 내에서 축구를 제대로 배워 볼 생각이다. 군대에서 가장 많이 하는 스포츠는 축구이다. 이런 시간에 축구에 흥미를 가지고 하지 않는다면 매번 지루한 시간이 될 것이다. 축구를 열심히 해서 배우는 즐거움도 느끼고 몰입의 즐거움도 느끼며 한 골을 넣겠다는 목표의식을 가지고 해서 골까지 넣는다면 성취감까지 느낄 수 있을 것이라는 생각이 든다. 군 복무기간 동안 꼭 행복기법을 배우고 나 자신을 되돌아보는 시간을 가져야 겠다.

• TV를 보면 군인이 자살했다는 기사를 종종 본다. 또 주변 친구들에게 소식을 전해 듣기도 한다. 실제로 선임들에게 많이 맞는 부대도 있고 생각보다 열악한 환경에서 지내기도 한다고 들었다. 물론 여자라서 군대라는 곳에 대해 쉽게 가야한다고 말을 할 수 없겠지만 이거 하나만은 확실한 것 같다. 어차피 가야할 것이라면 기분 좋게, 그리고 배워오는 시간이 되어야 한다고 생각한다. 투덜대고 힘들어한다고 가야할 군대가 안 가지는 것도, 시간이 빨리 흘러가지는 것도 아니라고 생각한다. 그 안에서의 생활에 적응을 하는 게 최우선일 것이라고 생각한다. 내 가치관으로는 자살이라는 행위는 한심하다. 특히 군대 내에서의 자살은 군대에 대한 사람들의 인식을 더 안 좋게만 심어줄 뿐이고, 군대에서 자신의 자식이 죽었다는 소식을 듣는 부모의 마음을 얼마나 찢어질까 라는 생각을 했다. 장렬히 전사한 것도 아닌 자신의 의지로 목숨을 끊는 행위는 무책임하다. 사실 이 같은 행위는 군대보다 요즘 학교에서 더 많이 문제가 된다. 아직

사회에 발도 내딛지 못한 10대들이 이성문제로, 학업문제로 목숨을 쉽게 끊곤 한다. 그 의지라면 서울대라도 갈 수 있을 것이라 생각한다. 그들에게 있어 이성문제가 얼마나 심각하고 대단했는지는 모르겠지만 자살이야기가 많이 나오다 보니까 생각이 없던 이들에게도 영향을 주는 것 같다. 어쩌다 이 사회가 자살이 빈번히 일어나는 사회가 되었는지는 알 수 없지만, 꼭 스포츠가 아니더라도 자신의 힘든 생활을 정화시킬 수 있는 자신만의 방법을 찾아서 자살을 생각하고 있는 이들이 마음을 고쳐먹었으면 좋겠다. 그리고 자살하기 전 자신의 주변 사람들에게 무슨 짓을 하고 있는 건지도 다시 한번 생각해보는 게 어떨까? 자신의 상황이 아무리 극한 상황이라도 가족들을 생각한다면 딛고 일어설 수 있지 않을까라는 것이 나의 생각이다.

스포츠 읽기

'이용택 사망' 자살 택한 운동선수 3人, 극단적 선택 … 이유는?

이보희 〈서울신문 기자〉

배구선수 이용택(26)이 사망했다. 현장에서 유서도 발견돼 스스로 목숨을 끊은 것으로 추정되고 있다. 유난히 자살 소식이 많았던 올 한해, 스포츠 스타도 예외는 아니었다.

• 故 **이용택, 부상과의 힘든 싸움**

남자프로배구 상무신협 레프트 이용택이 지난 7일 경기도 안산시 자택 지하계단에서 사망한 채 발견됐다. 발견 당시 이용택은 전선으로 목을 매 사망한 상태였으며 지인들에게 극단적인 선택에 대해 사과하는 내용이 담긴 유서도 발견된 것으로 알려졌다.

이용택은 삼성화재 소속이던 2007년 발등 피로골절로 오랜 시간 동안 경기에 나서지 못했다. 이후 상무에 입대했으나 어깨 수술로 인해 경기에 자주 출전하지 못했다. 이에 끈질기게 이어진 부상과의 싸움이 이용택을 극단적인 선택으로 이끈 게 아니냐는 추측이 제기되고 있다.

• 故 **윤기원, 만개하고 있었는데…**

지난 5월에도 안타까운 소식이 있었다. 6일 인천 유나이티드 소속이었던 축구선수 윤기원(24)이 서울 서초동 경부 고속도로 하행선 만남의 광장 주차장의 승용차 안에서 사망한 채로 발견된 것. 당시 윤기원의 차 안에는 타다 남은 번개탄과 현금 100여만 원이 든 봉투가 함께 있었으며 유서는 발견되지 않았다.

윤기원은 2010년 프로축구 신인 드래프트에서 5순위로 인천에 지명됐으며 올 시즌을 앞두고 허정무 감독의 눈도장을 받아 주전을 꿰찼다. 이에 그가 죽음을 선택한 원인에 대해 궁금증을 남겼으며 여자 친구와의 불화, 승부조작 관련 등이 원인으로 추정됐다.

• 故 **정종관, 승부조작 죄책감**

윤기원의 사망 소식이 전해지고 24일 뒤 또 한 명의 축구선수가 스스로 목숨을 끊었다. 챌린저스리그 서울 유나이티드FC 소속이었던 정종관(30)은 서울 강남구 삼성동의 한 호텔에서 자필 유서를 남기고 숨진 채 발견됐다.

현장에서 발견된 유서에는 "승부 조작의 당사자로서 부끄럽고 가족과 축구계 은사들에게 죄송하다. 현재 승부 조작 혐의로 검찰 조사를 받고 있는 선수들은 내 친구들이고 의리 때문에 내 이름을 진술하지 않았다. 모두 내 책임이고 내가 시켰다"는 내용이 담겨있었다.

당시 국내 프로축구 선수들과 구단들 사이에 브로커가 개입해 금전 거래를 벌인 K리그 승부조작이 수면 위로 드러나며 검찰 조사가 진행 중이었다. 승부조작에 가담했던 정종관은 동료들에 대한 미안함과 죄책감을 이기지 못하고 자살을 택했다.

앞으로의 활약이 더욱 기대되던 운동선수들이 꽃다운 나이에 스스로 생을 마감한 소식이 잇달아 전해지며 동료 선수들과 팬들에게 안타까움을 주고 있다.

출처: 서울신문 2011년 9월 8일자

생각 거리

1. 군대에서 스포츠로 자살을 예방할 수 있는 방법은.
2. 스포츠로 어떻게 행복 할 수 있는가.
3. 운동하는 몸은 고통을 어떻게 극복하는가.
4. 스포츠와 행복의 관계에 대하여 알아보자.
5. 행복한 스포츠란 무엇인가.

읽을 거리

1. 손병홍(2011). 타나톨로지, 죽는다는 것. 서울: 효형출판.
2. 오진탁(2010). 삶, 죽음에게 길을 묻다. 서울: 종이거울.
3. 이학준(2002). 스포츠와 행복. 서울: 북스힐.
4. 장동익 역(2003). 삶과 죽음. 서울: 철학과 현실사.
5. 최인수 역(2005). 몰입, Flow. 서울: 한울림.

09 골프장 230개, 누구를 위한 잔치인가?[19)]

개발이냐, 환경파괴냐

골프장 건설은 개발이냐, 환경파괴냐 하는 논쟁의 중심에 서 있다. 지금 대한민국은 경제성장으로 국민의 경제능력이 향상되어 집집마다 자가용과 국민 개개인의 여가 시간의 확대를 가져왔다. 그 결과 사회적으로 골프를 즐기는 인구가 급속하게 증가하여 골프장 이용에 대한 수요가 넘쳐나고 있다. 상대적으로 골프장 공급은 부족하다. 그 결과 값싸게 골프를 치기위해서 해외로 골프 관광을 간다. 외화가 빠져나간다고 국내에 골프장을 늘려야 한다는 목소리가 있다. 그래서 전국에 골프장의 숫자는 계속 늘어나고 있다. 그 결과 생태계 파괴라는 문제와 부딪히게 되었다. 과연 골프장 건설은 국토의 효율적 활용과 지역경제를 살리는 길인가? 아니면 지역의 산림을 파괴하는 것에 지나지 않는가? 이에 대한 논쟁은 지금까지 활발하게 진행되고 있다. 여러분들은 이 문제에 대하여 어떻게 생각하고 있나 자못 궁금해진다.

19) 2004년 10월 19일 MBC <PD수첩> 제609회 "골프장 건설 230개 누구를 위한 잔치인가" 참고.

현재 국내에선 골프장 건설이 활발히 이루어지고 있다. 공급이 수요를 따르지 못하기 때문이다. 골프 인구는 늘어나고 있는데 골프장은 턱없이 부족하고 해외로 골프 관광을 가는 사람들이 늘어나고 있다. 2006년에 조사한 국내 골프장의 숫자는 317개 정도에 불과했다. 그것도 18홀 이하의 규모는 제외한 숫자다. 불과 2년 전의 숫자이지만 그 당시에 건설을 추진 중인 숫자만 해도 75개라고 한다. 현재 골프장의 숫자는 500여개를 육박한다고 봐도 된다. 놀라운 사실은 골프장 보유 순위를 보면 삼성, 신안, 한화, LG그룹 등이 상위권에 올라있다. 다른 기업들도 뒤를 따르고 있다.

골프장 건설과 지역갈등

골프장을 건설하는 지역의 골프장 부지 주민들과의 충돌이 곳곳에서 일어나고 있다. 구례군에서는 5개였다. 골프장 건설에 대한 찬반논쟁이 이제는 폭력으로까지 변해버렸다. 골프장 건설에 반대하는 사람들은 불순분자로까지 몰아세우고 있다. 하지만 이러한 반대의견의 사람들은 모두가 똑같이 지역의 환경오염을 걱정하고 있지만 이러한 이유에도 불구하고 업체측은 환경오염이 문제가 아니라 돈이 문제라고 다소 억지스러운 주장을 펼치고 있다.

여주의 골프장 건설 또한 문제가 되고 있다. 골프장 부지에서 불과 60미터 떨어진 곳에 초등학교가 자리 잡고 있기 때문이다. 골프장이 건설되면 골프장에서 날아 들어오는 공으로 인해 초등학생들이 다칠 수도 있고, 대부분 걸어 다니는 학생들이 골프장을 출입하는 차들로 인한 교통량 증가로 교통사고가 발생할 수도 있기 때문에 반대한다. 특히 여주의 경우

예전부터 쌀이 유명하고 유기농법을 사용하기 때문에, 행여 골프장 농약으로 인해 쌀의 품질인증이 안되기 때문에 골프장 건설을 반대하는 것이다. 특히 인근 초등학교의 지하수가 오염되어 식수로 사용하지 못하게 될 위험성도 높다. 학교의 식수는 지하수를 그대로 사용하고 있는데 만약 골프장이 들어서게 되면 아이들은 지하수를 식수로 먹을 수 없다는 것이다. 여주시민이 골프장 건설을 반대하는 또 다른 이유도 있다. 농사를 짓는데 필요한 물이 부족하다는 것이다. 한 골프장에서 사용하는 물은 하루에 1000톤 정도로 그것은 50가구의 한 달 쓰는 물의 양과 같다.

우리나라의 골프장 농약 사용량은 점점 증가추세이고, 일부 골프장은 고독성 농약을 사용하는 것으로 나타났다. 그런데 이러한 문제에도 불구하고 여주군수는 골프장 건설을 반대하는 군민들과 대화도 나누지 않을 뿐만 아니라 만나 주지도 않고 있어서 갈등의 골은 더욱 깊어져만 가고 있다. 평택 신도시의 경우 토지공사 측에서 처음에는 신도시에 주거시설, 공공시설 등이 들어서는 것처럼 설명을 하더니 한참이 지나서 신도시의 절반가량에 골프장이 건설되는 것을 밝혔다. 이에 주민들은 반대 입장을 보이고 있다. 그리고 평택 신도시 부지에서는 삼국시대 유적지가 발견되어 더욱 문제가 되고 있다.

토지공사 측에서는 아무런 문제가 되지 않는다고 말도 안 되는 억지 주장을 하고 있다. 함양군의 골프장 부지는 허가가 되지 않는 상황에서 간벌이 한창 진행 중이었다. 개발업체측은 안 좋은 나무만 서있게 되면 골프장 부지로서의 허가가 쉽게 나기 때문이다. 그리고 함양군청에서는 이를 알고도 허가를 내어줬다. 그리고 리조트 건설을 위해 주민들에게 동의서를 받아야 하는데 이를 업체에서 직접 받은 것이 아니라 함양군청 공무원들이 동의서를 받으러 다니고 동의를 받는 과정에서 골프장 건설에 대한 설명은 하지 않았다고 주민들은 이야기한다. 공무원이 직접동의서를 받으러 다닌 이유는 리조트 부지로 선정된 곳의 땅을 공무원들이 사들였기 때문이다. 즉 투기가 일어난 것인데 공무원들은 투기에 대해 부정하고 나섰다.

골프장과 환경파괴

무안의 골프장은 개장 이후 환경 오염문제가 심각해지고 있다. 조금 더러운 물에서도 잘산다는 숭어가 떼로 죽어있고, 갯벌은 이미 오염되어 아무런 생물이 살 수 없는 지경에 까지 이르렀다. 골프장이 개장되면 상권이 더욱 활성화 된다고 했지만, 환경오염으로 인해 상권은 더욱 죽어가고 있었다. 수많은 상인들이 장사가 안 된다고 주장했다. 자연환경을 해치면서까지 인간의 행복을 추구하는 것이 정당한 권리일까. 나무들이 우리에게 주는 산소는 누가 공급해줄 것이며, 또한 자연재해로 인해 산사태나 홍수 시에 사람들을 지켜줄 수 있는 것인가? 그리고 골프장으로 인해 식수나 우리가 먹을 식품은 누가 보장해줄 것인가. 어떠한 보장도 자연이 주는 혜택만큼 충족시키지 못할 것이며, 환경파괴를 일삼다보면 인간들은 오히려 자연의 공격을 받게 될 것이다. 반성하고 또 반성해야 한다.

골프장의 잔디는 서늘한 곳에서 살아야 하는데 여름에 골프장 잔디들은 고온 다습한 곳에 있어 빨리 죽게 되므로 이것을 방지하기 위해서는 많은 양의 농약을 뿌리게 된다. 이로 인해 환경오염을 초래하게 되고 매일 매일 잔디에 물을 주게 되면 주민들은 농사를 짓는데 필요한 물이 부족하게 된다는 것이다. 막대한 물의 사용은 물 부족이라는 심각한 현상을 가져오게 한다. 특히나 지하수의 오염은 식수의 부족 현상을 가져와 마을의 기본 생활을 하는데 필요한 물이 없기 때문에 마을이 황폐화 될 위험성이 있다.

무분별한 골프장 건설로 인한 환경오염은 인근 주민들에게 피해를 주고 있다. 한 마을의 주민들은 골프장 건설로 인해 많은 피해를 입었다. 골프장 건설에 반대를 한다는 이유로 폭행을 당했다는 것이다. 골프장 건설을 반대하는 주민들에게 골프장 찬성을 하는 주민들과 사람들이 골프장 건설 찬성 시위를 하는 과정에서 폭행을 당했다. 많은 주민들이 상해를 입고 병원에서 입원하는 신세를 겪어야만 했다. 마을 주민들은 대부분 나이가 지긋하신 분들이었다. 이러한 분들에게 젊은 청년들이 폭력을 행사 했다고 한다.

국가의 취지는 괜찮게 보였다. 해외에서 수입하는 수많은 골프용품들, 그리고 해외원정 골프 등이 막대한 여행비용을 국내로 돌려서 서민 경제를 활발히 한다는 것이다. 하지만 이는 다시 대기업의 사업 확장에 일조 했다고 밖에는 보여 지지 않는다. 자료화면에서 보았듯이 지역 경제는 일부 소수만 나아졌을 뿐, 크게 나아진 바 없으며 경제가 나아졌더라도 그 이익은 거의 다 대기업의 몫으로 돌아갔다는 명백한 증거가 있는 것을 볼 수 있다. 다시금 이 사회에 부익부 빈익빈의 현상을 부추긴 결과 밖에 되지 않는다.

2004년에 방영된 영상물이지만 지금 2009년 누구를 위한 것이었는가에 대한 해답은 이미 결과적으로 나와 있는 상태이다. 지금 한반도를 뒤덮여버린 골프장들을 모두 백지화 할 수는 없다. 이미 건설 된 것을 백지화 해버린다면, 그 또한 손해가 막심하기 때문이다. 정부는 지금부터라도 이 피해를 최소화해야 한다. 정말 지역경제를 살리기 원한다면 골프장으로 벌어들인 수익으로 지역 사회 발전에 환원해야 할 것이고,

강력한 환경 규제를 두어 철저한 환경 정화 시설을 설치하게 해야 할 것이다. 정말 정부가 일부 골프를 즐기는 상류층들을 위한, 그리고 돈과 권력을 모두 지닌 기업가들만의 정부가 아니라면 지금이라도 이 사안들을 적극적으로 추진해야 할 것이다.

위의 내용은 대부분 골프장 건설에 따른 부정적 입장만을 제시하고 있다. 하지만 골프장 건설로 인하여 지역경제가 살고 고용창출 또한 늘고 있다는 장점이 있다. 골프장 건설은 환경파괴라는 문제와 지역발전이라는 대립 속의 갈등과 문제점을 가지고 있다. 해결의 실마리는 골프에 몰리는 사람들을 다른 종목으로 분산시킬 수 있다면 자연적으로 해결될 문제이다. 한국 사람들이 골프장으로 몰리는 이유는 골프만이 가지고 있는 기호 때문으로 파악된다. 부, 상류, 고급이라는 기호를 가지고 있기 때문에 다른 종목의 스포츠를 제쳐두고 골프에만 몰리고 있다.

왜 골프만 하는가?

개인의 취향에 따라서 다양한 종목의 스포츠를 소비하고 즐길 수 있다면 골프장은 부족하지 않고 더 많은 골프장을 건설하기 위해 무분별한 산림 훼손 또한 일어나지 않을 것이다. 하지만 사람들의 생각을 바꾸게 하는 것은 어려운 일이다. 골프를 능가할 새로운 스포츠의 등장이 있지 않고서는 지금과 같이 골프장으로 사람들이 몰리는 것을 막을 수가 없다. 다른 스포츠를 즐기는 사람들이 늘어날 때 시설부족 때문에 스포츠를 즐기는 일을 방해받지 않을 것이다.

골프에 몰리는 것은 한국인 쏠림 현상이기 보다는 골프라는 스포츠가 가지고 있는 차이의 기호 때문이라고 볼 수 있다. 골프는 특성상 많은 비용이 들어가기 때문에 하고 싶다고 모두가 할 수 있는 스포츠는 아니다. 골프를 치기위해 우선 골프채가 있어야 하는데 골프채 하나만으로 끝나는 것이 아니라 여러 개의 골프채가 필요하다. 그리고 골프를 배우기 위해서는 골프연습장에서 전문코치에게 배워야 하는데 이용료와 레슨비 또한 고액이다. 여기서 비용이 멈추지 않고 계속된다. 필드에 나가기 위해서는 골프장 사용료가 들어간다. 골프 한번 치기 위해서는 적게는 수십만 원을 넘어선다. 적은 수입으로는 접근이 쉽지 않은 스포츠이다. 그러니까 골프는 치는 행위 자체가 하나의 기호가 된다. 다른 계층만 구분해주는 기준이 된다는 것이다. 수입이 많음을 상징적으로 보여주며 그것은 다른 계층만 구분해 준다. 프랑스의 사회학자 보드리야르는 한 인간이 소비하고 있는 스포츠 형태를 보게 되면 그가 어떤 계층에 속하는지를 알 수 있다고 말한다.

인간중심주의 세계관과 생태중심주의 세계관 비교

인간중심주의 세계관		생태중심주의 세계관
인간	강조	자연
개발	주장	보전
현재	지향	미래
고용창출 지역경제 활성화 세수확대	장점	생태계 보전 녹색성장: 지속적 성장 환경오염 예방

비판적 읽기, 반성적 읽기

- 나 역시 골프장건설은 터무니없다고 생각한다. 안 그래도 좁은 한국의 땅에서, 식목일이 따로 있을 만큼 나무가 부족한 나라인 한국의 땅에서, 500여개의 골프장이 있다는 것은 참 안타까운 일이다. 또한 골프는 특정한 상위계층들의 허세를 위한 여가, 돈을 위한 여가이므로 그 사람들을 위해 환경파괴 한다는 것 역시 말이 안 된다. 골프산업의 경제효과가 얼마 길래 환경을 포기하면서 까지 건설하려하는지 추진위원회 사람들에게 묻고 싶다. 그리고 우리는 단지 과시를 위한 골프보다는 더 많은 귀족적인 스포츠, 어울리는 스포츠들이 있으므로 우리의 의식을 바꾼다면 골프만을 원하는 골프공화국은 되지 않는다고 생각한다. 따라서 지도자들은 단지 자신의 세대에서의 즐거움을 생각하기 보단, 후대의 자손들도 생각해 골프장의 개수를 더 이상 늘리지 않았으면 한다.

- 지역 사회 발전을 위한다는 일이지만, 골프장 건설은 사실 기업들과 사업자들에 이익을 위한 것이다. 장기적으로 보면 단기적인 경제 개발보다도 환경보호가 우선인데 이를 간과하고 이윤추구를 위해 지역개발이라는 이름을 걸고 공사를 밀어붙이는 것이다. 정작 그 곳에 살고 있는 주민들에 말은 듣지 않고 말이다. 또 이를 지원하는 국가도 문제이다. 그들이 내건 구호는 골프 해외여행으로 유출되는 외화를 막고 우리나라 내수 경제에 보탬이 되고자 하는 것인데, 정작 소수에게만 그 이익이 돌아가고 오히려 주민들은 피

해를 입고 있는 실정이다. 또 수요가 많은 것은 사실이지만, 감당 못할 수준은 아니다. 오히려 이렇게 무분별한 골프장 건설이 골프인구를 부추기고 있는 것이다. 골프 인구가 늘어나는 것이 나쁜 게 아니다. 즐거움보다는 사회적 인식, 기호 때문이다. 남과는 다른 스포츠를 한다는 생각 때문에 이런 현상이 생기는 것 같다. 상류층, 부자, 명품이라는 기호가 사람들에 인식에 박히기 때문이다. 이런 현상은 골프에 몰리는 스포츠 인구를 다른 종목으로 돌리는 게 시급하다. 이렇게 하기 위해서 정부에서 골프장 건설을 허가만 할 게 아니라, 다른 종목들을 즐길 수 있는 환경을 국민들에게 제공하여야할 것이다. 보다 많은 종목과 많은 장소에 다른 종목을 즐기도록 만들어 접근성을 높여서 국민들이 쉽게 즐기게 한다는 것이다.

- 골프라는 스포츠가 비용이 많이 들어가기에 자신의 계층을 뽐내기 위해 골프를 치는 사람이 많아 졌다. 골프라는 스포츠가 이렇듯 수요가 늘면서 상대적으로 부족한 공급을 수요에 맞추기 위해 많은 골프장들이 건설되었다. 이러한 골프장 건설을 무작정 반대하는 것은 옳지 못하다고 본다. 골프장을 건설하므로 지역경제가 발전되고 고용도 창출되는 등의 경제적 효과가 나타나기 때문이다. 하지만 무작정 아무 곳이나 골프장을 건설하는 것이 아니라 골프장을 건설할 부지의 땅이 환경적으로 가치가 떨어지고 문화재 유물도 발견되지 않아야 하며 환경오염을 방지하기 위해 지하수와 일정 간격이상 떨어져 있어야 하는 등의 기준을 둘 필

요가 있다고 본다. 이러한 여러 가지 까다로운 기준을 다 통과하는 곳만 골프장 건설을 허가해야 한다. 지역주민들에게 피해가 갈 그러한 요소가 조금이라도 있다면 골프장을 건설하지 말아야 한다. 지역주민에게 크게 피해를 주면서 지역경제 발전이라는 것을 내세운다면 이는 완전한 모순이라고 밖에 할 수 없다. 지역주민과 지역경제 모두가 사는 그러한 방안을 찾고 실행하는 것이 가장 옳고 현명한 선택이라고 생각한다.

• 골프장 건설을 부추기는 사회분위기나 골프장 건설을 반대하는 지역주민 혹은 개개인의 입장을 생각해 보면 어느 것 하나 포기할 수 없는 팽팽한 상황이라는 생각이 든다. 객관적으로 생각해보면 국가차원에서는 늘릴 수밖에 없고, 지역주민은 반대를 할 수 밖에 없다. 나 역시 이런 생각을 가지고 있으면서도 한편으로는 마음이 후자 쪽으로 기운다. 물론, 국가차원에서는 빠져나가는 국고를 붙잡고 이익을 창출하는 방안도 있지만, 그로 인해 피해를 보는 국민들이 더 많이 보인다. 나는 아직 골프채도 못 잡아 본 서민이라 그런 마음이 있을 수도 있겠지만, 도시환경을 공부하는 나로서도 그러하고, 나라는 발전을 도모하면서도 환경이라는 커다란 타이틀을 무시해서는 안 된다. 자연과 인간은 본래 공생 하여야 한다. 그러나 무분별한 골프장 건립은 환경이라는 측면을 무시하고, 오로지 소수의 이익을 창출하기 위한 것으로 밖에 보이지 않는다. 이를 위한 해결책으로, 책에서는 골프를 대체할 만한 스포츠를 찾고, 그것을 활성화

시키면 골프장의 수요가 줄어들 것이라는 대책을 내세웠지만, 현실적으로 사람들의 인식에 골프는 부, 상류, 고급이라는 기호가 떠오를 만큼 되어 버린 이상 그 인식을 바꾸기란 힘들 것 같다. 개인적으로 대처 방안을 생각해 보았을 때, 일단 골프장의 유지에 필요한 농약이나 비료 등을 최대한 친환경적인 방법으로 할 수 있는 방법이 있다. 그렇게 되면 지하수나 이천의 쌀처럼 피해 받는 일이 적어질 것이다. 그리고 골프장 건립을 도시 혹은 마을이 피해를 입지 않도록 최대한 먼 곳에 설치하는 방안이 있다. 환경에 최소한 영향을 미치지 않으면서, 최대 이익을 창출하는 방안으로 진행되어야 할 것이다.

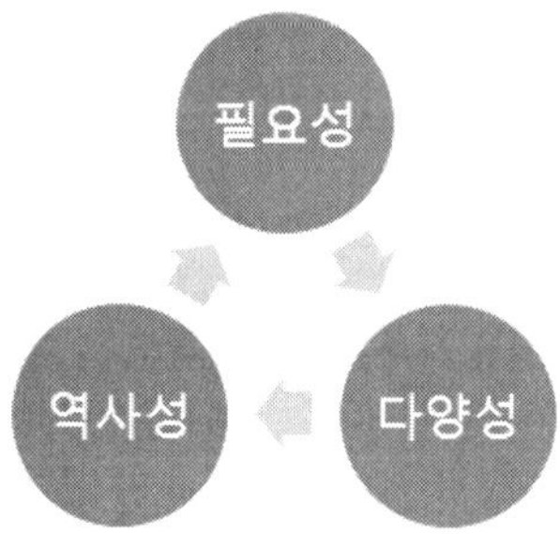

지속가능한 스포츠의 발전에 필요한 계율(송형석, 1999)

스포츠로 세상읽기

골프장은 현재 골프인구가 너무 많아 졌기 때문에 부족하다. 왜 이렇게 골프인구가 급증하게 되었는지 생각해 보자. 비교하기를 좋아하는 심리 때문에 옆집의 철수아빠가 골프를 하면 나도 골프를 쳐야 한다고 생각한다. 사업상 골프 접대를 위해서 골프를 쳐야 하고, 남편을 내조하기 위해 내조 골프를 쳐야 하고, 골프 특기생으로 대학을 가기 위하여 골프를 쳐야 한다.

골프를 하는 이유는 저마다 다르다. 여하튼 골프장의 수요에 비하여 공급이 부족한 현상이다. 그렇다고 골프를 금지할 수 있는 것도 아니기 때문에 해결방안을 찾기란 쉽지만은 않다. 골프 인구를 다른 스포츠분야로 분산시킨다면 골프장은 더 이상 필요하지 않고 현재의 시설만으로도 문제가 없을 것이다. 그런데 사람들은 골프 대신에 다른 운동을 하려고 하지 않는다.

과시하려고 골프를 친다면 생각을 바꿔 다른 스포츠를 하는 것이 골프장 건설에 따른 환경파괴 문제도 해결할 수 있다. 골프에 너무 많이 몰리지 말고 다양한 스포츠에 참가하면서 스포츠 하는 즐거움을 경험하면 좋을 것 같다. 누구나 골프를 치기 때문에 다양한 스포츠를 하면 된다. 문제는 사람들의 심리, 의식을 어떻게 바꿔 나갈 것인가가 관건이다.

스포츠 읽기

'골프장 공화국'…여의도 63배가 골프장

선명수 〈프레시안 기자〉

"지난해 산불로 훼손된 산림 면적은 1381헥타르, 묘지 조성으로 훼손된 면적은 480헥타르입니다. 그런데 골프장 건설로 훼손된 산림은 2008년 한 해 동안에만 무려 3418헥타르에 이릅니다. 지금 정부는 대한민국을 '골프장 공화국'으로 만들고 있습니다."

무분별한 골프장 건설에 반대하는 지역 주민의 목소리가 높아지고 있다. 골프장 건설 예정지마다 산림 훼손, 멸종 위기종 서식지 파괴 등 환경 문제와 토지 강제 수용, 지역 주민에 대한 개발 업자의 고소·고발 등 충돌이 계속되는 실정이다.

이런 상황에서 골프장 건설 예정지 주민들이 모여 전국적인 골프장 건설 반대 모임을 발족했다. 11일 강릉·홍천·여주·남원·논산 등 전국 15개 지역 주민 300여 명은 국회 의원회관에서 '전국골프장대책위원회' 발족식을 열고, 정부와 골프장 건설 업체를 상대로 한 공동 대응을 선언했다.

'골프 공화국'의 그림자…홍천에만 골프장 13개 건설 중

이날 대책위 발족식에 이어 열린 '주민 피해보고 대회'에서는 무분별한 골프장 개발로 인한 지역 공동체의 파괴, 자연

생태계 훼손 등과 관련해 각 지역 주민들의 생생한 증언이 이어졌다.

골프장저지천안시민대책위원회 박기복 씨는 "18홀 골프장 한 곳이 건설되면 파괴되는 산림이 약 100헥타르인데, 현재 강원도에만 40여 개의 골프장이 건설되거나 허가를 기다리고 있다는 점을 감안할 때, 파괴되는 면적은 총 4000헥타르에 이른다"며 "이는 매년 산불이나 묘지 조성으로 훼손되는 면적보다 훨씬 크다"고 꼬집었다.

박 씨는 "골프장 건설을 위해 전국 각지에서 불법적인 벌목이 자행되고, 강원도 홍천·충청남도 논산에서 산림조사서가 '날림'으로 작성된 사실을 지역 주민들이 꾸준히 문제제기했음에도 불구하고, 산림청은 수수방관하고 있는 실정"이라며 "산림청은 산불 방지를 위해 애쓰는 노력의 100분의 1이라도 골프장 문제에 성의를 보여 달라. 지금처럼 무책임한 행태를 반복한다면 산림청은 결국 '산림파괴청'이라는 오명을 쓰게 될 것"이라고 지적했다.

골프장 건설로 인한 자연 생태계의 훼손 문제도 지적됐다. 홍천구만리주민대책위원회 반종표 씨는 "골프장 예정지인 강원도 홍천 구만리에는 천연기념물인 하늘다람쥐, 희귀 식물인 삼지구엽초, 멸종 위기종 2종인 산작약 등이 발견되고 있지만, 개발 업체인 (주)원하레저가 작성한 환경영향평가서에는 '보호종, 희귀종이 없다'고 돼 있다"며 "이런 상황에서도, 환경부는 이런 평가서를 반려하지 않고 오히려 골프장 난개발을 부추기고 있다"고 목소리를 높였다.

그는 이어서 "골프장은 1일 1.999세제곱미터의 용수를 사용하는 것으로 알려졌는데, 대부분의 골프장이 물이 부족할 경우 농업용수를 추가로 사용하고 있다"며 "이는 필연적으로 농업용수 부족을 낳을 뿐만 아니라, 더 나아가 주민 취수원에 영향을 줄 것"이라고 지적했다.

반 씨가 살고 있는 구만리 지역에는 27홀짜리 대형 골프장(159만 제곱미터)이 들어설 예정이다. 이를 위해 135제곱미터에 해당하는 산지를 깎아내야 한다. 이 골프장을 포함해 강원도 홍천 지역에 들어서는 골프장은 총 13개. 현재 전국의 골프장은 건설을 진행 중인 곳까지 합치면 총 450여 곳으로, 면적으로 따지면 여의도의 63배에 달한다.

이날 구만리 주민들은 "산이고 들이고 골프장 만든다면서 파헤치고 있지만, 강원도는 오히려 '멸종위기종이 널려 있는데, 그럼 개발을 하지 말라는 거냐'며 큰 소리를 내고 있다"고 분통을 터뜨렸다.

"주민 울리는 개발업자, 개발업자 이익에 봉사하는 정부"

이날 참가자들은 인천 계양산에 골프장 건립을 추진 중인 롯데건설과 굴업도 개발을 추진 중인 CJ그룹을 구체적으로 거론하며 "개발 이익에 눈 먼 건설사가 지역 주민과 자연 생태계를 죽이고 있다"고 비판하기도 했다.

계양산시민대책위원회 노현기 씨는 "롯데건설은 2006년 계양산 일대에 약 7만7000제곱미터에 달하는 나무 2000여 그루를 굴취했다"며 "그런데 산림을 고의로 훼손해 놓고, 이제 '이미 훼손된 지역이니 골프장을 건설해도 되지 않느냐'고 억지 논리를 피며 골프장 건설을 추진하고 있다"고 목소리를 높였다.

노 씨는 굴업도 개발에 대해서도 "문화재청이 천연기념물 지정을 검토하고 있는 '생태 보물' 굴업도 역시 CJ그룹이 섬 전체의 98.5퍼센트에 해당하는 지역을 사들이면서 관광 단지라는 미명하에 골프장 개발을 추진 중이다"며 "상황이 이런대도 지자체는 말로는 중립을 외치면서 골프장 유치에 골몰하는 등 철저히 개발 업자의 이익을 대변하고 있다"고 꼬집었다.

"회원만 이용하는 골프장이 공공 체육 시설이라고?"

이날 대책위는 "골프장 건설로 농업을 통해 생계를 유지하던 지역 주민의 생존권이 말살되고, 토지 강제 수용에 반발하는 주민을 개발업자가 고소·고발하는 사태가 전국에서 발생하고 있지만, 정부는 명백한 골프장 유치를 위해 지역민의 재산권을 재벌사들에게 넘겨주고 있다"고 성토했다.

현행 국토계획법은 골프장을 공공·문화체육시설로 규정해, 민간 건설업자도 토지 소유자 80퍼센트 이상의 동의를 받으면 나머지 소유자들의 집과 땅을 강제 수용할 수 있게 되어 있다.

이날 한 참가자는 "회원들만 이용할 수 있는 골프장이 어떻게 공익 시설일 수 있냐"며 "소수만을 위한 영리 시설인 골프장 때문에 지역 주민들의 삶의 터전이 사라지고, 개발업자들의 회유와 로비에 주민들이 찬반으로 갈려 수십 년 동안 쌓아온 공동체가 완전히 와해되어 버렸다"고 한숨을 내쉬었다.

이날 진보신당 조승수 의원은 "골프장 개발은 한마디로 사람이 빠진 개발"이라며 "전체 인구로 보면 극소수의 사람들만이 향유하는 골프를 위해 지역 주민의 삶의 터전을 앗아가면서까지 허가를 내줘야 하는지 의문이다"고 말했다. 조 의원은 "무분별한 건설 허가를 막기 위해 골프장 총량 규제를 제도화하는 방안을 적극적으로 검토해 나갈 것"이라고 덧붙였다.

민주노동당 강기갑 대표도 이날 보고 대회에 참석해 "소수 몇 사람이 골프치자고 이렇게 많은 사람들이 왜 피해를 봐야 하는지 모르겠다"며 "이 정부는 오로지 소수 재벌의 곳간을 채워주기 위해 강을 파내고, 들과 산도 엎어버리는 정부"라고 강도 높게 비판했다.

한편, 이날부터 헌법재판소에서는 민간 기업에 골프장 건립을 위한 토지 수용권을 주는 문제를 놓고 공개 변론이 시작됐다. 지난 2008년 경기도 안성시 동평리 주민들은 수뢰 사건에 얽혀있는 골프장 사업자가 이 지역에 회원 전용 골프장을 건설하기 위해 토지 수용권을 획득하자, "민간 사업자에게 토지 수용권을 주는 것은 헌법에 위배된다"며 헌법 소원을 제기했다.

출처: 프레시안 2010년 3월 12일자

생각 거리

1. 골프장 건설은 지역개발인가, 환경파괴인가.
2. 골프장 건설에 따른 사회적 문제에 대하여 알아보자.
3. 한국 사람들은 왜 골프에만 몰리는가.
4. 골프공화국의 허와 실에 대하여 알아보자.
5. 골프산업의 경제적 효과를 조사해 보자.

읽을 거리

1. 송형석(1999). 스포츠와 환경(2). 한국체육학회지. 38(3).
2. 송형석(1998). 스포츠와 환경(1). 한국체육학회지. 37(1).
3. 김귀순 역(2001). 스포츠와 환경. 서울: 대한미디어.
4. 김동유, 이정식(2001). 스포츠환경론. 경산: 영남대학교 출판부.
5. 박이문(2002). 환경철학. 서울: 미다스북스.

10 황색질주 10년, 스포츠신문[20)]

스포츠신문은 연예신문인가?

스포츠신문은 전혀 스포츠신문답지 않은 기사들과 광고로 포장되어 있다. 2000년 백지영은 자신의 섹스 비디오 유출로 인해 많은 피해를 입있다. 이러한 피해는 연일 스포츠신문 1면을 장식했다. 그 여파로 백지영비디오는 많은 이들에게 일파만파 퍼져나갔다. 2001년 연기자 이제니 또한 추측성 기사로 인해 적잖은 피해를 입었다. 이제니가 남자친구와 결별 후 음독을 했다는 기사가 나왔기 때문이다. 그러나 사실은 전혀 그렇지 않았다. 병원 측에서 또한 음독을 했다면 위세척을 해야 하는데 음독한 사실이 없어 위세척은 물론이고 음독 했을 경우 필요한 치료를 하지 않았다는 것이다.

2001년 신해철의 경우 스포츠신문에 자신의 결혼기사가 났다. 그러나 결혼설 기사가 난 것은 문제가 되지 않았다. 그가 문제로 삼은 것은 자신의 여자 친구의 얼굴, 신상공개로 인해 피해를 봤다는 것이다. 그는 결혼설 기사를 쓰는 것은

---

20) 2002년 12월 5일 MBC <PD수첩> 제433회 “황색질주 10년, 스포츠신문” 참고.

상관없지만 일반인의 얼굴, 신상 공개로 인해 피해를 보는 여성을 생각해 보았냐며 반박했다. 그리고 문제는 여기서 끝나지 않았다. 스포츠신문은 누구나 접근할 수 있는 언론매체이다. 하지만 이런 스포츠신문에 선정적인 사진은 물론 불법광고 등을 게재해서 문제가 되고 있다. 여성의 나체사진은 물론이고 유사 성행위 사진 그리고 폰팅이라는 광고 등까지 게재되고 있다. 그러나 스포츠신문사 측에서는 이러한 것이 전혀 문제되지 않는다고 주장하고 있다. 누구나 구매할 수 있는 매체인 스포츠신문을 청소년들은 구매력이 없기 때문에 스포츠신문을 구독하지 못한다는 다소 억지스런 주장을 하고 있다.

스포츠신문과 선정성

현재 스포츠신문에는 너무나도 많은 선정적인 광고, 불법광고들로 가득 채워지고 있다. 청소년들에게 스포츠신문을 보는가에 대한 설문조사에서 대다수의 청소년들이 가끔씩 스포츠신문을 구독하고 있는 것으로 나타났다. 그리고 여러 기관에서 스포츠신문에 제재를 가할 때마다 스포츠신문사들 관계자들은 반박하고 있다. 그리고 스포츠신문에 제재를 가할 때마다 스포츠신문사들은 공개사과문을 쓰면서 반성하는 듯 보였다. 하지만 이러한 모습은 얼마가지 않아 다시 원상태로 돌아오곤 한다. 국민일보의 경우 노조가 파업에 들어갔다. 이유는 국민일보를 물려받은 조희준 회장이 넥스트미디어를 설립하면서 넥스트미디어의 계열사가 되었고, 넥스트미디어는 스포츠투데이를 조간으로 발행하면서 운영에 문제가 있어 국민일보를 석간으로 바꿔버린 것이다.

스포츠신문과 사생활 침해

현재 스포츠신문은 아무리 연예인이라지만 그들 또한 인간이라는 점에서 개인의 사생활을 침해하고 있는 것이라고 볼 수 있다. 하지만 이 경우에도 스포츠신문사들은 국민의 알 권리를 주장할 것이다. 이렇게 되면 사생활 침해와 알 권리라는 기본권의 충돌이 일어날 것이다. 하지만 개인의 사생활을 위해서는 국민의 알 권리가 중요하지 않다고 본다. 그리고 선정적인 기사와 불법광고들은 사람들의 눈살을 찌푸리게 한다.

스포츠신문은 자국의 스포츠문화를 선도하는 역할이라는 원래의 성격을 잃어가고 있다. 말 그대로 스포츠에 관한 기사를 다루는 것이 아니라 독자의 관심을 유발하여 판매부수를 늘리려는 모습으로 비쳐지고 있다. 많은 사람들이 우리나라의 스포츠신문에 스포츠 기사가 많지 않다는 것을 알고 있다. 스포츠신문에는 스포츠와 비슷한 분량으로 연예나 오락, 광고 등이 있어 스포츠기사 분량보다 그런 기사의 분량이 훨씬 많은 것이 사실이다. 사람들은 연예나 오락 기사를 보기 위해 스포츠신문을 뒤적이는 경우가 많다.

지하철을 타게 되면 손쉽게 보게 되는 스포츠신문 그 안에 광고나 기사를 보면 스포츠신문이라기 보다는 한편의 선정성 광고를 보는 것 같다. 선정성 홍보로 다른 사람들로 하여금 정보를 제공하여 더욱 흥미를 유발시키는 경향이 크다. 과거 O양 비디오, 백지영 비디오 기사를 보게 되면 백지영 풀 버전, 다운로드 횟수 역대최고, 그의 남자는 누구인가? 등 구독자를 유혹하는 문구나 사진을 게재하는 등 한 기사의 내용을 약 100여개의 기사로 부풀려 보도하여 구독자들로 하여금 성적 호기심을 자극하여 판매를 유도하였다. 판매부수 증가의 목적을 가진 허위 보도가 퍼져 나갔다.

예를 들어 백지영 몰래카메라 비디오, 이제니의 음독설, 최진실 임신불가설, 신해철 결혼설 등 끊임없는 스포츠뉴스의 일면에는 연예인들의 사생활이 침해되는 기사가 올라오고 있다. 연예인들은 보도가 진실이 아니라는 점과 그로 인해 생기는 피해를 생각하지 않는 기자들의 무책임함에 대해 화를 내고 있다. 입장을 한번만 바꿔서 생각해봐도 그런 기사를 그렇게 쉽사리 쓰진 않을 것이다. 이런 스포츠뉴스들은 기본적으로 선정적인 면을 가지고 있다. 10대들이 즐겨보는 언론매체임에도 불구하고 성의 개념을 왜곡시키고, 나도 한번 해보고 싶다는 호기심을 낳게 한다. 스포츠신문을 발행하는 회사 측에서는 10대들은 구매력이 없고 거의 보지 않는다고 하지만 설문조사에 의하면 10대 중 거의 매일 보는 학생이 12.9%나 되었다. 구매력이 없어서 신문을 보지 못한다는 것은 진실성 없는 변명이다.

스포츠신문과 청소년 문제

더 큰 문제는 스포츠신문은 인터넷과는 달리 신문사에서 발행되기 때문에 학생들은 신문의 내용에 대한 커다란 믿음을 가지고 있다는 것이다. 공신력을 가진다는 것이 정말 커다란 문제이다. 10대들은 스포츠신문의 내용을 100% 진실이라고 믿고 있기 때문이다. 돈만 벌면 된다는 상업주의가 깊이 뿌리 박혀 있기 때문에 선정성 경쟁을 그만두게 하는 것은 쉽지 않다. 더 선정적이고 자극적이게 만들어 사람들의 구매심리를 높여야 하기 때문이다. 물론 스포츠신문 회사 측에서는 끊임없이 사죄를 하고 개선하겠다는 기사를 낸다. 그러나 변하는 것은 잠시뿐, 또 선정적인 기사를 일삼고 있다. 이러한 문제점을 근본적으로 해결하기 위해서는 신문사주가 언론인으로써 사회적 책임을 느끼고 책임을 다해야 가능하다.

선정성 보도, 왜곡 보도와 같은 일은 연예계 전반 기사에 진실 보다는 지나친 과장이나 오보로 독자들로 하여금 호기심을 유발시키는 일이 허다하다. 연예인들도 개인의 프라이버시가 있는 반면 기자들은 어떻게 해서라도 그들의 사생활을 캐내려 하고 과장, 포장하는 일은 하루 이틀 문제가 아니다. 더군다나 밤 문화의 실태를 다뤄 오히려 이것을 보고 반성이 아닌 하나의 정보 교류를 통한 홍보 전략으로 비쳐지는 경우가 있을 뿐만 아니라 신문에 게재되는 광고나 만화는 청소년들이 보기에 너무나도 선정적인 문구나 그림, 사진 등으로 미래의 주인공들에게 유해하다. 신문 광고와 관련된 일을 하는 사람들은 신문의 주 수입원이 광고이기 때문에 어떻게 해서든 광고를 유치하려 한다.

어쩌면 우리 세대의 사람들은 당연히 스포츠신문에 스포츠보다 연예, 오락, 만화, 광고 등이 많아야 한다고 생각한다. 오락내용이 많은 신문을 골라서 구매하는 사람들도 있다. 사실, 스포츠만으로 많은 지면을 채워놓은 신문들을 돈을 지불하고 사다 볼 사람은 체육에 관련된 사람들을 제외하고는 많지 않을 것이다. 하지만 스포츠신문은 스포츠기사가 많아야 한다. 그렇다면 왜 스포츠신문에 스포츠기사가 많지 않은지 알아보자.

스포츠신문에 왜 스포츠가 없는가?

첫째, 신문사의 이익추구 때문에 스포츠기사가 적다. 간단한 예로 우리나라와 월드컵 본선에서 같은 조가 된 포르투갈과 국내 스포츠신문사의 기사내용의 차이를 보면, 포르투갈은 스포츠신문에서 축구에만 할애하는 기사 면이 80%에 육박한데, 한국은 스포츠 25%, 연예와 기타 46.9%, 광고 28.1%로 스포츠 면이 상당히 낮다. 아무래도 발행부수에 영향을 주는 재미있는 기사거리나 엄청난 이익을 주는 광고의 분량을 늘리면 신문사들의 돈벌이가 쉬워질 것이다.

특히나 스포츠신문의 선정적인 보도가 그치지 않는 이유는 스포츠신문의 선정적인 질주에 제동을 거는 브레이크의 힘이 미약하기 때문이다. 신문윤리실천요강에 의하면 위법적이거나, 비윤리적 행위를 보도할 때 음란하거나 잔인한 내용을 포함하는 등 선정적으로 보도해서는 안되며 또한 저속하게 표현해서는 안 된다. 성범죄에 연루된 피해자 및 무관한 가족들의 인권을 존중해야 하며 특히 이들의 신원을 밝히는 데 신중해야 한다고 규정하고 있지만 강제규정이 아니어서 특별한 구속력이 없다. 실제 한국 신문윤리위원회로부터 선정성을 이유로 경고를 받더라도 신문에 몇 줄 경고 사실을 게재하는 것으로 그치는 경우가 많다.

과연 스포츠신문의 파행을 막을 길은 요원한가? 한 스포츠신문을 그만 둔 신문기자는 신문윤리위원회의 제재로 스포츠신문의 선정성을 막는 것은 사실상 불가능에 가깝다며 제재를 대폭 강화하고 스포츠신문 스스로의 자정노력을 이끌 수 있는 언론단체와 언론 유관기관의 노력이 시급하다고 강조 하였다.

둘째, 기사를 쓰는 기자의 조건과 인원을 들 수 있다. 하루 13만 명이 읽는 포르투갈의 스포츠신문 기자는 300여명이고, 하루 40만 명 정도가 구매하는 한국의 스포츠신문의 기자는 60명 정도이다. 즉, 한국은 3배 가까운 발매부수에 1/5정도밖에 안 되는 스포츠기자를 둔 셈이다. 다시 말해 포르투갈은 많은 기자들이 취재를 하기 때문에 그 만큼 기사분량이 많고 우리나라는 적은 인원이 취재하기 때문에 상대적으로 기사거리가 적을 수밖에 없다.

셋째, 체육을 전공한 전문기자가 전무하다는 것이다. 기자가 되는 조건이 까다로워 체육을 전공한 사람들이 꺼려하는 경우도 있고, 기자의 자격에 미달되는 경우도 있어 체육을 전공한 기자가 많지 않다. 이 때문에 스포츠에 대해 쓸 기사거리가 없을 것이고 자세히 쓰지도 못한다. 대부분이 전날 있었던 경기결과, 내일 있을 경기예고, 스포츠선수들의 연예, 승리 등이 전부이다. 한마디로 스포츠기사의 질이나 양이 떨어질 수밖에 없다. 체육 전문기자를 선발해서 이들이 전문성 높은 기사를 쓰게 하는 것도 스포츠신문의 질을 높이는 일이다.

우리나라의 스포츠신문 발행부수가 다른 나라 보다 훨씬 많은 이유는 스포츠신문을 읽는 것이 재미있기 때문이다. 스포츠신문에는 스포츠 소식뿐만 아니라 연예가 소식도 있고, 재미있는 글이 많이 있기 때문이다. 영상매체보다 지루한 신문에 재미를 더하기 위해 그런 기사가 있는 것이 무조건 나쁘다는 것은 아니다. 다만, 그 정도가 지나쳐 누가 주인이고 누가 손님인지를 모르기 때문에 문제가 되는 것이다. 스포츠신문은 그 이름에 맞게 스포츠에 관한 기사가 많아야 한다. 이름만 스포츠신문이고 내용은 연예, 오락, 만화가 주가 되면 그것은 스포츠신문이 아니다. 스포츠신문의 본래의 역할을 다 할 수 있도록 스포츠신문의 자리를 찾아야 한다.

스포츠신문 보도특성(김현석, 1998)참고

1	스포츠저널리즘	프로, 엘리트스포츠와 스포츠마케팅의 결합
2	통속적 섹스저널리즘	성적호기심 자극과 판매증대라는 단선적 논리
3	연예 저널리즘	흥미와 왜곡의 비틀린 결합
4	소비자본 저널리즘	이벤트와 광고의 시험장

비판적 읽기, 반성적 읽기

- 스포츠신문이 선정적이라는 것에 굉장히 공감을 했다. 어렸을 때부터 아버지가 다 보신 스포츠신문에 있는 연재만화를 보거나 퀴즈를 풀려고 자주 봤었는데 성인기구, 폰팅 등등 별의별 광고가 다 있었고 심지어는 연재되는 만화도 선정적이었다. 하지만 스포츠신문의 판매에는 나이제한이 없다는 점이 굉장히 이해가되지 않았다. 지금 내가 스포츠 신문을 봐도 연예기사나 그런 만화에 흥미가 가는 건 사실이다. 그런 선정적이고 자극적인 광고나 연예기사들이 신문사의 수입을 올려주겠지만 스포츠신문에 스포츠에 관한 내용보다 스포츠 이외의 것들이 많아진다는 것은 주객이 전도된 것이기 때문에 올바르지 않다고 생각한다. 스포츠 신문에는 스포츠 내용이 있어야하고 또 어린아이까지 모두 볼 수 있다는 점에서 선정적인 부분을 제외시키거나 아니면 차라리 성인용 스포츠 신문을 따로 발행하면 어떨까 하는 생각이 들기도 한다. 신문사들이 단순히 이익추구에 집착하지 않고 자국의 스포츠문화를 선도하는 역할이라는 스포츠신문의 본래의 성격을 되새기며 신문을 신중히 발행하였으면 좋겠다.
- 우리 집은 스포츠신문을 구매하지 않기 때문에 나는 평소에 스포츠신문을 보지 않는다. 하지만 군대에 있을 때 군간부들이 스포츠신문을 구독하여 나도 자주 따라 봤었다. 스포츠 신문에는 재미있는 만화와 퀴즈, 그리고 TV 편성표가 있어서 재미있기도 했고 가끔은 편리하기도 했다. 그런데 스포츠신문의 거의 뒷부분에는 060과 같은 야한 광고

사진들이 있어 어른 간부들과 함께 볼 때면 오히려 민망할 때가 있었다. 사실 이 교과목을 배우기 전에는 스포츠신문은 원래 이러한 것들이 있는 것이 당연하다고 생각했다. 항상 이러한 스포츠신문만 봐왔고 모든 스포츠신문이 이러하기 때문이다. 이 교과목을 배우면서 생각이 들었다. 정말 스포츠신문에 스포츠기사가 대부분을 차지하고 있어야 하는데, 주가 스포츠가 아니라 독자들을 즐겁게 하기 위한 선정적이고 자극적인 내용들만 있는 것이다. 교과목을 배우면서 이러한 자극적이고 선정적인 내용들이 여러 가지 문제를 야기 할 수 있다는 것을 알았는데, 나는 특히 청소년들에 대한 문제가 가장 크다고 생각한다. 나도 야한 광고를 볼 때면 민망할 정도였는데 청소년들에게는 성적 호기심을 불러일으키는 안 좋은 결과를 낳게 할 것이다.

- 최근에는 스포츠신문에서 스포츠와 관련한 전문적인 내용과 지식을 다룬 기사들은 점차 많아지는 추세이고 또한 없다 하더라도 인터넷을 통하여 언제든지 자신이 필요한 만큼의 스포츠 전문지식을 얻을 수 있는 세상이 도래하여 이러한 문제는 조금씩 줄어들고 있다고 생각된다. 하지만 여전히 스포츠신문의 선정성 문제는 끊이지 않는 상황이다. 게다가 이러한 선정성 기사는 인터넷이라는 새로운 수단이 사용되는 세상에서 더욱 심각화 되고 있는 상황이다. 과거에는 독자들이 스포츠신문의 해당 연예인 관련 선정성 기사를 보고 나서 이를 교류한다고 하더라고 자신의 회사동료나 친구사이 혹은 가족들 정도의 사이와 내용을 주고받아 이러한 내용

이 사회적으로 이슈화되기까지는 많은 과정을 거쳐야 하지만 최근에는 인터넷 기사를 보고 나서 바로 댓글을 통해 서로간의 생각을 나누고 바로 사회 이슈화되어 해당기사가 거짓으로 판명난다 하더라도 그 기사로 피해를 보는 연예인들의 문제는 과거보다 엄청나다고 할 수 있다. 결국 스포츠신문의 이러한 선정성 문제가 인터넷까지 연결되어 규모가 더 커져 비단 스포츠신문에서 선정성 기사를 극단적으로 금지한다 하더라고 해결되지 않은 상황까지 되어버린 것이다.

• 나도 지하철을 타고 다니면서 신문을 종종 보는 경우가 있다. 신문에도 여러 가지 종류가 있는데 아무래도 정치, 경제 이런 것보다는 스포츠, 연예 이런 신문들에게 좀 더 눈길이 가는 것이 사실이다. 그런데, 그런 신문들을 보다보면 나도 모르게 눈살을 찌푸리는 경우가 많다. 스포츠신문이라면서 스포츠기사 대신에 선정적인 광고들과 문구, 그리고 필요 없는 만화 면이 3장 이상을 차지하는 등 정말 이게 스포츠신문이 맞나? 라고 생각할 정도로 부실하기 짝이 없었다. 성인들도 보기에 눈살이 찌푸려지는데 어린 아이들이 보기에는 어떨까. 물론 신문은 양도 중요하지만, 질이 더 중요하다고 본다. 스포츠신문 같은 경우는 양을 채우기에 급급한 것으로 보여 진다. 연예인들의 사생활을 진실성의 판단 없이 사실인양 퍼뜨려 버리고 성적인 문구로 호기심을 자극하는 등 정말 스포츠신문으로서의 기능을 잃어가고 있는 것 같다. 앞으로 스포츠신문이 이러한 점을 고쳐 정말 진정한 스포츠신문으로 거듭나기를 바란다.

스포츠로 세상읽기

스포츠신문에 스포츠가 없는 이유는 스포츠가 주류가 되면 사람들이 구독하지 않을 것이라는 생각 때문이다.

적어도 한 가지라도 제대로 된 스포츠신문이 발행되면 사람들은 스포츠신문이 저런 것이라고 생각하게 될 것이다. 그러나 현재처럼 스포츠신문이라는 이름하에 연예와 오락에 대한 기사가 넘치는 것에 대한 문제가 있음을 알게 된다. 그래서 독자의 선택의 폭을 그 만큼 넓게 해주는 것이 된다. 현재와 같이 스포츠신문이 지속되다 보면, 스포츠신문은 이름과 내용이 다른 것으로 계속 발간될 것이다.

속과 겉, 형식과 내용, 명성과 알맹이가 일치하는 그런 세상을 기대하는 것이다. 이러한 희망이 넘쳐나는 것은 우리사회가 일치하지 못하고 분산되어 있다는 것을 단적으로 말해주는 것이다. 이름값을 하는 사람과 물건이 많이지기를 기대해 본다. 그래서 착각하여 손해 보는 사람들이 적어져서 믿고 신뢰할 수 있는 사회가 되기를 희망한다.

스포츠 읽기

스포츠미디어, 미디어 스포츠

양은경 〈충남대 언론정보학과 교수〉

오늘날 서구의 프로스포츠들은 글로벌 문화상품이 됐다. 1990년대 이전까지만 해도 전 지구적으로 중계되는 스포츠는 올림픽이나 월드컵과 같은 일부 이벤트에 불과했지만, 이제는 많은 나라들에서 다양한 해외 프로스포츠들을 일상적으로 시청할 수 있게 됐다.

우리나라의 경우, 1995년 미국 NBA 농구 결승전이 국내 케이블 TV에서 생중계된 것을 비롯해 미국과 유럽의 다양한 프로스포츠들이 정규적으로 제공되기 시작했다. 박찬호의 메이저리그 진출과 박세리의 LPGA 골프 우승 등을 계기로 이들이 진출한 해외 프로스포츠 경기들과 관련 상품들이 국내에서 활발히 소비됐다. 2002년 한일 월드컵 이후에는 한국 축구 선수들이 본격적으로 유럽 프로리그에 진출했고, 국내에서 유럽 리그가 정규적으로 중계되고 있다. 박지성의 맨체스터 유나이티드 팀을 비롯해 저명한 유럽 축구팀들에 대한 국내 팬덤이 형성됐으며, 서울시는 08-09시즌 맨체스터 유나이티드 팀의 스폰서가 됐다.

이처럼 우리가 서구의 유명한 프로스포츠들을 본격적으로 수용하게 되는 과정에는 박찬호, 박세리, 박지성과 같이 해외파 선수들의 활약이 큰 역할을 했다. 이들은 세계적인 프로스포츠에서 유수의 스타 선수들과 어깨를 나란히 한다는 점에서 민족적 자부심이자 국가경쟁력의 지표로 받아들여졌다. 1990년대 말에는 박찬호와 박세리가, 2000년대에는 박지성이 언론에서 주요한 뉴스거리로 등장했다는 것은 해외 스포츠의 소비에 민족주의적 정서가 크게 활용된다는 점을 보여준다.

그런데 스포츠 민족주의는 국내의 정치권력이나 미디어, 기업들에 의해서만 적극 동원되는 것은 아니다. 해외 프로스포츠들이 아시아 시장을 공략하기 위해서 해당 지역 출신 선수들을 기용하는 것은 개별 국가들의 민족주의 감정을 환기하는 전략이라고 할 수 있다. 초국적 미디어 그룹들은 위성생중계를 통해 자국 출신 선수를 성원하는 스포츠 민족주의를 자극했고, 서구의 프로스포츠 리그와 미디어 그룹, 그리고 기업들은 자연스럽게 로컬 시장에 진입하는 기회를 잡세됐다.

일본의 소프트뱅크와 초국적 미디어 기업 뉴스 코퍼레이션의 합작투자사인 Sky Perfec TV!는 1998년 월드컵 영웅 나카타 히데토시가 세리에 A 클럽 페루자에 진출한 것을 계기로 세리에 A 리그 경기를 방송해 성공적으로 가입자를 확충할 수 있었다. 2001년에는 오노 신지가 네덜란드 페예노르트 팀에 이적하면서 네덜란드 프로축구가 일본에서 방송권을 확보하는 계기가 됐다. 2005년에 나카무라 슌스케를 영입한 셀틱은 클럽 판촉을 위해 일본을 방문하고, 일본어 웹사이트를 만드는 등 홍보에 열을 올렸다. 그 결과 일본 시장에서 14만 장의 티셔츠와 2만 장의 DVD를 판매하는 효과를 거뒀다.

중국의 경우, 1998년 영국 축구 클럽인 크리스탈 팰리스에 순지하이와 판지이가 영입되면서 중국 국영 TV에 영국 축구가 처음 생방송됐고, 그로 인해 1억 명 이상의 시청자를 확보했다. 2002년 순지하이가 맨체스터시티로 이적하고 나서 중국 시청자는 3억6천만 명에 달하면서, 한 나라의 단일 리그 게임에 대한 최대 시청률 기록을 수립했다. 또한 미국 NBA에서 뛰는 야오밍과 이젠롄은 2백만 중국 TV 시청자를 끌어들였다고 평가된다.

2002년 한일 월드컵은 FIFA와 유럽 프로리그, 초국적 미디어 기업들이 아시아를 세계 스포츠 시장 체제로 통합할 수 있게 한 매우 중요한 전략의 일환이었다. 디즈니와 뉴스 코퍼레이션 합작 투자사인 ESPN 스타 스포츠는 아시아 지역에서 1위의 미디어 스포츠 네트워크다. 이 네트워크를 통해 아시아 지역에 방송되는 서구 스포츠들은 NBA 농구, NCAA 농구, 미국 레슬링, NFL 미식축구, 메이저리그, 영국 프리미어리그, 포뮬러1, X게임 등에 이른다. 박지성이 출전하는 영국 프리미어리그 경기는 MBC ESPN이 2004년부터 단독 생중계했고, 09-10시즌부터는 SBS Sports (현 SBS ESPN)가 국내 프리미어 리그의 독점 생중계권을 확보하여 방송하고 있다.

이처럼 위성 텔레비전 기술의 발전은 전 지구적 차원에서 다양한 팬 층을 확보하는 데 결정적인 도움이 됐다. 예컨대 경기장에 방문하거나 축구를 해본 적이 없는, 오로지 TV를 통해서만 축구를 시청하는 팬들이 형성된 것이다. 이에 따라

축구 사업에서 TV 중계권료를 통한 수익의 비중이 급상승했다. 또한 유명 스포츠 브랜드의 의상과 갖가지 상품들을 걸치고 유럽 리그에서 뛰는 스타 선수들을 미디어를 통해 감상하는 팬덤은, 지역성에 깊게 뿌리내린 전통적인 팬덤과는 다르게 매우 소비적인 성격을 갖는다.

스포츠 프로페셔널리즘과 상업주의는 높은 계약금과 연봉, 스폰서, 광고모델료와 같은 개인적인 부를 스포츠의 주된 가치로 내세우고 있다. 얼마나 높은 몸값의 선수들을 보유하고 있느냐가 클럽들의 위계를 결정하고, 얼마나 많은 계약금과 연봉을 받았느냐가 성공한 선수의 척도가 됐다. 또한 치열한 주전 경쟁에서 살아남은 선수들이 얼마의 몸값을 받고 재계약에 성공했는지가 대중들의 주된 관심거리가 됐다. 뛰어난 경기력과 엔터테이너로서의 다양한 자질을 갖춘 한 줌의 스타선수들이 부와 관심을 독차지하는 반면, 토착적인 스포츠들은 점점 더 대중들의 관심으로부터 멀어지고 있다. 지역성에 뿌리내린 공동체 문화로서의 스포츠, 참여의 의의, 순수한 유희정신, 팀의 단결과 유대감 같은 스포츠의 전통적인 가치들은 이제 더는 주목받지 못하는 고색창연한 구호가 되고 있는 것이다.

출처: 중앙대 대학원신문 2012년 5월 14일자

생각 거리

1. 스포츠신문의 문제와 그 해결방안은?
2. 스포츠신문에 왜 스포츠기사가 부족할까?
3. 스포츠신문기자의 자질에 대하여 생각해 보자.
4. 스포츠신문의 사회적 기여를 조사해 보자.
5. 스포츠신문의 선정성 문제를 찾아보자.

읽을 거리

1. 박영욱(2008). 매체, 매체예술 그리고 철학. 서울: 향연.
2. 송해룡 역(2009). 미디어스포츠의 파워. 서울: 성균관대학교 출판부.
3. 김원제(2006). 스포츠코리아. 서울: 한국학술정보.
4. 윤득헌(2009). 스포츠와 미디어. 서울: 레인보우북스.
5. 정영남(2008). 미디어스포츠. 서울: 대한미디어.

11 스포츠로 지배하라[21)]

1982년 3월 우리나라는 미국, 일본에 이어 세계에서 3번째로 프로야구가 출범했다. 이는 실로 엄청난 일이었다. 경제적 성장과 국민 1인당 수입이 신진국 수준에 노달한 것은 아니었다. 그럼에도 불구하고 프로야구가 출범한 것은 경제적 이유보다는 정치적인 이유에서 찾을 수 있다. 어떻게 보면 그것은 야구에 대한 정치의 개입이 아니라 오히려 정치야구였다. 전두환 정권이 앞서서 한 프로야구의 출범은 1980년 5·18 광주민주화투쟁에 대한 국민의 열기를 프로야구로 관심을 바꾸려던 의도를 가지고 진행되었다. 수석회의에서 전두환 대통령은 프로스포츠의 출범을 강조하였다.

21) 2005년 5월 22일 MBC <이제는 말할 수 있다> 제95회 "스포츠로 지배하라" 참고.

프로야구와 정치논리

이때 광주를 연고지로 하는 해태 타이거즈는 광주에서 경기를 가질 수 없었다. 하지만 해태 타이거즈의 경기는 원정경기임에도 불구하고 홈구장과 같은 응원열기였다. 전라도 사람들의 한풀이였기 때문에 경기장은 전라도 사람들로 넘쳐났다. 이러한 프로야구의 출범은 군사정권의 정치논리였다. 더 나아가 민심을 바로 잡고 국민을 결집시킬 것이 필요했는데 그것이 바로 올림픽 유치였다. 전두환은 당시 안기부장에게 올림픽 유치를 못할 경우 죽을 각오를 하라고 협박을 했다. 그리고 올림픽 유치위원들은 떠났다. 결정 3일전 우리나라는 아디다스의 회장 다슬러와 밀약을 체결하였다. 그리고 그것이 올림픽을 유치할 수 있게 하는 반전의 매개체가 되었다. 전두환은 올림픽을 정치적으로 이용하지 않겠다고 했지만 올림픽은 제5공화국의 정치적 핵심이었다. 올림픽유치 이후 우리나라는 두발자유화, 교복자율화, 통금해제가 되었다. 그 때 술집이 호황을 이루었다.

LA올림픽의 성과

1984년 LA올림픽에서 6개의 금메달이 쏟아져 나와서 전두환 전 대통령은 체육진흥에 더욱 힘을 싣게 되었고 스포츠 대통령이라는 칭호까지 생겨났다. 그리고 전두환 전 대통령은 이를 이용해 이듬해 총선에 이용하자는 의도가 있었다. 하지만 그 때나 지금이나 88서울 올림픽을 비난할 사람은 많지 않을 것이다. 전두환 정권이 곧바로 프로야구 출범에 심혈을 기울였고 결국 1982년 프로야구를 출범시켰다. 그리고 1988

년 올림픽까지 유치하면서 '스포츠 대통령'이란 이름까지 얻었다. GDP 2천 달러도 안 되는, 먹고 살기 바쁜 개발도상국이 이처럼 스포츠육성에 집중한 이유는 무엇일까.

그 이유를 정치에서 찾을 수 있다. 프로야구 출범은 청와대의 정치적 작업이라는 사실이 밝혀지고 있다. 쿠데타를 통해 집권한 전두환은 1981년 6월 청와대 수석비서관 회의에서 프로스포츠 출범을 지시했다. 이른바 국민의 관심사를 정치에서 멀어지게 하고자 다른 관심거리를 만든 것이다. 하지만 야구계는 프로야구를 자율적으로 출범시킬 여력이 없었기 때문에 청와대가 직접 나서게 되었다. 청와대의 직접적인 작업으로 불과 2개월 만에 구단주 기업이 선정되고, KBO(한국야구위원회)가 결성되었다. 그리고 출범지시가 내려진 지 9개월 만인 1982년 3월 27일 대망의 프로야구가 문을 열었다.

신군부가 연고지를 결정하는 과정에서 가장 애를 먹은 지역은 바로 호남지역이었다. 기업들이 프로야구 참가를 거부하는 등의 우여곡절을 겪은 뒤 해태가 호남을 연고지로 맡게 된다. 이렇듯 졸속 추진 결과 창단 당시 해태선수는 14명뿐이었다. 한 많은 상처를 안고 살아가는 광주 사람들은 야구에 끊임없는 애정을 쏟았다. 그 결과 그들의 가슴 속 한을 풀었다. 해태의 승리는 호남인들의 한풀이었다.

어떻게 보면, 올림픽을 유치한 바덴바덴의 기적은 연출된 기적이다. 1979년 10월 서울시에 의해 발표된 올림픽 유치계획은 10·26 사건으로 묻혀버렸다. 하지만 1980년 8월 전두환은 일본 세지마 류조와 만난 뒤 올림픽 유치에 다시 불이 붙었다. 세지마 류조는 박정희 정권 때부터 한·일 간에 가교역할을 맡았던 막후 인물이다. 광주학살을 숨기고 국민을 하나로 묶을 수 있는 묘책을 세지마에게 물었던 전두환은 그로부터 올림픽이라는 해법을 얻는다.

1981년 9월 각계 인사를 망라해 꾸려진 유치단은 바덴바덴으로 향했고 유치 결정 발표 3일전, 이들은 당시 스포츠계의 황제로 군림했던 독일 아디다스사의 회장 다슬러를 은밀히 만났다. 1988년 올림픽 스폰서 자격을 보장하기만 하면 한국에 유리한 표를 모아준다는 그의 제안을 받아들인 뒤 서울 52표 나고야 27표라는 결과가 나왔다.

서울올림픽의 문제

올림픽은 화려한 이면에 그림자가 있다는 것을 알아야 한다. 문제는 올림픽 개최에 따른 부정적 결과의 발생이다. 특히, 도시빈민이 다수를 차지하는 철거민의 피해는 컸다고 할 수 있다. '상계동 올림픽'이라는 다큐를 통해서 이러한 사실을 잘 엿볼 수 있다. 경제 상황은 아랑곳하지 않고 정치적 목적에 의해 올림픽을 유치한 전두환 정권은 올림픽 개최를 위한 대규모 토목공사로 빚 더미 위에 올라 앉았다. 이 엄청난 비용을 충당하고자 서울시는 도심재개발 사업을 악용했다. 이런 가운데 철거촌의 세입자들은 올림픽이란 미명하에 하루아침에 길바닥으로 나앉을 수 밖에 없었다.

특히 폭력에 밀려난 상계동 철거민들은 부천의 고속도로 근처로 옮겨 새 보금자리를 마련했다. 하지만 이마저도 올림픽 성화가 지나가야 하기 때문에, 길 주변의 미관을 해친다는 이유로 철거반에 의해 무참하게 철거당해버린다. 결국 이들의 마지막 선택은 성화가 지나가는 길에서 안보이게 땅굴을 파고 들어가는 것뿐 이들이 할 수 있는 일은 없었다.

약자를 내몰고 올림픽만을 생각하는 행정은 과연 누구를 위한 행정인지 묻지 않을 수 없다. 사회는 기득권 계층과 사회 일부의 시민의 권리만을 대변한다면 사회적 빈곤층과 약자

서울올림픽의 성과

는 누구를 믿고 살아야 할까. 이 나라를 떠나 다른 나라로 가야한단 말인가.

올림픽 개최에 따른 피해는 도시 빈민만이 아니라 직접 경기를 해야 하는 선수들에게도 영향을 미쳤다. 그 피해는 수단과 방법을 가리지 말고 메달을 많이 따야 한다는 명령이었다. 세계 유래 없는 올림픽 꿈나무 선발을 거쳐 차관급 수준으로 인상된 국가대표 코치의 월급, 병역면제 등 각종 혜택을 내걸며 전두환 정권은 메달획득을 종용했다. 마침내 1984년 LA 올림픽에서 6개의 금메달을 따고 세계 10위를 하는 결과가 나왔다. 1984년 9월 실시된 스포츠와 올림픽에 관한 전 국민 여론조사보고서를 보면 올림픽에 대한 국민들의 지지는 90%에 육박한다. 그리고 타임지의 표지에 등장한 전두환은 '하면 된다는 정신으로 뭉친 나라의 대통령'으로 소개되었다.

서울올림픽의 성과

1988년대에 한국은 개발도상국이었다. 당시 올림픽 망국론이 주창되었지만 전두환 정권의 올림픽유치에 대한 강한 열망으로 올림픽을 유치하게 된다. 이미 1968년 멕시코가 올림픽을 유치하여 경제적으로 어려움을 겪은 바 있었다. 그 당시 재정을 확보하기 위해서 재개발 공사가 활발해져 도시빈민들이 집을 잃게 되었다. 그 때 등장한 게 철거용역 깡패다. 강하게 저항하는 빈민들을 철거지역에서 내 몰기 위해서 깡패들을 동원하였다. 폭력을 행사하여 해결하려는 과정에서 등장한 말이다.

1988년 서울올림픽은 일본의 동경올림픽에 이어 아시아에서 2번째 올림픽이라는 점이다. 둘째는 개발도상국에서 올림픽을 유치했다는 것이다. 지금까지 올림픽은 대부분은 선진국들 중심으로 개최되었다, 그 이유는 엄청난 개최비용이 요구되기 때문에 개발도상국에서 사실상 개최하기는 엄두가 나지 않았다. 그럼에도 불구하고 전두환 정권은 스포츠로 지해하기 위한 방안으로 올림픽을 생각해 낸 것이다.

셋째는 동서화합의 올림픽으로 세계 160개국이 참가하였다는 점이다. 모스크바올림픽과 LA올림픽은 정치적 이유로 반쪽 올림픽이었다. 1980년 모스크바 올림픽은 소련이 아프카니스탄 무단 침공에 저항해서 미국과 서방의 국가들이 대거 불참하였다. 4년 후에 미국 LA올림픽 역시 소련과 동유럽 국가들이 불참하여 반쪽 올림픽이 되었다. 넷째는 대학민국의 국가브랜드를 강화했다는 것이다. 마지막으로 경기에서 세계 4위를 했다는 것이다.

비판적 읽기, 반성적 읽기

- 스포츠가 정치적으로 이용된 사례는 역사에서 많이 발견된다. 정치적 선전 때문에 올림픽을 유치하고 올림픽 금메달리스트를 통해서 자신들의 정치적 선전에 이용하는 것을 볼 수 있다. 내가 어렸을 때 정치적으로 사회가 시끄러울 때 한일전 등이 이루어지면 국민들의 관심을 스포츠 경기에 쏠리곤 했다. 또한 전두환 정권뿐만 아니라 현 정부도 미국산 쇠고기, 4대강 살리기 사업 등의 정책과 이명박 대통령에 대한 국민들의 불신은 베이징올림픽과 밴쿠버 동계올림픽에서의 우리나라 선수들의 활약으로 어느덧 조금씩 국민들의 관심에서 멀어지게 된 것처럼 느껴진다. 대통령이 수고한 선수들에게 축전을 보내거나 전화를 걸어서 격려 및 축하하는 스포츠 스타를 통해서 정치적 목적을 달성하려는 의도가 담겨있는 정치적 행위중 하나이다. 또한 유명한 스포츠 스타를 광고에 등장시켜서 그 선수의 좋은 이미지를 상품매출에 이용하기도 한다. 이제는 스포츠가 정치와 경제에 악용되는 사례를 막고 스포츠가 역으로 정치와 경제를 공정하고 깨끗한 것으로 정화 할 수 있도록 노력하자.
- 스포츠는 시청자, 관전자에게 있어 자존심이자 감정싸움이 될 수 있다. 이탈리아의 경우 밀라노를 연고지로 하고 있는 AC 밀란과 인터 밀란의 밀란 더비 경기가 있는 날이면 꼭 사고가 나고 같은 지역인데도 둘로 갈려 경쟁한다. 우리나라의 경우 지역감정이 심하기 때문에 스포츠로 이를 이용

하기 용이하다. 전두환 전 대통령의 프로야구 출범은 이에 따라 순조롭게 진행될 수 있었을 것이다. 현재 까지만 해도 부산의 롯데, 광주의 기아, 서울의 두산, LG, 인천의 SK 등 지역으로 연고지가 나뉘어 지역감정을 동반한 스포츠 경쟁이 지속되고 있다. 이는 전두환의 스포츠지배가 현재까지 영향을 미치고 있다는 이유일 것이다. 전두환의 스포츠 대통령의 의미는 단순히 스포츠만의 성장을 의미하지 않을 것이다. 스포츠 성장 뒤에 정치적 악용, 국민의 피해, 지역감정 심화 등 여러 가지 부정적인 결과를 초래 했다. 스포츠는 즐길 수 있을 때만 스포츠이어야 한다. 다른 목적에 의해 스포츠가 쓰인다면 그때부터 스포츠가 아니다. 스포츠의 정치적 이용은 스포츠의 재미와 흥미를 앗아가는 행위이다.

• 축구만 봐도 전 국민을 하나로 묶어 '하나 된 대한민국' 이라는 말이 나올 정도였고, 야구에서도 지역 색이 강한 팀들은 홈팬들의 열렬한 지지를 받으며 시합에 나오니까 말이다(광주가 해태 타이거즈 시절, 80년대에는 어느 구단의 어느 서포터들도 감히 광주로 원정응원을 오지 못했다는 소리를 무릎 팍 도사에서 이종범이 언급했었다). 그러면서도 나는 3S정책 중의 하나로써의 스포츠의 모습을 애써 외면했다. 이렇게 스포츠에 열광하기 때문에 정책적으로 무엇을 하는지 어떤 일을 꾸미는 건 아닌지 사람들의 관심이 희소해 진다는 것을 외면하려고 했던 것이다. 그러나 오래전부터 스포츠를 양날의 칼로 보는 견해는 아무 근거 없이 하

는 말이 아니었음을 근래에 다시 깨닫고 있다. 5월 23일에는 한일전이 있다고 한다. 그런데 공교롭게도 이 날은 노무현 前 대통령의 서거일이다. 사람들이 과연 노무현 대통령의 죽음을 다시 애도하려 할까 아니면 한일전에서의 승리를 갈구하려고 할까? 또한 과거 2002년 월드컵 당시에도 어찌 보면 광적인 그 열기에 가려 서해교전에서 목숨을 잃은 장병들에 대한 의식은 굉장히 옅은 색을 지녔을 뿐이었다. 그러나 우리 국민들도 점차 변화되어가고 있음을 나는 느낄 수 있다. 같은 월드컵 당시에 미군 장갑차에 깔려죽은 효순이·미선이 사건을 기억하고 시청 앞에 모여 다 같이 촛불시위를 했던 장면을 나는 기억한다. 이 사건 하나만을 가지고서 스포츠의 양면성을 국민들이 알고 있다. 국민들의 의식 속에는 스포츠의 양면성에 대해 어렴풋이나마 인식하고 있는 것이 사실이며, 더 이상 국민들을 3S정책으로 우롱하는 일은 국민들 스스로도 용납하지 못할 것임을 믿는다. 따라서 정치계에서도 스포츠의 순수한 정신을 악용하여 국민들을 눈멀게 하는 일은 더 이상 시도하지 말아야 할 것이다.

- 스포츠는 선수들은 서로 선의의 경쟁을 하면서 열심히 연습하고 그러다가 국제대회에서 상 타면 좋은 것이고 못 타도 괜찮고, 스포츠를 보는 국민들은 스트레스를 풀고 즐거움을 얻고 때론 직접 해보면서 건강도 얻을 수 있는 순수한 의미의 스포츠로 있어야 한다고 생각한다. 그런 의미에서 얼마 전에 있었던 쇼트트랙 파문은 참 안타까운 일인 것 같

다. 쇼트트랙은 우리나라가 동계올림픽에 출전하면 가장 많은 메달을 딸 정도로 실력이 좋은 종목이고, 국민들이 보면서 너무나 자랑스러워했었는데 지금은 국민들이 외면을 하게 되었다. 빙상연맹의 비리, 선수들끼리의 지나친 경쟁과 견제, 그리고 문제가 곪아서 터질 때까지 나둔 체육계 등 스포츠를 즐긴다기보다 수단으로 생각하기 시작하면서 이 지경이 된 것 같다. 물론 스포츠를 직업으로 삼다보면 그들끼리 이해관계로 이 같은 일이 없을 수는 없겠지만 그 정도가 너무 심해지거나 순간의 유혹을 이기지 못하면 더욱더 심한 영영 돌이킬 수 없는 결과를 낳을 수 있다는 것을 명심해야 하겠다. 진실은 어떻게라도 밝혀지게 되어있고 밝혀진 후에 돌아오는 비난과 명예 손실, 처벌 등은 그때 가서 후회를 해도 가혹하게 주어질 것이다.

스포츠로 세상읽기

스포츠 그 자체는 가치중립적이다. 그런데 다른 것에 이용당하기 때문에 스포츠의 성격은 변한다. 대표적인 것이 정치와의 관계이다. 스포츠역사에서 스포츠가 정치에 이용당하여 온 것을 많이 볼 수 있다. 정치적 선전 때문에 올림픽을 유치하고 올림픽 금메달리스트를 정치적 선전에 이용한다.

대표적인 것이 대통령의 축전이다. 만약 김연아가 세계대회에서 우승하면 대통령이 축전을 보내거나 전화를 걸어서 승리를 축하하는 것은 스포츠스타를 통해서 정치적 목적을 달성하려는 의도가 담겨있는 정치적 행위이다. 스포츠 스타를 정치와 선거에 악용한 사례들은 있어왔다. 이것들은 모두 정치가 스포츠를 이용한 대표적인 사례들이다.

이제는 스포츠가 정치와 경제에 악용하는 사례를 막아야 한다. 스포츠가 역으로 정치와 경제를 공정하고 깨끗한 것으로 정화할 수 있도록 하는 역할을 기대해 볼 수 있다. 스포츠를 통한 페어플레이한 정치문화를 만들어 간다면 공정하고 깨끗한 선거문화가 형성되고 현실에서 완성해 갈 것이다. 스포츠가 이제 나서야 할 때이다.

스포츠 읽기

조작된 상징으로서의 스포츠

양순창 〈대구외대 외국어학부 교수〉

"영국에 셰익스피어가 있다면 브라질에는 펠레가 있다"는 말에서 나타나듯이 현대 사회에서 스포츠는 국민적 자존심을 대변하는 영역으로 자리 잡고 있다. 19세기 영국의 사상가 토마스 칼라일은 인디아를 줘도 셰익스피어와는 바꾸지 않겠다고 했는데, 아마 브라질 사람들이라면 셰익스피어를 줘도 펠레와는 바꾸지 않겠다고 할 것이다.

여기에는 분명 돈으로만 평가할 수 없는 무언가가 내재돼 있으며, 현대 스포츠가 만들어내는 환상과 그러한 환상을 낳는 현대 사회의 비밀이 숨겨져 있다. 그것은 확실히 환상적이고 비합리적인 무엇이다. 왜냐하면 돈으로 평가하는 것 외에 합리성의 근거를 갖지 못한 현대인의 눈으로 볼 때, 도저히 계산에 맞지 않는 주장이기 때문이다.

스포츠에 대한 대중들의 열광과 현대의 각종 스포츠 행사가 보여주는 엄청난 규모와 선전효과를 고려하면 세계 각국이 스포츠의 활성화에 심혈을 기울이는 것이 그리 이해하기 어려운 일도 아니다. 하지만 그것은 스포츠 본래의 효용성 때문이 아니라 스포츠가 현대 사회의 정치적·경제적 문제 해결에 효과적인 수단을 제공하기 때문이다. 경기장과 TV 앞에서 열광하는 관객의 배후에는 치밀하게 계산하고 철저히 합리적으로 행위하는 세력들이 있다. 그 계산은 정치적일 수도 있고, 경제적일 수도 있으며, 혹은 둘 다일 수도 있다.

• 비합리적 상징으로서의 스포츠

스포츠는 외견상 정치와는 무관한 문화 활동의 형태를 갖추고 있지만 실제로는 정치적 메시지를 전달하는 데 빈번히 사용되고 있다. 스포츠는 일종의 비합리적 정치적 상징으로서, 스크린 및 성과 함께 3S정책으로 알려진 비합리적 상징 조작의 주요한 수단이다. 스포츠에 잠재된 정치적 상징성은 스포츠에 내재된 문화적 주제를 정치적 의미로 전환시키는 것을 가능케 하기 때문이다. 이에 따라 정치권력에 대한 지지는 스포츠에 내재된 상징에 대한 지지를 매개로 하여 이뤄진다.

또한 스포츠를 통한 정치적 상징조작의 과정은 스포츠에 내재된 정치적 상징성을 그 사회의 구성원들에게 이입시키는 과정, 즉 정치사회화의 과정이다. 스포츠는 두 방면에서 정치사회화의 기능을 수행할 수 있는 이데올로기적 잠재력을 가지고 있는데, 피치자에게는 그 사회의 일반적 정치문화를 전파시키는 과정을 제공하며, 치자에게는 정치권력의 유지와 확대에 유리한 문화적 환경을 제공한다.

스포츠의 정치적 상징성으로는 '동일시의 상징', '지배의 상징', '보수적 상징' 등을 들 수 있다. 스포츠는 동일시의 상징을 통하여 가상적 공동체를 형성하게 하며, 이로써 내적 모순을 은폐하거나 외적 모순으로 전환시키는 것을 가능하게 한다. 스포츠는 우리와 적을 구분하고 우리 공동체의 우월성을 상징함으로써 지배 욕구를 충족시키며 이로써 권력에 대한 복종과 심리적 균형을 유지하게 한다. 또한 스포츠는 그 조직 방식이나 활동 방식을 통해 기존 정치문화를 답습하게 함으로써 보수적 태도를 조장한다.

또한 스포츠는 다양한 외교적 수단으로도 활용된다. 스포츠는 공식 외교와 마찬가지로 정치적 효과를 낼 수 있으면서도 공식 외교에 비해 국제법이나 국제 관행의 구속을 상대적으로 덜 받으며, 전쟁과 같은 무력 충돌의 부담을 회피할 수 있는 편리한 수단이다. 이런 점에서 스포츠는 흔히 '춤추는 전쟁' 또는 '무기 없는 전쟁'으로 묘사되기도 한다. 일반적으로 스포츠가 보여주는 외교적 상징성으로는 '국가 승인의 상징', '국가 승인 거부의 상징', '화해의 상징', '저항의 상징', '국위선양의 상징' 등이 있다. 구체적으로 스포츠가 어떠한 외교적 상징성을 갖는가 하는 것은 스포츠를 외교적으로 이용하고자 하는 국가가 처한 국제정치적 상황의 특수성에 의존한다.

• 스포츠를 통한 정치적 상징조작

스포츠에는 정치적 통합과 사회의 긴장 완화, 국가 간 우호 증진, 경제 문제 해결이라는 긍정적 측면이 있다. 하지만 현재와 같이 상업적 스포츠가 횡행하는 상황에서 그러한 긍정적인 측면은 상업적 스포츠의 부정적 측면을 은폐하는 위장막에 불과하다. 스포츠의 순기능에 대한 교육과 선전 이면에는 모종의 이익을 노리는 세력들이 숨어 있는 것이다. 즉 스포츠는 정치적 상징조작의 수단으로 작동하며, 여기엔 스포츠만이 제공할 수 있는 정치적 이해관계가 존재한다. 정치적 목적에 적합한 이벤트가 기획될 때, 그 형식적·절차적 정당화를 위한 것으로 '보편적 국가이익'이 따라 붙는다. 보편적 국가이익은 주로 수익성, 국가홍보, 파급효과 등과 같은 '이익'을 앞세운 언설로 포장되고, 이는 아주 강력한 위장막으로 작동한다.

또한 스포츠를 통한 정치적 상징조작에는 비용 문제와 같은 경제적 제약이 따르는 동시에 스포츠의 상업화가 심화되면서 정치적 상징조작의 효과와 시장 간의 상호 의존적인 관계도 확대되고 있다. 이는 정치적 비합리성을 강화하고 정치에 대한 무관심을 조장함으로써 대중을 정치로부터 소외되게 만들며, 열광하면 할수록 대중을 더 가난하게 만든다.

하지만 낙담할 필요는 없다. 데이비드 로빈스는 스포츠를 "부분적으로는 대중 치료, 부분적으로는 저항, 그리고 부분적으로는 지배적인 정치 및 경제 질서를 반영하는 거울"이라고 규정한 바 있다. 스포츠 자체는 문화의 한 형태로서 정치적 및 경제적 이해관계에 대해 중립적이지만, 맥락에 따라 사회통합의 기초이자 저항의 수단으로, 또는 지배의 수단으로 나타나기 때문이다.

이와 관련해 최근에 확대되고 있는 시민사회의 역량과 각종 스포츠 행사에서 보이는 관객들의 거대한 결집력은 엘리트 스포츠에 기초한 상품 스포츠를 지양하고 건전한 대중 스포츠를 회복할 수 있는 잠재력을 보여주고 있다. 시민사회의 자발적 연대가 스포츠 활동의 중심적인 장이 될 때, 시민사회는 더 이상 정치적 상징조작의 수동적 대상이기를 그만두게 될 것이며, 이를 통해 사회 개혁을 위한 자발적 연대로 나아갈 수 있을 것이다.

출처: 중앙대 대학원신문 2012년 3월 7일자

생각 거리

1. 스포츠와 정치의 관계에 대하여 알아보자.
2. 근대올림픽의 정치적 특성에 대하여 조사해 보자.
3. 한국에서 정치권력과 스포츠와의 관련성을 찾아보자.
4. 스포츠의 정치적 활용에 대하여 생각해보자.
5. 제5공화국의 스포츠정책에 대하여 조사해 보자.

읽을 거리

1. 임태성 외 역(2004). 스포츠의 정치학. 서울: 홍경.
2. 스포츠정치외교연구회 역(2007). 축구 세계인의 스포츠. 서울: 인간사랑.
3. 김선종 역(1996). 스포츠와 정치 그리고 공산주의. 서울: 대한미디어.
4. 고광헌(1988). 스포츠와 정치. 서울: 푸른나무.
5. 이욱열(2004). 스포츠의 정치학. 서울: 21세기교육사.

12 강요된 선택! 체육특기생[22]

체육특기생은 어떤 경로를 통해서 형성되어 졌을까. 그 근원을 찾아가 보면 압축적 근대화를 이룩한 박정희 정권으로 돌아갈 수 있다. 국력이 곧 체력인 시대에 체육을 통한 국위선양은 하나의 목표였다. 이 목표로 엘리트체육을 강화하는 정책을 펼친 시대이기도 했다. 가난한 나라, 전쟁에서 이제 막 회복을 시도하려는 나라에서 세계에 이 조그만 나라를 알릴 수 있는 유일한 방법은 스포츠 밖에 없었다. 올림픽이나 세계대회에 출전하여 우승을 하게 되면 전 세계에 한국이라는 나라를 알릴 수 있다는 논리이다. 어떻게 해서라도 한국을 세계에 알려서 세계를 상대로 수출을 늘려 먹고 살 수 밖에 없었다. 우리에게는 가진 것이 없었다. 중동처럼 석유가 나오는 것도 아니고 일본처럼 기술이 발전한 것도 아니었다.

1964년 동경올림픽을 앞두고 태릉선수촌이 건립되고 메달을 향한 국가의 의지와 선수들의 열정이 만나 그 결실을 맺게 되었다. 이러한 과정에서 학생선수들에 대한 정책적 지원

---

22) 이 글은 2003년 한국체육학회지 42권 5호에 발표한 내용을 수정한 것이다. 2003년 12월 10일 KBS <추적60분> "체육특기생 강요된 선택" 참고.

이 필요하게 되었다. 공부 못해도 운동만 잘하면 좋은 대학에 진학할 수 있다는 희망을 어린 선수들에게 주입시켰다. 공부에 대한 부담감을 선수들에게 덜어주는 역할을 했다. 그 결과 운동만 하는 선수가 학생선수의 일반적인 모습으로 자리 잡게 되었다. 학생선수들에게 중요한 것은 체육특기자가 되는 일이다. 체육특기자가 되지 못하면 대학에 갈 수 없기 때문에 공부를 포기하고 운동만 하게 만들었다.

체육특기자의 문제: 개인적 차원의 해법

체육특기자의 문제를 해결하는 열쇠는 개인과 사회구조에 있다. 우선 체육특기자 자신에게 관심을 돌려보자. 다음과 같은 네 가지의 해법을 제시할 수 있다.

1 존재적 삶의 지향

이 땅의 학생선수들의 삶의 형태는 존재적 삶보다는 소유적 삶의 형식을 갖추고 있다. 대학진학, 국가대표, 세계대회 우승에 대한 학생선수들의 지나친 관심과 투자는 왜곡된 삶의 변화를 가져오게 하였다. 전국대회 4강 혹은 8강의 제도는 대학을 가기 위하여 운동선수들이 건너야 할 강이기 때문에 강을 건너지 못하면 익사(선수생활의 중단)할 수 있다는 것이다. 그만큼 전국대회 성적에서 '이겨야 산다'는 학생선수들의 강박관념은 그들 자신의 삶을 황폐화시키고 있다. 학생선수들이 지향하는 소유적 삶은 스포츠를 통해서 부, 권력, 지위를 달성하려는 것이다. 이해 비해서 존재적 삶은 스포츠 그 자체에 자신의 전 존재를 던져서 자신의 소명 또는 잠재력을 실현하는

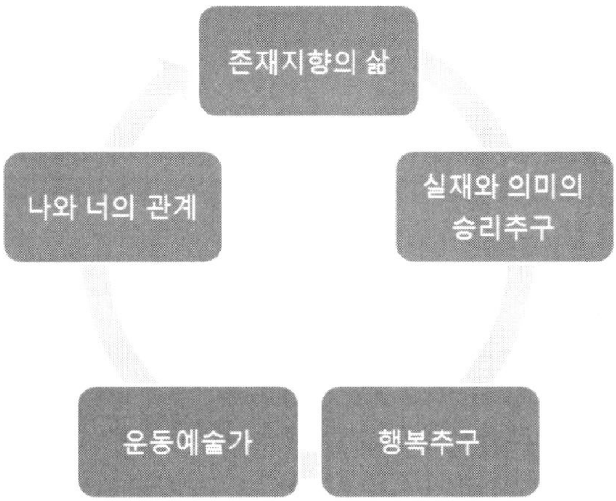

체육특기자 문제의 개인차원의 해법

자아실현의 삶을 의미한다. 이는 스포츠 그 자체의 즐거움에 대한 차원에서 이해될 수 있는 문제이다. 그렇기 때문에 현재 학생선수들은 소유적 삶의 지향에서 존재적 삶의 지향에로의 전환이 필요하다.

2 너와 나의 관계

체육특기자들은 선수와 감독, 선수와 선수들 간의 관계 맺음을 통해서 삶의 시작과 끝이 이루어지기 때문에 어떤 관계를 형성하고 있는지가 중요하다. 대부분의 경우 학생선수와 지도자의 관계는 하늘과 땅만큼이나 아주 먼 거리감을 늘 유지한다. 그 이유는 거리감이 일종의 지도자의 권위를 나타내기 때문이다. 그렇기 때문에 감독은 자신의 권위를 이용하여 학생선수를 수단화 할 가능성이 높다. 이러한 문제는 선수와 감독간의 관계의 철학에 대한 잘못된 이해 때문에 발생한 것이다. 이외에도 선후배간의 잘못된 관계가 형성하는 문제점도 지적할 수 있다. 이 문제에 대하여 좀 더 알아보자.

“한국대학축구팀 내에서 헤이징 행위가 존재하고 또한 빈번히 발생하고 있음을 알 수 있었다. 32개의 헤이징 행위들 중에 언어적 폭력이 가장 빈번하게 발생되었다. 운동선수들은 다른 헤이징 행위들보다는 언어적 폭력에 의해 정신적으로 많은 감정이 상하고 불쾌감을 경험했다고 보고했다. 헤이징 행위는 대부분 기숙사에서 발생했고 특히 신체적 헤이징이 빈번히 발생했다.”[23]

학생선수들에게 있어서 선후배간 또는 감독간의 문제는 철학자 마틴 부버가 말하는 <나-너>의 관계가 아니라 <나-그것>의 관계가 지배적으로 나타나고 있으며 이로 인해 학생선수들의 비인간화 문제가 발생한다고 할 수 있다. 이 문제는 지도자의 생존권이 보장되지 않는 상태에서 승리에 대한 강박 관념이 선수들에 대한 체벌로 나타나고 그것이 심화되어 폭력이 되는 것이다. 지도자와 학생선수의 <나와 너>의 관계와 수평적 관계 속에서 학생선수들이 비인간화되는 것을 예방할 수 있을 것이다. 그렇기 때문에 <나와 그것>의 관계에서 <나와 너>의 관계로의 전환이 시급하다.

❸ 실재와 의미의 승리지상주의

체육특기자의 도덕성 문제의 원인을 대부분의 학자들은 승리지상주의에서 찾고 있다. 이 문제에 대해서 저자도 같은 생각을 가지고 있지만 문제의 본질에서 벗어나고 있다고 생각한다. 승리지상주의의 문제는 일종의 해석의 문제라고 볼 수 있다. 즉 어떻게 해석하고 인식하는가의 문제이다. 저자는 스

23) Jeong, Eugsun(2002).The Status of Hazing in South Korea University Team Sports. Philosophy of Movement: The Journal of korean Philosophic Society for Sport and Dance. Vol.10. No.2

포츠에서의 승리를 두 가지로 해석한다. 하나는 실재와 의미로써의 승리이고, 다른 하나는 현상과 결과로써의 승리이다.

현상과 결과로써의 승리는 전광판의 수량화된 점수가 경기 자체를 평가하는 것을 말한다. 전광판은 승리를 수량화함으로써 스포츠에서 얻을 수 있는 가치들을 계량화시켜 오직 승리만을 강요하는 승리지상주의 이데올로기의 상징이라고 할 수 있다. 이로 인하여 선수들의 상품가치는 고액을 넘어가고 선수들의 신체는 물신화된다. 나아가 돈의 논리가 선수들의 목적 가치를 전도하여 스포츠의 의미, 내적 가치보다는 외적으로 부여되는 영웅과 스타의식만을 부각시킨다. 이와 같이 현상과 결과로서의 승리지상주의는 스포츠의 본질적 가치를 상실하게 할 뿐만 아니라 교육적 가치, 미적 가치, 감동, 자아실현, 자아인식 등의 가치를 망각한다. 뿐만 아니라 스포츠의 도덕성이 상실하게 되어 학생선수들을 비인간화 할 수 있다. 이로 인하여 폭력, 도핑 등의 문제들이 발생하게 될 가능성이 높다.

실재와 의미로써의 승리는 스포츠에서의 승리에 대한 가치는 결과와 상관없이 그것이 담고 있는 의미의 진실성, 과정 그리고 내적 가치에 의해서만 평가되는 것을 말한다. 뿐만 아니라 학생선수 자신의 기술을 창조하는 기쁨과 자신의 의미를 부여하고 자신의 존재 가치를 깨닫는 데 있다. 그만큼 승리에 대한 부담감에서 벗어나 자유스러움을 만끽할 때 신체적 탁월성을 실현할 수 있다.

이상과 같이 이 땅의 학생선수들에게는 직업운동선수들과의 다른 교육적 가치와 심미적 가치, 감동과 자아를 실현할 수 있는 실재와 의미로써의 승리가 필요하다. 왜냐하면 스포츠에서의 승리는 자신의 신체적 한계를 극복하는 불굴의 인간정신의 시험장에서 개인의 평가기준을 의미하는 것이 더 가치가 있기 때문이다. 이를 실현하기 위해서는 앞으로 현상과 결과로서의 승리에서 실재와 의미로써의 승리로의 전환이 필요하다. 실재와 의미로써의 승리를 의미하는 긍정적 승리지상주의가 이 땅에 넘쳐 난다면 학생선수의 삶이 풍부해 질 수 있을 것이다(이학준, 2003).

승리지상주의 인식

긍정적 승리지상주의	Vs.	부정적 승리지상주의
실재와 의미	인식	현상과 결과
내적 보상(의미, 보람) 존재적 삶의 지향	지향	외적 보상(명예, 돈, 권력) 소유적 삶의 지향
자아실현, 자아인식	결과	도핑, 반칙, 폭력, 심판매수, 승부조작
상생, 과정, 의미, 감동중심의 스포츠	내용	경쟁, 결과, 승리, 기록중심의 스포츠

4 운동예술가

운동만 잘하고 공부를 하지 않는다면 운동장이는 될 수 있어도 교육에서 말하는 전인은 불가능하다. 단지 농구장이, 골프장이, 스키장이 등의 전문 운동선수는 될 수 있을 것이다. 운동선수는 하나의 종목에 대한 반복적인 연습과 연습을 통하여 기계처럼 완벽한 기술을 발휘할 수 있다. 이와 같은 노력을 통하여 운동장이는 될 수 있어도 운동예술가는 힘들 것이다. 운동예술가는 운동을 하면서 자신의 개성과 창의성을 살려 즐겁게 운동을 하면서 자신의 잠재력을 발휘하는 사람을 지칭한다. 생각 없이 단지 감독이나 코치의 지시에 따라서 강제적으로 운동을 하다보면 운동장이는 될 수 있을지 몰라도 운동예술가는 될 수 없다.

예를 들어 20세기 세계적인 축구선수로 펠레와 마라도나를 들 수 있다. 그러나 두 사람의 경우를 완전히 대조적인 인물로 평가받고 있다. 펠레는 예술가의 차원에서 그의 플레이에 대한 평가를 받고 사회활동 또한 브라질의 대통령 출마설까지 나올 정도로 인정받고 있는 인물이다. 이에 비하여 마라도나는 약물복용과 같은 개인적인 문제로 도덕성의 지적되어 운동장이는 될 수 있을지 몰라도 펠레와 같은 예술가의 차원으로 인정되지는 않는다. 그 차이는 사람됨의 문제에서 찾을 수 있을 것이다. 사람됨이란 도덕성과 덕 차원에서 해석될 수 있기 때문에 운동만을 통해서 이룰 수 있는 차원을 넘어서 공부를 통하여 얻을 수 있다. 그것은 사람됨의 공부로써 자신을 행위를 반성하고 비판할 수 있는 공부이다. 따라서 학생선수는 운동장이 보다는 운동예술가로의 전환이 필요하다.

체육특기자의 문제: 사회적 차원의 해법

체육특기자들의 문제에 대한 해법을 사회적 차원에서 알아보자.

1 학과선택의 자유

운동선수들의 학과선택의 자유는 이제 물 건너간 일이다. 이 제도는 체육계열 학생들의 입시와 학업의 문제를 해결하기 위해 고안된 제도적 장치라고 할 수 있다. 그런데 이 제도 또한 그 자체적으로 문제점을 가지고 있다. 학생선수들의 학과선택의 자유를 제도 자체가 막고 있다. 이는 체육특기자를 학생선수로 보는 것이 아니라 선수학생으로 인정하기 때문이다.

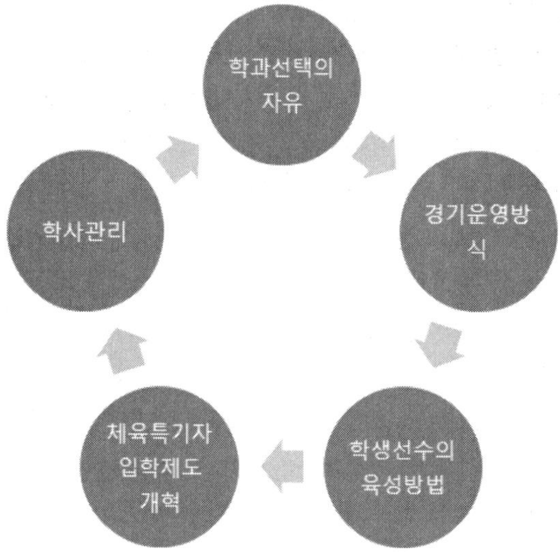

체육특기자 문제의 사회차원의 해법

선수이전에 학생이기 때문에 학과 선택의 자율권이 보장되어야 한다. 현재와 같은 제도는 학생선수를 직업선수로 판단하여 배울 권리를 박탈하고 있다.

저자가 수도권의 모 대학의 체육계열학과에 강의를 갔을 때의 일이다. 저자가 강의하는 과목은 체육원리로 필수과목에 해당된다. 출석부에서 많은 학생의 명단이 있지만 실제로 수업에 참가하는 학생은 한 명에 지나지 않았다. 다른 학생들은 모두 체육특기자이기 때문에 운동연습 때문에 수업에 참석하지 못하였다. 그런데 문제의 심각성은 내 강의를 듣는 학생이 체육계열 전공 학생이 아니라 다른 학과의 학생이라는 것이다. 그렇다면 나는 도대체 체육계열 학과에서 강의하는 것인지 아니면 다른 학과에서 강의하는지 혼돈이 생겼다.

이와 같은 사례는 특수한 사항인지 몰라도 다른 대학교에서도 생겨날 가능성이 높다는 것이다. 그렇게 되면 체육계열 학과는 학생선수들의 졸업을 시키기 위한 과로서 이름만 있고 실제로 강의가 이루어지지 않는 유명무실의 과로 전락할 수 있다.

둘째, 체육특기자 선발제도의 개혁이다. 체육특기자 제도는 국가가 운동선수들에게 일정한 혜택을 주는 것이다. 학생선수들은 운동에 전념하여 운동하나로 먹고 살 수 있는 한국사회 체계에 문제점이 있다고 볼 수 있다. 체육특기자 선발제도로 인하여 각 고등학교에서는 일반 학생을 위한 스포츠시설과 이용에 필요한 투자 혜택을 일부 선수들에게 한정하여 투자되는 문제점을 가지고 있다. 이 보다 더 큰 문제는 운동선수들의 학력 수준이다. 수업에 참여하지 않아도 결석으로 간주되지 않고 특히 전국대회 경기가 있는 기간에는 오전수업도 전폐하고 운동연습에 몰두한다. 그래서 학교 입장에서는 선수들이 입상을 하여 학교를 빛내주기를 바란다.

이러한 폐단을 예방하기 위하여 1994년 교육인적지원부는 체육특기생들에게 수능시험 최저점수제를 도입하여 200점 만점 기준으로 한 40점을 제시하였다. 현재는 80점 이상을 득점하여야 대학에 합격할 수 있다는 보완책을 제시하고 있지만 80점이라는 점수는 400점 만점에 1/5에 불과한 점수로 형식적인 차원의 제도적 장치에 불과하다. 그렇기 때문에 적어도 제도적 차원에서 해결방안을 찾는다면 적어도 200점 이상이 되어야 할 것이다. 공부하지 않고서는 체육특기생이라도 대학 진학이 어렵다는 것을 학교, 지도자 그리고 운동선수 자신들에게 인식시켜서 초등학교 때부터 공부하는 습관을 형성하도록 해야한다. 그렇게 하면 운동선수들은 수업에 참석하여 학습능력을 높이고 적극적인 학습 태도를 가질 수 있을 것이다.

2 학사관리

체육특기생의 학업문제의 심각성에 대하여 이들에게 조금만 관심을 가지고 있다면 쉽게 알 수 있는 문제이다. 학생선수들이 초등학교에서 대학까지 수업참석이 불가능한 구조에서 이들에게 수업 참가를 강요하는 것은 그 자체로 문제를 가진다. 공부는 체계적인 학습이 요구되기 때문에 기초가 부족한 학생선수들의 수업참여를 강요하는 것은 그들의 학습능력을 고려하지 않은 무책임한 발상이라고 할 수 있다. 다음의 내용을 참고해보자.

"학생선수의 학업문제를 해결하기 위해서는 우선 대학입시에서 운동선수에게도 학업성적을 정상적으로 반영시키는 조치를 취해야 한다. 이러한 조치 없이 초·중등학교의 운동선수들에게 학업을 병행하라는 요구는 헛된 것이 될 수밖에 없다. 그러나 이의 시행을 즉각적으로 실시하게 되면 많은 희생자가 발생하게 된다. '공부하는 운동선수'는 하루아침에 되는 것이 아니기 때문이다. 따라서 시행 전에 실시 시기와 내용을 미리 공포하여 부작용을 최소화시켜야 한다."(김동규, 2002: 59-60)

이 문제를 해결하기 위한 노력은 초·중등학교부터 시작되어야 한다. 왜냐하면 첫 단추를 잘 못 끼웠기 때문이다. 다시 원점에서 시작되어야 하는데 그 이유는 공부의 특성상 체계적인 학습이 필요하기 때문이다. 현재 시행하고 있는 제도를 폐기하고 공부와 운동을 병행하는 제도적 장치의 보완이 필요하다. 이를 위하여 학생선수에 대한 일관된 정책과 이를 현장에서 실천하는 행정적 도움이 필요하다. 이러한 관점에서 다음의 내용을 알아보자:

"학생선수들의 학업문제는 선수생활 이후의 삶의 준비차원에서 필요하고 다른 차원에서 부상이나 경기력 저하로 중도에 운동선수를 포기할 경우를 대비하여 학사관리의 철저한 준비가 필요하다. 학과수업관리 운영과 관련된 특기자 제도의 파행성에서 탈피하여 정상적인 운영으로의 과감한 전환이 필요하다. 선수이기 이전에 학생임을 우선하는 미국이나 캐나다, 일본 등과 같은 스포츠 선진국에서의 학원스포츠관리 운영체계는 바로 우리가 본받아야 할 모델이라는 것을 간과해서는 안 될 것이다. 장기적인 안목으로 볼 때 이것은 진정한 의미에서 스포츠계의 발전이다."24)

거시적 차원에서 학생선수의 삶을 위한 방법으로 일부 종목(검도, 배드민턴) 등에서 실시하고 있는 선수참가의 제약을 학생선수들의 학력수준에서 찾는 것은 좋은 해법이라고 할 수 있다. 지금처럼 공부 못해도 대학을 갈 수 있다는 학생선수들의 인식에서 문제의 원인을 찾을 수 있다. 학생선수들이 공부를 포기하는 것을 막을 수 있는 제도적 장치로써 전국대회 참가자격으로 선수들의 학력을 제한하는 제도를 통해서 학생선수들이 공부하는 습관을 가지게 할 수 있을 것이다.

이외에도 초·중·고등학교의 선수들의 성적이 낮은 학생의 경우는 선수등록을 시키지 않는 방안을 생각해 볼 수 있다: "초, 중학교에서 운동선수를 뽑을 때 학교성적을 반영토록 한 것은 초·중학교 때 운동선수가 실제 직업선수가 될 확률이 극히 작은데도 학교공부를 소홀히 함으로써 사회진출에 어려움을 겪는 것을 막기 위한 것이다. 프랑스 축구 산실인 클레르퐁텐 국립 기술학교의 경우 학과성적이 일정기준에 미달할 경우 강제로 퇴소해야 한다."(조선일보, 2003). 이와 같이 초등학교에서 대학까지 일관되게 이 제도를 적용한다면 대학에서 강의를 참석하지 않는 문제를 해결할 수 있고 선수생활을 중단하는 은퇴이후의 직업선택의 폭이 지금보다는 더 커질 수 있으며 인간으로 최소한의 삶을 살아갈 수 있게 될 것이다.

---

24) 임수원 · 이정래(2002). 고등학교 운동선수의 중도탈락과 학교생활 적응상의 문제점 및 대책. 한국스포츠사회학회지. 15(2).

3 경기운영방식

학생선수들의 참가하는 경기에 대한 운영방식 자체의 제도의 수정과 보완이 요구된다. 현재 대부분의 경기가 봄, 가을에 집중되어 있기 때문에 학생들의 학업의 파행을 가져오는 것은 당연한 문제라고 볼 수 있다. 이러한 구조적 문제를 해결하기 위하여 몇 가지 대안을 제시할 수 있을 것이다.

많은 체육학자들이 주장하는 것처럼 대회를 주말이나 방학을 이용하여 개최하는 방안을 검토하고 전국규모의 대회숫자를 축소할 필요가 있다. 고등학교 운동선수들은 대학입학과의 연관되어 있기 때문에 많은 대회에 참가하는 것은 선수들의 학업과 대회 참가경비, 시간낭비를 가져올 수 있다. 그리고 지역 리그제 또는 지역 분산개최를 도입할 필요가 있다. 지역 자체의 리그제를 통해서 경기력을 유지하고 일 년에 한 번의 전국대회를 유치한다면 지역 리그제 또는 지역 분산개최가 가지는 장점을 활용할 수 있다.[25)26)] 이러한 관점에서 손종열은 다음과 같이 제안하였다:

"경기방식에 있어서는 학교규모와 경기수준, 지역들을 감안하여 서울경기 등의 수도권, 충청도와 강원도의 중부권, 부산

---

25) 고등부는 대회 수를 줄이고, 4강이나 8강이니 하는 제도를 없애야 한다. 대학의 진학은 각 대학이 자율적으로 설정한 경기 및 학업성적에 의해 결정되어야 한다. 또 하나 중요한 문제는 대회 개최를 주말이나 방학을 이용하고, 지방 분산개최를 실시해야 하는 점이다. 경비문제 이외 시간의 낭비를 줄이자는 것이다(김동규, 2002: 60).

26) 이것은 NCAA의 경기운영방식이다. NCAA는 대회의 수 및 경기일수를 엄격히 통제하고 이에 대비한 연습시간까지 구체적으로 명시하고 개최되는 계절에 대한 규정을 엄격히 하고 있다. 그리고 지역별로 학교를 분류하고 각 대학별 경기수준, 학교의 규모에 따른 보유종목의 유사성 등에 따라 몇 개의 학교를 컨서시움 형태로 묶어 컨퍼런스별로 대교경기를 운영하고 있다. 이런 차원에서 김동규(2002)와 손종열(1998)의 생각은 NCAA에서 벤치마킹을 한 것이라고 볼 수 있다.

과 대구의 영남권, 전남과 전북의 호남권 등으로 권역별 혹은 규모나 기능수준에 따른 지역협회별로 리그제를 실시하되 각 리그별 상위 1, 2팀이 참가하는 종목별 참피언 결정전을 치르는 방안이 강구될 수 있을 것이다."[27]

이와 같은 리그제 방법은 국내 대학미식축구 경기에서 채택하고 있는 방식이다. 서울·경기협회와 대구·경북협회, 부산·경남협회로 지역별 리그 방식을 사용하고 있으며 경기수준을 고려하여 각 지역리그에서 1부와 2부로 나누어 경기를 하고 있다. 자체리그에서 1부 리그 최하위팀과 2부 리그 우승팀이 경기를 통하여 1부와 2부 리그 팀을 결정한다. 또한 1년에 한번 전국대회를 개최하여 1부 리그 결승전과 2부 리그 결승전을 별도로 개최한다. 1년에 한번 최종으로 사회인 팀의 우승팀과 대학 1부 리그 우승팀과의 대망의 국내 최강을 결정하는 김치 볼을 하고 있다.

4 육성방법

서커스에서 볼 수 있는 코끼리 묘기를 비롯하여 동물들의 묘기는 관객들에게 많은 박수를 받는다. 그 박수 소리의 크기에 따라서 무대 뒤에서 동물들이 받는 묘기훈련은 가학적이고 동물학대 수준이상이라고 한다. 동물들은 인간의 볼거리로써 즐거움을 주기 위해서 조련과정에서 상상을 초월하는 학대가 가해지고 그 학대는 관람객의 박수 소리가 없어지지 않는 한 계속된다는 것이다.

이와 같은 현상은 학생선수들의 경우에도 별반 다르지 않다. 동문회, 감독, 학부모, 학교, 국가를 위해서 학생선수들

27) 손종열(1998).NCAA의 Benchmarking에 의한 한국대학 Intercol- legiate Sports System 정립. 미간행 박사학위논문. 고려대학교 대학원. pp.180-188.

자신의 자유롭고 즐거운 삶이 제한된다는 것이다. 동물도 아닌데 합숙소에서 집단적으로 숙식을 해결하고 운동을 한다. 학생이 향유할 수 있는 학교의 생활에서 벗어나고 운동만 하는 학생으로 격리되어 훈련되는 것이다. 그렇기 때문에 합숙소에서 괴롭힘과 선후배의 갈등은 끊이지 않고 나타나는 문제가 되었다. 이를 해결하기 위해서 합숙소의 폐지문제에 대한 진지한 고민이 있어야 한다.

365일을 합숙소에서 생활하는 것은 얼마나 삶이 피폐하고 무미건조한 삶이라는 것에 누구도 이의를 제기하지 못할 것이다. 개인시간의 부족, 상명하복의 서열관계, 공동기자재의 사용제한 등의 합숙생활의 문제점이 있음에도 불구하고 학생선수들은 합숙생활이 가지는 장점으로 숙식의 해결, 조직력 강화, 운동의 전념 등을 들어서 합숙소 생활에 대한 불편을 감수하는 것 같다(김석희, 2003: 25). 그러나 학생다운 삶으로 대학생활의 낭만과 교육관계 등을 위해서 합숙소에서 벗어날 필요가 있다. 이를 위하여 일반학생들과 어울리고 함께 생활할 수 있는 토대가 요구된다.

맺음말

학생선수, 그들의 정체는 무엇인가. 공부도 하지 않고 운동만 하는 이들의 정체는 과연 무엇인가. 학생선수인가 아니면 선수학생인가. 이 질문에 대한 저자의 대답은 학생선수가 우선한다는 것이다. 공부와 운동의 병행은 사실상 어려운 문제인가 아니면 이상적인 생각에 지나지 않는가. 여하튼 학생선수의 문제를 해결하기 위해서는 개인의 자율성과 제도적 장치에 의한 강제력의 균형과 조화가 필요하다. 제도에 의한 강제력만으로 근본적인 문제를 해결할 수 없다. 학생선수들의 자각을 통해서 수용하지 않는다면 해결할 수 있는 방법은 요원하다. 학생선수들의 자율적인 학업과 운동의 병행을 한다면 문제해결은 그만큼 가능하다. 적어도 대학에 소속되어 있는 이들은 분명 졸업을 하기 위한 형식적인 학위취득이 아니라 정당한 노력을 통해서 졸업할 수 있는 제도적 장치가 필요하다.

지금처럼 학생선수들이 초등학교 시절부터 공부하지 않아도 대학에 갈 수 있고, 졸업도 가능하다는 생각을 갖게 되는데 문제가 있다. 이 같은 생각은 잘못된 생각이라는 것과 이제는 공부 못하면 대학진학은 물론 대회출전도 못하는 시대가 왔다는 사실에 대한 학생들뿐만 아니라 지도자들, 학부모들의 인식의 전환이 필요한 때이다. 그렇게 된다면 공부와 운동의 병행은 자연적으로 이루어 질 것이다. 공부와 운동은 별개라는 지금의 인식은 사라져야 하고 공부와 운동은 함께 해야 한다는 것은 당연한 것으로 받아들여져야 한다. 공부를 못하면 처음부터 운동선수가 될 수 없다는 인식과 제도적 장치가 마련된다면 공부는 운동선수의 적이 아니라 친구가 될 수 있을 것이다.

이와 같이 앞으로 학생선수에 대한 개인적, 사회적 차원의 노력으로 학생선수가 되는 것에 대하여 부모들이 기피하는 대상이 아니라 사회적 존경과 부러움의 대상으로 누구나 선망하는 인물로 인정되는 그런 사회를 만들어 가야 한다. 처음부터 급하게 서두를 필요는 없다. 점차적으로 우리에게 다가올 수 있도록 하는 노력이 필요하다. 이와 같은 사회를 기대하면서 저자는 대학시절 미식축구선수로서의 경험을 학생선수의 문제에 대한 대안으로 소개하면서 이 글을 끝맺으려고 한다.

저자가 경험한 대학 미식축구는 학생들의 학업을 고려하여 주말경기와 방학을 이용한 대회방식을 채택하고 있었다. 그렇기 때문에 학업에 관한 문제는 어려운 일이 아니었다. 선수들이 모두 전문선수가 아니기 때문에 학점관리가 중요했다. 미식축구선수라고 특별하게 학교에서 배려해주지 않았다. 이를 너무나 잘 알기에 알아서 공부를 해야 했다. 운동으로 인하여 학업에 피해를 받아서는 선수생활을 지속할 수 없었다. 협회 또한 이를 잘 인지하고 있기 때문에 무리하게 학생선수들에게 피해를 주면서까지 경기를 개최할 이유가 없었다. 특히 협회에서 지역 리그방식을 채택하고 있었기 때문에 경제적 문제와 시간의 문제를 해결할 수 있었다. 지역 리그방식을 거쳐 1년에 한번 전국대회를 치렀다. 그렇기 때문에 운동과 공부의 병행은 물론 동아리 차원에서 스포츠가 가질 수 있는 교육적, 심미적 가치들을 경험할 수 있었다.

저자는 직업운동선수가 아니었고 취미로 운동을 하는 동아리 수준의 선수였기 때문에 자발적이고 창의적으로 미식축구를 할 수 있었다. 전문적인 학생선수였던 저자의 경험에 비추어 보면 대학에서 동아리 차원의 운동은 일종의 스포츠 유토피아이다. 이곳에서 경기를 하고 있다는 생각을 늘 가지면서 과거의 좋지 않은 기억을 미식축구공에 실려 날려버릴 수가 있었다. 그렇기 때문에 미식축구선수 생활을 대학원까지도 할 수 있었다. 누가 강요한 것도 아니고 단지 미식축구 그 자체가 좋았기 때문에 가능한 일이라고 생각한다. 대학스포츠는 자신이 좋아서 하는 순수 아마추어가 중심이 되는 것이 맞다고 본다. 오래전부터 국내 대학미식축구는 경기 운영방식을 미국의 대학스포츠연맹(NCAA)의 경기 운영방식 그대로 벤치마킹하고 있었다.

비판적 읽기, 반성적 읽기

- 나도 초등학교 중학교 고등학교를 다니면서 운동부인 친구들을 봐왔다. 수업에 들어오지 않고 항상 운동만하며 합숙소에서 생활하는 애들을 보며 안쓰럽기도 하였는데 걔네 모두가 프로선수가 되어 성공한다고 보장되어있는 것도 아니고 분명 운동을 하다가 다른 일로 전향하는 경우가 많이 있을 텐데 과연 이렇게 어렸을 때부터 성인이 될 때까지 운동만 해오던 애가 다른 직업으로의 전향이 쉬울지가 의문이었다. 운동부가 가끔 수업에 들어와도 공부는 필요 없다는 인식이 박혀있어서 그런지 수업에 대한 관심도 없었다. 인식의 전환이 가장 필요한 것 같다. 그리고 제도적으로 학생선수들이 수업을 들으며 다른 학생들과 어울리고 강압적인 운동 환경에서 벗어나게 하여 기본적인 인권을 보장해주어야 한다고 생각한다. 우리나라 스포츠에서 창의성이 부족한 이유 중 하나가 이런 환경이라고 생각되고, 고지식한 감독과 코치의 인식의 전환도 필요하다. 좀 더 장기적으로 그리고 학생의 미래까지 고려하는 스포츠교육이 중요한 것 같다.
- 요즘은 운동선수들은 공부를 못한다는 편견이 서서히 사라지고 있는 추세이지만, 예전에는 충분한 학습권을 보장받지 못한 탓에 운동선수들에 대해 '머리가 나쁘다', '무식하다', '운동만 하는 반쪽 인간'등 부정적 시각이 많이 존재했다. 우리나라에서 공부와 운동 병행에 성공했던 운동선수들을 찾아보았다. 일단, 한국 골키퍼로 처음으로 유럽 프로

무대에 진출한 권정혁이다. 그는 부평고를 거쳐 고려대 신문방송학과를 졸업하였다. 낮에는 운동을 하고 밤에 책을 보곤 하였다고 한다. 또 K-리그에서 12년간 활약하다 코치로 있는 그는 박사학위까지 받았으며 골프로 유명한 신지애도 IQ 148에 폭넓은 독서량을 가지고 있으며 현재 연세대에서 체육교육학을 전공하고 있다. 우리나라는 이렇게 운동선수가 공부를 잘하면 굉장하다고 바라보는 면이 있지만, 외국은 운동과 공부의 병행이 보편화 되어있다. 그중 특히 일본과 미국이 유명한데, 벨기에 요트 국가대표였고, 지금은 국제올림픽위원회 위원장인 자크 로게는 럭비 국가대표이면서도 정형외과 의사이기도 했다. 이처럼 외국에서는 쉽게 볼 수 있는 사례이며 미국은 체계화된 시스템으로 운영되어, 미국대학스포츠연맹(NCAA)은 공부를 못 하는 학생들의 대회 출전을 제한하며 대신 선수의 공부를 돕는 다채로운 학습지원 프로그램을 가동한다고한다.

• 나는 인문계 학생으로서 이 글을 읽기 전까지는 체육계 학생들의 입장을 한 번도 생각해본 적이 없는 것 같다. 같은 학교에 체육특기생들이 있었지만 관심을 가진 적이 없었다. 그러나 이 글을 통해 그들의 삶을 알고 나니 정말 안쓰러웠다. 체육특기생이니깐 당연히 운동을 하고 그 과정이 그들에게는 즐거움을 가져다 줄 것만 같았는데 실제로 동물보다도 못한 삶을 살고 있었던 것이다. 내가 생각했을 때 가장 빨리 해결되어야 할 것은 동물보다도 못한 대우이다. 감독이나 코치가 학생선수들을 학대하고 폭언을 하는 것에

대한 실태를 조사해서 그러한 일들이 막아야 한다고 생각한다. 각 개인의 인격에 존중받는 사회에서 그런 식의 대우를 받는 것은 시대에 뒤떨어진 착오라고 생각한다. 또한 체육특기생들이라고 운동만 시킬 것이 아니라 공부도 반드시 해야 한다고 생각한다. 스포츠는 신체로 싸우는 것뿐만 아니라 두뇌싸움도 치열하기 때문에 머리를 계발하기 위해서는 최소한의 공부를 해야 한다.

• 초등학교 시절을 생각해 보면 나도 육상부 생활을 3년 정도 했었다. 항상 오후수업이 있었음에도 오후수업은 듣지 않고 운동을 했던 기억이 난다. 그때는 수업을 안 듣는다는 것이 좋았지만 지금 생각해 보면 다른 학생들보다 수업을 적게 듣는 것이 자연적으로 성적 하락으로 이어졌다. 하지만 운동부라는 이유로 성적이 나쁜 것은 당연하게 받아 들어졌다. 중학때 부터는 운동을 그만두었지만 계속운동을 하던 친구들을 보면 부상을 당하는 친구들도 많았고 대부분이 대학진학을 하지 못하고 아르바이트를 하고 지내고 있다. 이러한 상황이 체육특기생 본인들의 잘못은 아닐 것이다. 진학을 하는데 있어서 좋은 성적은 매우 중요하기 때문에 부상이 있더라고 무리해서 대회에 출전하고 오로지 좋은 성적을 위해서 운동을 해야 한다. 이제는 이러한 구조가 변화되어야 한다고 생각한다. 어느 누구의 변화가 아니라 국가적으로 변화하지 않으면 성공한 운동선수 뒤에 감추어진 많은 실패한 체육특기생들이 계속적으로 생겨나게 될 것이다. 가장 큰 문제는 운동이외에는 배운 것이 없기

때문에 결국 좋은 직장을 구할 수 없고 평생 힘든 생활을 해야 한다는 것이다. 이렇게 특기생들에게 한 가지 길만을 보여주고 그것이 아니면 끝이라는 구조에서 벗어나 공부를 잘하는 특기생을 육성함으로써 처음부터 지도자 혹은 재활 치료사 등 선수가 아닌 비슷한 분야에서 뛰어난 사람들을 만들 수 있을 것이다.

스포츠로 세상읽기

학생선수의 문제는 어제 오늘의 문제가 아니라 아주 오랫동안 지속되고 있음에도 불구하고 관심을 받지 못한 문제였다. 문제가 곪아서 터질 때가 되서야 사람들과 여론의 주목을 받기 시작하였다. 사람들은 알면서도 올림픽의 금메달이라는 환상을 기대하기 때문에 묵인하여 그들의 고통을 외면하였다. 문제가 있음을 너무나 잘 알고 있었다. 지금까지 묵인하고 있다가 이제 문제가 있다고 여론에서 문제를 제기하자 사람들은 관심을 가지며 개혁해야 한다고 의견을 모은다.

코끼리가 조련사에게 당하는 고통 이상을 학생선수들은 운동하는 과정에서 경험하게 된다. 학생선수의 학습권과 인권차원에서 학생선수가 운동을 계속할 수 있도록 분위기를 만들어 가야 한다. 그래서 학생선수를 닦달하는 것이 아니라 그들에게 운동뿐만 아니라 인격형성에도 도움을 줄 수 있는 방안들은 마련해야 한다.

운동을 도박처럼 자신의 모든 것을 걸고 해서는 안 된다. 공부와 운동을 병행하여 제대로 된 삶을 살아갈 수 있도록 기회를 만들어 주어야 하며, 적어도 학생선수의 인권을 보장할 수 있도록 제도적 장치를 마련하고 그것을 지켜가야 한다. 그래야 학생선수의 희생에 의해서 얻게 된 금메달이 부끄럽지 않은 금메달이 될 것이다.

스포츠 읽기

엘리트체육의 어두운 그늘

한영수 〈동아대 교수〉

요즘의 중등학교 운동부가 어떤지 그 사정을 속속들이 알지 못한다. 그러나, 내 학창시절의 운동부원들은 늘 보통 학생들과 어울리지 못하고 겉돌았다. 그들은 정규 수업시간에 제대로 들어오는 법이 없었고, 따라서 학과 성적은 물어보나 마나였다. 땡볕에 그을려 새까맣고 겉늙어 보이는 얼굴에는 늘 어두운 그늘이 드리워져 있었다. 방과 후에, 훈련하면서 운동장 한 구석에서 코치나 감독한테 두드려 맞는 장면을 지켜보는 건 참으로 곤혹스러웠다. 선생들도, 일단 운동부라면 무조건 '열외'로 취급했다.

• 체육특기생들의 소외된 대학생활

대학의 체육특기생들을 보면 지금도 옛날과 크게 달라진 게 없다는 인상을 받는다. 그들은 대회나 연습을 구실로 정규수업에는 거의 들어오지 않는다. 시험기간이면 다른 학생들이 열심히 답안을 쓰고 있을 때, 책상에 엎드려 자거나 멍하니 칠판을 응시하며 퇴실 허락을 기다린다. 그러다 시간이 되면 특기생임을 입증하는 증명서와 함께 빈 시험지를 내고 나간다.

안타깝게도, 내 학창시절의 동창들 중에는 이름을 대면 알

만큼 운동선수로 출세한 친구들이 없다. 설령, 그들이 운동선수로 크게 성공했다 한들, 내가 목격하고 그들 스스로 견뎌낸 그 어린 시절의 어두운 기억들을, 그들이 얻어낸 성공의 번제물(燔祭物)쯤으로 여기고 즐겁게 회상할 수 있을까. 대학생이면서도, 대학생으로서 누려야 할 모든 권리와 의무를 포기한 채 오로지 운동장과 체육관에서 청춘을 소진하는 체육특기생들에게, 과연 대학이란 어떤 의미가 있는 것일까.

몇 해 전 방송에서 본 박지성 선수 어머니의 인터뷰가 강한 인상으로 남아 있다. "박지성 선수를 생각하면 뭐가 가장 먼저 떠오르느냐"는 질문에, 그분은 "지성이가 운동하느라 다른 아이들처럼 평범한 청소년시절을 보내지 못한 게 제일 안타깝다"면서, "운동하느라 친구도 못 사귀고 제대로 놀지도 못했다"고 눈물을 보였다. 축구선수로 성공한 아들에 대한 긍지와 보람을 예상하고 있던 내게 그 눈물과 연민은 뜻밖의 신선한 충격으로 다가왔다. 엄청난 부와 명성을 얻었는데 그깟 것이 무슨 대수냐고, 그렇다면 부와 명성을 평범한 청소년의 삶과 맞바꿀 용의가 있느냐고 되묻고 싶은 사람이 많을 것이다. 그러나, 비록 운동선수로는 대성했을지언정, 그 아들의 인생에서 사라진 청소년 시절의 평범한 삶을 안타까워하는 박 선수 어머니의 마음이야말로, 학부모와 지도자, 교사와 체육행정가를 포함한 이 땅의 모든 청소년 체육 관계자들이 가슴 깊이 새겨야 할 교육철학이 아닌가 싶다.

'운동'이 인생을 걸고 승부를 봐야 하는 도박 같은 것이어서는 곤란하다. 그것도 '적극적 선택'이 아니라, '공부'가 안 돼 어쩔 수 없이 잡은 카드라는, '소극적 선택'으로서 말이다.

운동이 공부로 성공할 싹수가 보이지 않는 아이들이 그 대안으로 인생을 내걸고 뛰어드는 도박이 되지 않으려면, 그들에게 교실과 책, 강의실과 수업권을 돌려주어야 한다. 그래서 운동선수로 성공하지 못했을 경우에도 선택할 수 있는 '다른 삶'의 가능성을 제공해 주어야 한다.

• 운동선수에게 정당한 학습권 보장 필요

바야흐로 올림픽의 계절이다. 런던과의 시차 때문에, 우리는 또 새벽잠을 설치며 족히 보름 동안 승패와 메달 색깔에 희비가 엇갈리는 시간들을 보내게 될 것이다. 올림픽 무대에서 뛰는 선수들은 메달 획득 여부와 상관없이 이미 운동선수로서는 성공한 사람들이다. 국가대표는 아무나 될 수 없기 때문이다. 태극마크를 달기 위해 그들은 얼마나 고된 훈련과 치열한 경쟁을 견뎌냈을 것인가. 그러나, 나는 한편으로 그들과의 경쟁에서 밀려 국가대표가 되지 못한 더 많은 선수들, 운동선수로 입신양명을 꿈꾸었지만 빛을 보지 못하고 스러진 더 많은 그들의 선배들, 스포츠스타로 발돋움하기 위해 평범한 청소년의 삶을 반납한 훨씬 더 많은 어린 선수들이 떠오른다. 그들은 선수로서의 삶보다도 훨씬 더 긴 시간을 '인간'으로서 살아가야 한다. 그런데, 대한민국 엘리트 체육의 이데올로기는, 그 계산법이 거꾸로다.

출처: 부산일보 2012년 7월 31일자

생각 거리

1. 학생선수 문제의 원인과 방법은?
2. 학생선수의 학습권 보장의 근거와 대안을 찾아보자.
3. 학생선수의 취업과 병역문제를 생각해보자.
4. 외국의 사례에서 찾아보자.
5. 왜 폭력은 운동문화에서 사라지지 않고 있나?

읽을 거리

1. 류태호, 이주욱(2004). 운동선수의 학교생활과 문화. 한국체육학회지. 43(4).
2. 이학준(2009). 학생선수의 학습권 보장: 근거와 대안. 한국체육학회지. 48(5).
3. 송형석(2009). 어린이 및 청소년 경기스포츠 개혁담론의 한계. 한국체육학회지. 48(3).
4. 이학준(2004). 운동선수, 그들만의 고민. 서울: 북스힐.
5. 고은하(2005). 운동선수 구타 실태조사와 근절방안. 서울: 체육과학연구원.

13 영화 '비상'을 보다

이 책의 마지막 장이다. 그 동안 지루하게 세상 속의 스포츠와 스포츠 속의 세상을 비판적인 입장에서 줄 곧 읽어왔다. 책에서 스포츠의 긍정적인 면보다는 부정적인 시각을 유지해 왔다고 할 수 있다. 스포츠는 부정적인 면보다는 긍정적 요소가 더 많다는 것을 독자들이 오해하지 말기 바란다. 특히 이 땅에서 우리가 직면한 스포츠와 관련된 사회문제에 초점을 맞추었기 때문에 긍정적이기 보다는 비판적으로 세상을 보았다. 한 번쯤 누구나 고민을 해야 할 스포츠의 문제를 중심으로 다루었다.

이미 TV에서 문제 제기를 해주었던 것을 가지고 진지하게 공부하였다. 이 때문에 마지막 시간에는 스포츠의 긍정적인 면을 보여주려고 한다. 스포츠에는 부정적인 것만 존재하는 것이 아니라는 것과 균형적 시선을 유지하기 위해서 긍정적 측면이 필요하다. 지금까지 너무나 과도하게 스포츠의 부정적 측면만을 읽어 왔기 때문에 거부 반응이 생길 수 있다.

스포츠의 교육적 가치

스포츠를 통해서 배울 수 있는 것 중에 하나가 교육적 가치이다. 스포츠의 교육적 가치를 입증하기 위한 하나의 방법으로 누구나 체험한 적이 있는 스포츠영화를 선택할 수 있다. 우리가 익히 알고 있는 것처럼 스포츠영화는 코미디 형식을 취한 영화들이 상당수 있다. 그리고 대부분의 스포츠영화는 실화를 바탕으로 하고 있다는 점에서 다른 종류의 영화와는 차이가 있다.

스포츠영화는 실화이기 때문에 더욱 더 공감할 수 있게 만들고 우리에게 감동을 선사 한다. 그 많은 스포츠영화 중에서 우리 상황과 아주 익숙하고 영화적 상상력 보다는 사실을 바탕으로 제작된 다큐 형식의 영화를 찾게 되었다. 그 영화가 바로 '비상'이다. 저자 역시 이 영화를 몇 차례보고 볼 때마다 눈물을 흘리지 않을 수 없었다. 승자독식, 우승열패의 나라 대한민국에서 특별히 뛰어나지 않는 한 인간으로 살아가는 모두에게 삶의 위로가 되는 영화이다. 분명 꼴찌들의 반란을 엿볼 수 있게 한다. 주인공이기 보다는 조연으로 살아 온 사람들에게 반란을 꿈꿀 수 있는 동기를 제공한다. 절망 속에서 희망을 발견할 수 있는 그런 영화이다.

흔히들 스포츠를 각본 없는 감동드라마라고 말한다. 셀 수 없을 만큼 다양한 내용 전개와 결과가 생기고, 사람들은 그 일련의 과정을 보며 짜릿한 쾌감을 느낀다. 특히 종목을 막론하고 객관적인 전력에서 약팀이라고 생각하는 쪽이 강팀을 이기는 결과가 발생하면 많은 사람들에게 감동과 환희를 안겨 주게 된다. 그리고 이런 이야기들은 종종 드라마나 영화에 등장하여 다시 한 번 사람들을 자극하게 된다. 2006년 말에 제작된 '비상'이라는 영화도 실제 한국 프로축구의 한 구단의 모습을 있는 그래도 담아 영화화하면서 많은 사람들의 주목을 받았다.

영화 '비상' 은 실화이다

이 영화는 2004년에 창단된 프로축구 인천 유나이티드 구단의 실제 임원들과 코칭스태프, 선수들이 그대로 등장해 그들의 실제 모습을 다룬 다큐멘터리 방식의 영화이다. 인천 유나이티드는 시민구단으로 출발했다. 시민구단의 특성상 항상 재정적인 문제가 따르기 마련이다. 실제 인천 유나이티드도 그랬다. 스타플레이어 하나 없었고, 누군가가 부상을 당하면 대신 뛸 선수가 없는 얇은 선수층에다 전용 연습경기장 조차도 제대로 없어 훈련을 위해 몇 시간씩 이동을 해야 하는 열악한 환경에 놓여 있었다. 창단 후 2년 동안 K리그에서 매년 하위권을 전전하다보니 자연스레 얻어진 선수들의 패배 의식 또한 그들의 열악함에 크게 한 몫을 더해주었다.

하지만 이런 구단이 창단 3년차에 전기와 후기 리그 통합 1위라는 성적으로 챔피언결정전에 오르면서 많은 사람들의 주목을 받기 시작했다. 그 중심에 있던 장외룡 인천 유나이티드 감독이 영화에서도 많은 비중을 차지하게 된다. 장외룡 감독은 이른바 비주류 출신이다. 1999년에 K리그에서 감독대행이라는 직책으로 팀을 준우승 시켰음에도 불구하고 2군 팀 코치라는 강등을 경험했고 이어서 팀으로부터 냉정히 버림받았다. 하지만 훌륭한 지도자가 되겠다는 일념 하에 일본으로 건너갔고, 몇 년 만에 지도자 코스를 수료하고 일본프로축구 2부 리그 팀을 맡아 1부 리그로 승격시키는 등 감독으로 주목받기 시작한다.

그는 인천 유나이티드의 창단 때 수석코치라는 직책으로 한국에 돌아왔고 팀 성적 부진으로 감독이 물러나자 다시 한 번 감독 대행의 자리에 앉게 된다. 그는 열악한 환경에다 패배의식에 젖은 선수들을 일일이 독려하고 세세한 것 하나까지 직접 챙기며 열성적으로 지도한다. 선수들은 감독의 그런 인간적이면서도 지도자다운 모습에 감명을 받고 점점 하위권을 맴돌던 인천 유나이티드에서 K리그 최고의 명문 인천 유나이티드로 탈바꿈해 가게 된다. 좀 더 상세하게 영화 '비상' 속으로 들어가 보자.

목표는 7승 3무 2패

인천 감독으로 부임한 장외룡은 지난 시즌 2승 3무 7패를 했던 인천을 부임 첫해 목표로 7승 3무 2패로 정했다. 전년도의 기록과 완전히 반대이다. 선수들은 무리라고 고개를 젓는다. 하지만 감독은 할 수 있다는 자신감을 선수들에게 심어주려고 한다. 그는 자신의 지도만 잘 따라준다면 틀림없이 달성할 수 있다는 말은 한다. 이를 위해서 감독은 선수들의 생각을 바꾸려고 한다. 선수들 간의 주전경쟁을 하게 해서 최고의 선수를 기용하겠다고 선수들에게 말한다.

정해진 것은 없다. 노력하는 자에게 기회가 주어진다는 것이 감독의 말이다. 감독은 연습과 연구를 통해 선수들에게 최적의 자리를 찾아주었다. 그러나 문제는 중원이었다. 중원을 책임질 선수를 찾지 못한 것이다. 이 때문에 인천이 공들인 선수가 바로 과거의 스타 플레이었던 서동원 선수이다. 서동원 선수와의 계약을 통해서 인천으로 영입문제를 해결했다. 서동원 선수의 합류로 인천은 모든 준비가 끝났다.

6개월 후, 인천은 서울과 대결하게 되었다. 인천 문학구장에서 경기가 열리게 되었다. 팀 관계자들은 상대선수 박주영을 광고하여 관중들을 불러들이고 있다. 인천에는 박주영 보다 인기가 있는 선수가 없었기 때문이다. 대부분이 무명선수들로 구성되어 있기 때문에 상대 선수를 홍보 전략을 사용하고 있는 것이다. 2만여 관중은 서울의 간판스타 박주영선수를 보러왔다. 그러나 인천 아기치 선수의 선제골, 서동원 선수의 프리킥 골로 앞서 나갔지만 곧 서울이 2골을 넣고 결국 2:2로 비겼다. 강팀 서울을 상대로 무승부를 이뤄냈다. 어느 정도 가능성을 확인할 수 있는 지점이다. 하지만 그들은 당연한 결과라고 생각하고 있었고 아니 자신들의 노력에 비하면 만족할 만한 결과가 아니라고 생각하였다.

이후 인천은 리그 경기에서 포항, 울산, 광주, 전남, 수원 등을 격파하고 대구, 부산과 비기는 등 예전과는 다른 모습을 보여주었다. 이러한 인천을 과거부터 응원하던 학교가 있는데 서울 서문여고이다. 만년 꼴찌도 무엇인가를 할 수 있다는 것을 보여주기를 바라는 마음으로 응원하고 있었다. 인천은 전용연습구장이 따로 없다. 그래서 3시간의 연습을 위해 왕복 5시간을 이동해야 하는 가평으로 향한다. 그렇기 때문에 가정이 있는 선수들은 1년 내내 집을 비우곤 한다. 가족과 떨어져 생활하는 가정이 있는 선수들은 가족과 만나기가 쉽지 않다. 그 많은 희생을 참고 팀을 위하는 선수들의 자세는 승리를 향한 열정의 모습으로 나타난다.

선수는 15명뿐

인천의 선수는 고작 29명, 2군 선수를 제외한 1군 선수는

15명뿐이다. 15명으로 경기를 하다보니까 선수들은 피로누적과 부상에 시달리고 있다. 인천은 부산과의 플레이오프를 가지게 되었다. 과거 부산 대우시절 쫓겨나다시피 한 감독과 선수들은 부산과의 일전에 이를 악물고 있다. 감독의 하나의 전술이기도 한 목표설정은 선수들에게 많은 자신감을 불어넣고 경기력을 향상시켰다. 실력이 없다고 판단되면 예외 없이 실업자가 되어야 하는 냉혹한 프로세계에서 인천의 선수들은 프로의 잔혹함을 경험한 사람들이다. 자기를 버린 구단을 상대로 경기를 해야 한다는 입장은 반드시 이겨야 한다는 다짐을 강하게 한다.

인천의 사기가 높아진 가운데 주장 임중용 선수는 부산과의 일전을 앞두고 피로누적으로 인해 시력에 문제가 생겼다. 눈이 잘 안보이게 된 것이다. 축구선수에게 시각은 아주 중요하다. 아니 꼭 필요한 부분이다. 볼 수 없는데 어떻게 축구를 할 수 있겠는가. 하지만 그의 빈자리는 곧 나타난다. 그렇기 때문에 자신의 몸보다는 팀을 살려야 한다는 것을 너무나 잘 알고 있는 그이기에 팀 동료들과 함께 해야 한다는 그의 고집으로 인해 연습에 동참한다. 주장이 빠지면 팀 분위기가 떨어질 것을 걱정한 것이다. 주장이 절대적으로 필요한 순간에 부상으로 자리를 떠날 수 없다는 것이 수비수 임중용의 생각이다. 과거의 팀에서 방출된 기억을 가지고 있는 그에게 이번에 보여주어야 한다는 집념을 엿볼 수 있었다.

장외룡 감독과 인천 유나이티드

감독은 인터뷰 때의 스리백과는 달리 포백으로 연습을 하고 있었다. 바로 트릭인 것이다. 부산과의 경기에서 감독의 주문대로 선수들이 움직여서 2골을 만들어 냈다. 그리고 창단 2년 만에 챔피언 결정전에 오른 것이다. 하지만 울산과의 챔피언 결정전 1차전에서 이천수의 맹활약으로 1:5 대패하였고, 2차전에서는 2:1로 승리를 거두었지만 골득실 6:3으로 울산이 우승을 차지했다.

인천 선수들은 울 수밖에 없는 결과이다. 3차전이 필요하다고 생각하지만 규정은 어절 수 없기 때문에 패배를 받아들여야 한다. 인천 선수들은 그라운드에서 자신의 모든 것을 던졌다. 감독과 전 선수가 뭉쳐서 불가능하다고 생각되었던 것을 가능으로 보여주었다. 이 영화를 보는 내내 비주류와 조연에 불과한 우리 평범한 사람들도 무엇인가 해보지 않고 시작하기도 전에 포기했던 것은 아닌가하는 부끄러운 생각이 들게 만들었다.

영화 ‘비상’은 인천 유나이티드의 다양한 모습을 보여 주었다. 그 모습들은 영화를 보는 사람들에게 감동으로 다가왔다. 그 중에서 특히 감독의 모습이 우리에게 많은 인상을 심어준다. 감독이라는 직책에도 불구하고 선수들의 작은 것 하나하나까지 세심의 배려하는 모습은 굉장히 존경스러웠다. 그리고 선수들도 자신의 밑에 있는 사람처럼 대하지 않고 일일이 존중해 주는 모습, 배려하는 모습과 모든 일에 감사하는 마음으로 임하는 모습까지도 지도자로서 바람직한 모습으로 보였다. 특히 경기를 마치고 나서 승패와 관계없이 선수들에게 고개 숙여 수고했다고 말하는 감독은 어디서도 보지 못했다. 그의 진정성은 선수를 대할 때 나타난다. 선수들을 존중하고 선수들에게 맞는 최고의 자리를 찾아주고 실력을 발휘할 수 있도록 기회를 만들어 주는 감독의 모습을 볼 수 있었다. 국내 감독들에게서 찾아보기 어려운 모습이다. 권위적인 감독들과는 아주 대조적으로 다가오는 모습이다.

축구영화 = 비상

축구영화라고 하면 사람들은 볼 게 축구밖에 없다고 말한다. 하지만 '비상'은 축구뿐만 아니라 그 속에 사람들을 만날 수 있다. 어떻게 보면 축구영화이면서 또 하나의 인간극장이다. 인간극장에 축구선수가 등장한다고 축구극장이 되지는 않는다. 축구선수들을 다룬 다큐 영화지만, 그 안에는 축구보다는 꼴찌에서 벗어나려는 이들의 몸부림이 담겨있다. 지금처럼 경제적으로 힘든 상황에서 꼴찌에게도 희망이 있다는 것을 보여준다. 그래서 볼만하다. 이 영화는 감동만으로 끝나지 않고 생각거리를 준다. 절망은 희망이 없다는 것이다. '비상'은 우리에게 할 수 있다고 생각만 하면 할 수 있다는 것을 보여준다.

지금 어렵고 힘든 과정에 있는 사람들에게 용기와 희망을 선사할 수 있는 영화다. 그렇기 때문에 축구를 좋아하든 싫어하든, 축구를 알든 모르든 이 영화를 보고 감동받고 눈물을 흘리게 된다. 초보 선수, 한때 잠깐 인기스타였던 퇴물선수, 싼값에 들여온 용병, 감독대행으로 시작한 감독, 이들이 펼쳐내는 드라마, 각본 없는 드라마임에도 마치 각본이 있는 듯 보이는 이 감동적인 실화를 담아내는 영화감독의 시선에 박수를 기꺼이 보낸다. 이 영화는 지상의 꼴찌들을 위한 영화이다. 꼴찌들이여 힘을 내라, 노력하는 자에게 축복을 있을 거라고 영화는 지속해서 말한다.

한국 스포츠영화목록(서재철, 2005)

	년도	영화제목	종목		년도	영화제목	종목
1	1596	꿈은 사라지고	복싱	31	1987	최재성의 작은 고추	복싱
2	1690	피묻은 대결	복싱	32	1988	이장호의 외인구단2	야구
3	1963	가슴에 꿈이 가득히	복싱	33	1989	잡초들의 봄	복싱
4	1963	사나이의 눈물	야구	34	1991	내일은 참피온	복싱
5	1965	돌아오라 내 딸 금단아	육상	35	1991	패배자	태권도
6	1965	사랑아 울리지 마라	복싱	36	1992	챔프의 분노	태권도
7	1966	내 주먹을 사라	복싱	37	1993	참견은 논, 사랑은 예스	야구
8	1967	최후의 대결	태권도	38	1995	사랑하기 좋은 날	야구
9	1968	맨발의 영광	축구	39	1996	큐	당구
10	1972	섬 개구리 만세	농구	40	1997	이방인	태권도
11	1972	우정	농구	41	1998	태양은 없다.	복싱
12	1973	쌍권도	태권도	42	1998	해가 서쪽에서 뜬다면	야구
13	1973	일대영웅	씨름	43	1999	러브	육상
14	1974	낙인	태권도	44	1999	반칙왕	레슬링
15	1974	용호대련	태권도	45	2000	교도소 월드컵	축구
16	1974	위험한 영웅	태권도	46	2000	평화의 시대	축구
17	1977	괴짜만세	태권도	47	2002	철없는 아내 파란만장한 남편 그리고 태권소녀	태권도

18	1977	남궁동자	태권도	48	2002	YMCA 야구단	야구
19	1977	맹용노호	태권도	49	2002	남자 태어나다	복싱
20	1978	병아리의 잔칫날	야구	50	2002	챔피언	복싱
21	1979	단짝	축구	51	2004	슈퍼스타 감사용	야구
22	1980	난 모르겠네	태권도	52	2004	아는 여자	야구
23	1980	돌아온 용쟁호투	태권도	53	2004	바람의 파이터	무도
24	1980	소권	태권도	54	2004	역도산	레슬링
25	1981	사후세계	복싱	55	2005	말아톤	육상
26	1982	내일은 야구왕	야구	56	2005	주먹이 운다.	복싱
27	1986	공포의 외인구단	야구	57			
28	1986	신의 아들	복싱	58			
29	1986	이장호의 외인구단1	야구	59			
30	1987	지옥의 링	복싱	60			

비판적 읽기, 반성적 읽기

- 나도 물론이고 이 장면을 본 모든 사람들이 준우승한 인천을 못했다고 생각하지 않을 것이다. 오히려 잘했다고 칭찬해줘야 할 것 같다. 새로운 감독에, 값싼 용병에, 스타 선수도 없는 이전 2년 간 성적은 처참하기까지 한 인천 유나이티드가 플레이오프에 오를 것이라고 누가 생각을 했겠는가. 헌데 준우승을 이룩했다. 대단한 결과이다. 선수들은 너무나 잘해줬다. 영화를 보면서 가장 기억에 남는 장면은 아이가 아빠가 보고 싶다고 “보고 싶어..”라고 말하면서 서럽게 우는 장면이었다. 어찌나 서럽게 우는지 가슴이 너무나 찌릿찌릿했다. 이렇게 선수들은 전지훈련을 하고 시즌 중에는 원정경기를 다니느라 가족들과 함께 있는 시간이 부족하다. 그래서 선수와 그들의 가족은 항상 서로를 그리워하고 선수들은 가족에게 미안한 마음을 가진다. 하지만 이런 고난을 이겨내고 좋은 성적을 냈으니 선수와 가족들은 더 기쁘고 아이들은 아빠가 정말 자랑스러웠을 것이라 생각한다. 하고자 하는 마음을 가지고 노력하면 정말 안 될 것 같던 일이 될까? 사실 나는 이 부분에 대해서 긍정적이진 않은데 시도해 보지도 않는 내가 뭘 알 수 있을까 싶다. 인천 유나이티드가 해낸 걸 보면서 긍정적인 마음이 조금 더 생기긴 했다. 다 사람이 하는 일인데 안 될 것이 뭐가 있나 싶기도 하다. 힘내자!
- 많은 스포츠영화를 접해봤지만 ‘비상’은 다큐멘터리 형식이어서 감동이 더 했던 것 같다. 인천 유나이티드 팀이 계

속 꼴찌만 하면서 좌절하는 모습들, 계속 좌절하다보니 패배의식에 사로잡혀 계속해서 패배하게 되는 악순환이 반복되는 모습이 나를 돌아보게 한다. 스포츠 영화이지만 스포츠로서만 보게 되는 것이 아니라 내 스스로를 돌아 볼 수 있게 해줘서 더 감동이었다. 나도 요즘 전공이 너무 적성에 맞지 않아서 성적이 안 나오고 그래서 자꾸 좌절하게 되고 그러다 보니 또 공부를 제대로 못하게 되고 이런 악순환이 반복되고 있다. 지금은 나도 꼴찌 이지만 인천 유나이티드처럼 비상할 수 있을 거라는 희망을 준다. 장외룡 감독이 팀을 이끄는 모습은 또 다른 걸 배우게 해준다. 경기에서 지더라도 선수들에게 고맙다는 인사를 하고 시합에서 계속 승리해도 자만하지 않고 신문을 스크랩해서 선수들에게 기운을 북돋아 주는 모습들에서 항상 노력하고 감사해야 함을 느낀다. 내 인생에 감독은 없겠지만 장외룡 감독처럼 훌륭한 사람을 멘토로 세워 살아가다 보면 잘 될 것 같다는 생각이 들었다. 영화를 보면서 선수들이 울산에 1-5로 대패하고 좌절하는 모습을 보면서 나도 정말 안타깝고 다음경기를 잘 할 수 있을까 하는 생각을 했다. 그런데도 감독님은 선수들에게 다음 경기에서 잘 하면 될 거라고 말해주고 선수들을 격려하는 모습에서 이끄는 사람의 중요성을 한 번 더 느낄 수 있었다. 인천 유나이티드 팀이 비록 우승은 하지 못했지만 1-5로 대패했던 팀을 이겼고 다들 눈물 흘리는 모습에서 나도 눈물이 날 것 같았다. '비상'을 통해서 꼴찌들도 비상할 수 있다는 희망을 가질 수 있어서 좋았고, 스포츠를 통해서 더 큰 감동을 느낄 수 있어서 좋았다.

- 이 영화를 보면서 K-리그에 대한 관심도가 높아졌으며 그 안에서 열심히 노력하는 선수들을 보며 큰 감동을 느꼈다. 선수와 감독간의 허물없이 서로 호흡하며 훈련하여 꼴찌에서 당당히 일어선 인천유나이티드 선수들을 보며 그동안 봐왔던 수직적인 관계의 감독과 선수들의 모습과는 달라서 좋았고 또한 그 모습이 굉장히 교훈적으로 다가왔다. 열악한 상황 속에서도 자신의 목표를 향해 꿋꿋이 노력하는 그 열정만 있다면 인천 유나이티드가 보여준 것처럼 우리도 할 수 있지 않을까 하는 마음이 든다. '비상'을 보면서 단순히 스포츠는 승리만을 위한 것이 아니라 그 속에서 느끼는 선수들의 인간적인 모습과 감동 등을 통해 진정한 스포츠의 의미가 무엇인지 깨닫게 되는 시간이었다.

- 학생들이 이렇게 조용하게 본 적은 진짜 처음이었던 것 같다. 그 만큼 이 영화가 재미있었다. 특히 여기서 '장외룡' 감독이 멋있게 나오는 것 같다. 처음 한국의 축구계에서 인정도 못 받고 버림받았지만 일본에서 감독으로써 이름을 날리고 다시 한국으로와 감독대행으로 인천 유나이티드를 맞게 되는 부분부터가 이 감독의 엄청난 의지력을 볼 수 있는 것 같다. 그리고 부산과의 경기에서 감독의 생각대로 상대팀이 전술을 행하고 그에 따른 감독의 전술이 빛을 발한다. 연습 때 했던 전술대로 똑같은 상황에서 골로 이어지는 부분을 보고 '아, 얼마나 수많은 노력을 했으면 실전에서

저렇게 한 치의 오차도 없이 똑같을까' 라고 생각했다. 그 때그때 상황에 맞춰서 전술을 행하는 것을 보면서 참 대단하다는 생각을 했다. 즉, 인천유나이티드는 아무런 노력 없이 비상을 한 것이 아니다. 비상을 하기 위해서 수천 번의 날개 짓과 피나는 고통이 따랐다는 것이다. 우리 사회에서 꼴찌들은 아무런 노력도 없이 왜 자신은 항상 이런 모습일까 하는 생각을 한다. 즉 그들은 꼴찌를 탈피하기 위해 아무런 노력도 없이 자신의 현 상황을 비판하고 있는 것이다. 이 영화가 꼴찌들에게 희망을 주는 영화라고 했지만 그 희망은 바로 노력하는 자에게만 오는 것임을 명심해야 되겠다.

스포츠로 세상읽기

꼴찌의 반란이다. 세상은 순서가 늘 정해져 있는 것 같았다. 1등은 항상 일등만 하고 꼴찌는 항상 꼴지만 하는 것에 일상의 진리인 것처럼 보였다. 하지만 꼴찌도 노력하면 1등도 할 수 있다는 것을 영화 '비상'은 보여준다. 이 땅의 꼴찌들에게 선사하는 선물과도 같다. 선입견과 자기 세뇌가 자기를 죽인다. 할 수 있는데도 불구하고 '할 수 없다'는 자기 암시에서 벗어나지 못할 때 꼴찌라는 감옥에 감금당하게 된다.

우리가 살고 있는 세상도 순서가 정해져 있다. 그 순서를 벗어나기가 쉽지만은 않아 보인다. 아무리 노력을 해도 사회적 인식의 장벽을 넘어서기는 생각보다 어렵다. 선입견과 편견이 넘쳐나는 사회에서 도전해보지 않고 좌절하게 된다. 하지만 그렇다고 주저 않을 수는 없다. 노력하고 또 노력하며 꼴찌도 1등을 할 수 있다는 것을 보여줘야 한다. 그래서 영화 '비상'은 우리에게 의식을 깨우게 한다. 너무 기죽어 살지 말라고, 자신이 열심히 하면 정상에 오를 수 있다고 영화 '비상'은 말해주고 있다.

세상의 모든 편견과 선입견을 깰 수 있다는 것과 노력하고 성실하게 자기 분야에서 노력하는 사람에게 기회가 주어진다는 것을 되새겨 보게 한다. 이 땅에 꼴찌들에게 삶의 위로가 되는 말과 모습이다. 훌륭한 지도자를 만나고 본인이 노력을 하면 성공을 할 수 있다. 너무 좌절하지 말고 희망을 가지고 나가자. 그래야 미래가 있다.

스포츠 읽기

한국 스포츠 '각본없는 감동드라마'로 복귀해야

최광식 〈문화체육관광부 장관〉

1969년 펠레가 이끄는 브라질과 나이지리아의 축구경기가 열렸다. 당시 나이지리아에서는 비아프라전쟁 혹은 나이지리아내전으로 불리는 전쟁이 벌어지고 있었다. 10만 명 이상의 군인이 죽고 200만 명의 아사자가 발생한 비극적인 전쟁 기간에 단 사흘간의 평화가 있었다. 바로 펠레의 축구경기를 보기 위해 이 기간 휴전협정이 맺어진 것이다. 전쟁이라는 극단적인 이해관계의 대립도 스포츠의 위대한 감동 앞에 무력화될 수 있음을 보여주는 일이었다.

이렇듯 스포츠는 사회구성원을 통합하는 힘이 있다. 우리는 1988년 서울 올림픽, 2002년 월드컵을 통해 체험한 바 있다. 이제 스포츠는 국민생활의 일부분이 됐고 국제대회는 하나의 국가 제전이 되었다.

새삼 스포츠의 가치를 언급하자면 국민적 화합과 동질감 형성, 국민 건강 증진을 통한 국민 삶의 질 향상, 국가경쟁력 강화와 국가이미지 제고, 광범위한 경제적 파급효과와 국가경제에의 기여 등을 들 수 있다. 이 같은 스포츠의 큰 역할은 '게임의 룰'이 언제 어디서나 예외 없이 지켜진다는 신뢰로부터 가능하다. 그래서 모든 국민이 이 '각본 없는 드라마'에 열광하고 감동할 수 있는 것이다.

최근 체육계가 프로스포츠 종목에서 불거진 승부 조작 파문에 휩싸여 체육 주무 부처의 수장으로서 이를 미연에 방지하지 못해 국민들에게 송구스러운 마음을 감출 수 없다. 공정성이 생명인 스포츠에서 '공모에 의한 승부 결과나 경기 내용의 조작'은 어떤 상황 및 이유를 막론하고 절대 있어서는 안 된다. 승부 조작 파문은 우리 스포츠의 존립 근거를 뒤흔드는 심각한 사태다.

정부는 이 문제를 심각하게 인식하고 공정하고 투명한 스포츠 환경을 조성하기 위해 종합적인 대책을 마련했다. 우선 경기 조작 문제는 크게 두 가지 방향으로 대책을 수립했다. 첫째, 승부 조작의 진원지인 불법 스포츠도박 사이트를 통한 범죄 행위를 근절하기 위해 관련법을 개정하여 2월 17일부터 불법 스포츠도박을 운영하는 사람은 물론이고 도박을 한 사람 역시 처벌받게 했고, 경기 조작 상시 모니터링체제를 운영하며, 자진 신고자에 대한 포상제도 강화 및 처벌 감면제를 도입한다. 둘째, 브로커의 접근 등 위해 환경으로부터 선수를 보호하기 위해 모든 등록 선수 및 감독 코치진에 대한 관련 교육을 연 4회 의무화했고 선수의 복리 증진을 위해 최저연봉제 및 연금제도를 모든 종목에 도입하고 강화한다.

그동안 고질적인 문제를 야기한 체육단체의 회계 부정을 예방하기 위해 회계업무를 전문회계법인에 개별 또는 공동 위탁하게 하고 예산 집행에 대한 수시 모니터링을 강화할 예정이다. 또 대학입시 체육특별전형자에게 발급되는 경기실적증명서의 발급 절차를 개선한다.

그리고 관련 기관과 학교 운동부 문제를 해결하기 위한 방안도 마련했다. 우선 학생선수의 학습권을 보장하기 위해 학교 운동부를 점진적으로 주말리그제로 전환할 예정이다. 이와 더불어 학교운동지도자 고용 표준계약서 제정과 학교운동지도자 등록제 등을 통해 지도자의 자질을 제고할 예정이다.

이번 사건은 체육계 내부 문제를 넘어 경기를 '공모에 의한 사기극'으로 변질시킴으로써 그동안 국민생활의 일부이자 활력소로 자리 잡은 스포츠를 국민에게서 빼앗은 명백한 범죄 행위이며 사회 문제다. 정부의 근절 의지 및 대책, 현장에서 뛰는 선수와 코칭스태프, 그리고 구단 등 모든 관계자의 실천 의지가 필요한 시점이다. 나아가 이번 승부 조작과 관련이 없는 대다수 '각본 없는 드라마' 출연진 및 제작진에 대한 국민의 지속적인 관심과 사랑이 필요하다. 스포츠는 선수들이 땀 흘려 이룬 기량을 정직하고 공정하게 겨루기에 감동을 준다. 이 정직하고 공정한 기율이 회복돼 한국 스포츠가 국민들의 변함없는 사랑을 받게 되길 바라는 마음 간절하다.

출처: 동아일보 2012년 2월 22일자

생각 거리

1. 영화가 스포츠를 소재로 사용하는 이유는 무엇인가.
2. 한국 프로축구의 문제와 그 대안을 생각해보자.
3. 영화 '비상'에서 감동, 재미, 교훈을 찾아보자.
4. 가짜와 진짜 스포츠영화는 어떻게 구별할 수 있을까.
5. 가장 감동적인 스포츠영화를 생각해 보자.

읽을 거리

1. 이학준(2005). 영화로 읽는 스포츠. 서울: 북스힐.
2. 이상주(2006). 이 경기장에선 내가 최고다. 서울: 대교베텔스만.
3. 이서규 역(2005). 스포츠리더와 성공. 서울: 지식의날개.
4. 김연수 역(2003). 달리기와 존재하기. 서울: 한문화.
5. 최의창(2002). 인문적 체육교육. 서울: 레인보우북스.

14 나오는 말

고민은 시작되었다

이 책에서 일관되게 다루고 있는 고민은 우리에게 스포츠는 무엇인가에 대한 질문이다. 아주 진부한 문제일지 모르지만 여전히 고민해 봐야 할 문제다. 수변에 넘쳐나는 스포츠, 이제 아주 일상의 일부분이 된 스포츠를 우리는 어떻게 받아들여야 할까. 스포츠 그 자체를 즐길 수 없다면 그것은 이미 스포츠가 아니다. 왜냐하면 자신을 구속하는 감금장치에 불과하기 때문이다. 과시하거나 타자의 시선을 의식해서 행하는 스포츠는 즐거운 활동이기보다는 하나의 일이 되고 만다. 모두가 프로선수가 될 수 없다는 사실을 너무나 잘 알면서 프로선수처럼 스포츠를 하려고 한다. 이제 버려야 할 의식이다.

간단하게 이 책은 우리사회 속의 스포츠와 관련된 일(사건)을 중심으로 알아보았다. 이 모든 문제의 핵심은 스포츠가 다른 것의 도구와 수단이 되어 왔다는 것이다. 때문에 스포츠 그 자체가 독자적으로 움직이지 못하였다. 스포츠는 그 자체의 가치와 의미를 통해서 세상을 변화시킬 수 있는 잠재력을 가지고 있지만 그것을 활용하지는 못해왔다. 그 동안 다른 것들에 이용만 당해 왔다. 그 만큼 스포츠는 가치중립적이라는 것을 말해 준다. 정치에 이용당해 왔고, 지금은 경제에 이용당하고 있다. 마냥 이용만 당하고 있을 수는 없다. 이제는 자체적으로 활용해야 할 시기이다.

이제는 그것을 활용해야 할 때이다. 그래서 변화를 시도해야 한다. 도대체 스포츠가 무슨 힘이 있다고 세상을 변화 시킬 수 있다는 소리인지 납득이 가지 않고 설득력이 떨어지는 주장이라고 생각할 수 있다. 하지만 누구나 스포츠가 잘못 가고 있다는 것을 알게 되면, 그것을 토대로 세상을 보게 되고 무엇이 잘못되었는지를 알게 된다. 그렇게 되면 세상을 바로 잡고자 하는 인식의 전환이 발생할 개연성이 높다. 바로 스포츠를 통해서 사람들의 인식을 전환시킬 수 있다는 얘기이다.

변해야 한다

변해야 할 때이다. 모든 것이 변하고 있다. 변하지 않는 것은 없다. 변화의 속도가 빠르고 느리고의 차이일 뿐이다. 역사에서 생물의 진화는 역사의 흐름에 따라서 잘 적응하고 변해야 생존을 지속할 수 있다는 것을 역사는 말해 주었다. 변화는 빠름만을 의미하지 않는다. 느림의 스포츠 역시 우리가 다시 생각해 봐야 한다. 속도가 아니라 의미가 더 중요하게 받아들일 수 있다. 프로선수, 국가대표 선수가 아닌 이상 빠름보다는 의미와 보람을 찾을 수 있어야 한다.

우리가 하고 있는 스포츠 역시 건강과 재미만을 추구하기보다는 의미와 보람을 발견하는 장으로 생각해 봐야 한다. 죽음의 두려움을 잊기 위한 망각의 장치로써, 스포츠를 통한 쾌락의 탐닉을 위한 도구로 생각하기 보다는 소풍놀이에서 즐겁게 놀기 위해서 스포츠를 즐기는 것이 필요하다는 인식이 있어야 한다. 스포츠에 소외되지 말고 구경만 하는 구경꾼이 아니라 직접 스포츠를 통해서 땀을 흘리고 스포츠 그 자체의 즐거움을 체험할 수 있어야 한다. 순종이 미덕이 아니다. 저항하는 스포츠, 할 말을 하는 스포츠가 될 수 있도록 하는 교육이 절실히 요청된다.

스포츠를 통해 세상을 바로 읽자

이 책에서 말하고자 한 것은 스포츠를 통해서 세상을 정확하게 읽어서 문화를 바로 잡는 일이다. 신자유주의에 매몰되어서 자신의 정체성을 상실하고 있는 지금 우리에게 절실하게 필요한 것은 자신이 누구인지, 우리가 살고 있는 이 사회의 정체를 제대로 아는 일이다. 스포츠를 통해서 저항하고 세상을 바로 볼 수 있는 안목을 기를 수 있도록 하였다. 생각거리의 제공을 통하여 독자로 하여금 고민하게 만들었고 혜안을 얻을 수 있도록 주제 중심으로 장을 만들었다. 실제 우리 사회에서 발생했던 사건을 바탕으로 설명하였다. 스포츠를 통해서 세상을 읽고 그 다음에 스포츠를 통해서 세상을 변화시키려는 저자의 의지가 이 책 전체에 담겨져 있다. 때로는 강하게 때로는 약하게 그 주장의 흔적들을 책 안에 담아보았다.

스포츠의 사회적 순기능(박홍규외, 1994)

1	스포츠는 사회성원들에게 전체사회의 규범과 가치를 심어줌으로써 체제유지에 기여한다.
2	스포츠는 사회성원들에게 사회적 정체의식을 부여해줌으로써 국민적 통일성과 연대감을 조성해 주는 사회통합에 일조한다.
3	스포츠는 기성사회의 목표와 수단을 정당화시켜 줌으로써 사회성원들에게 경쟁, 계획, 조직, 근면성과 같은 가치를 내면화하도록 도와준다.
4	스포츠는 신체적 단련과 기술의 습득을 통해 환경에의 적응을 위한 건강과 힘을 제공한다.

비판적 읽기, 반성적 읽기

- 우리는 이번 '현대사회와 스포츠'란 수업을 통해서 지금까지 잘 몰랐던 스포츠의 역할이나 한계 등을 알 수 있었다. 특히, 우리 사회에서 발생했던 실제 사건을 바탕으로 하여 더욱 관심도가 높았던 것 같다. 또한 '비상'과 같은 스포츠 영화 감상을 통해 깊은 감동 또한 느낄 수 있었다. 우리는 골프 등의 스포츠를 통해 남에게 과시하거나 하는 습관을 버려야 할 것이다. 스포츠는 자신의 신체 및 체력에 적절하고, 자신이 진정 즐길 수 있어야 한다. 스포츠는 남을 위해서 하는 것이 아니다. 간단한 조깅이라도 자신이 진정 즐길 수 있다면 그것이 바로 최고의 스포츠가 될 것이다. 또한, 우리는 프로 선수가 아니기 때문에 너무 잘하려고 노력하거나, 일상생활에 지장을 줄 수 있을 만큼 무리하지 않도록 해야 할 것이다. 스포츠는 일반적인 사람들에게 간단한 여가일 뿐, 그것이 생업에 피해가 갈만큼 큰 부분을 차지한다면 안 될 것이다.
- 어릴 적에 동네 애들과 같이 모여서 팽이치기를 하거나 숨바꼭질을 했을 때 다른 어떤 고민도 없이 그냥 그 놀이를 즐기던 그 때가 가장 행복했던 시간이 아니었나 생각해본다. 그 시절, 친구들과 같이 즐겁게 놀면 그것으로 만족했던 순수한 동심이 아직도 소중한 것처럼, 스포츠 또한 즐겁게 즐기고 새로운 나를 발견해가는 그러한 모습들이 돈이나 명예보다 더 소중해야 한다. 그래서 스포츠는 우리에게 변하지 않는 가치를 지닌 보석이나 마찬가지이다. 이제 우

리는 진정으로 스포츠를 즐길 줄 아는 마음과 준비를 갖춰야 한다. 그냥 단순히 보고 웃고 생각하고 지나가는 그런 것이 아닌 몸으로 느끼고 행동으로 표현하고 나를 발견하는 과정을 거쳐야 하는 것이다. 진정 즐길 줄 아는 사람이 이 나라의 챔피언이라는 노래 가사가 있듯이 스포츠를 하는 과정 중에 몸이 힘들고 지치더라도 그 안에서 조그마한 활력을 찾아낼 수 있는 사람만이 어느 분야에서도 긍정적인 힘으로 살아가는 방법을 찾고 성공하는 사람이 된다고 본다. 스포츠를 통해 사회가 몸과 마음의 성장을 이룬 사람들이 많은 세상이 되고 그것을 지켜나가는 노력이 존재하는 공동체를 이룩했으면 하는 바람이다.

• 어린 시절부터 스포츠라 하면 그저 또래들과 웃으며 땀 흘리고 아무 생각 없이 즐길 수 있었기 때문에 어쩌면 세상에서 가장 깨끗할지도 모르는, 정말 순수한 것 일지도 모른다고 생각해 왔지만, 한 학기 동안 강의를 들으며 그 생각이 많이 바뀌었다. 가장 안타까운 것 중 하나는 스포츠가 이용당하고 있다는 것이다. 월드컵 시즌인 요즘 TV를 켜보면 온통 월드컵에 관련된 광고에, 시청률을 올리겠다는 상업적 수단으로 이용되고 있다. 유명 축구선수를 경기장에서 보다 광고에서 더 많이 볼 수 있으며. 심지어 은퇴한 선수들 까지도 종종 볼 수 있다. 월드컵 시즌이 아닐 때는 관심 밖이던 것들을 이제는 속속들이 꺼내와 이용하고 있다. 아마 2년 뒤인 2012년에는 잊고 있었던 올림픽 스타들과 런던, 그리고 정말 오직 순수한 스포츠만을 위해 만들어진 오

륜기가 각종 상업매체 등에서 이용될 것이 불 보듯 번하다. 우리는 이에 대처해야 한다. 이는 하루아침에 바꿀 수도 바꾸지도 않는다는 것을 잘 알고 있다. 나를 비롯하여 주위의 사람들의 인식을 전환시켜야 하고, 그러기 위해서는 나 자신부터 스포츠를 땀 흘리며 체험하고 보람차고 의미 있는 것으로 생각해야 한다. 그리고 실현 가능한 방법으로 포스터나 표어 등을 적극 활용해야 한다고 생각한다. 어쩌면 대중의 인식 전환이 그 첫걸음이 아닐까 한다.

• 한 학기 동안 스포츠와 관련된 많은 내용에 대해 배웠다. 사회적으로 많이 이슈가 되었던 스크린경마부터 사실상 관심 갖지 않았던 골프장에 관한 내용까지 스포츠를 통해 세상을 바라볼 수 있는 좋은 기회였던 것 같다. 이처럼 우리가 살고 있는 과거, 현재, 미래에도 우리와 스포츠의 관련성은 끊어질 수 없는 운명이다. 우리의 일생을 함께할 스포츠에 대해서 우리는 과연 어떠한 마음가짐을 해야 하는 것일까? 스포츠를 잘해서 남들보다 뛰어나게 인정받고 주목받는 것? 남들의 시선을 의식하여 어쩔 수 없이 하는 스포츠? 이런 건 진정한 스포츠가 아니라는 것이다. 우리는 운동선수도 국가대표도 아니다. 힘들고 지친 삶에 활력을 주고 즐거움을 느끼고 건강을 유지하는 나를 위한 스포츠를 해야 한다. 강요나 강제성이 없는 자율에 의한 자신의 의지로 해야 하는 것이다. 나 또한 스포츠는 체육시간에 하는 것으로 밖에 몰랐지만 여러 가지의 운동도 하고 댄스도 배우고 하면서 삶에 활력을 찾곤 했다. 스포츠의 종류는 너무

나도 다양하고 배우고 싶은 것도 너무 많다. 취미로 벨리댄스를 배운 적이 있는데 너무 좋아서 절대 빠지지도 않고 오히려 어쩔 수 없이 수업을 못 나간 날은 괜히 기운이 없었다. 이처럼 이제는 내 삶에서 스포츠의 영향이 매우 커져있었다.

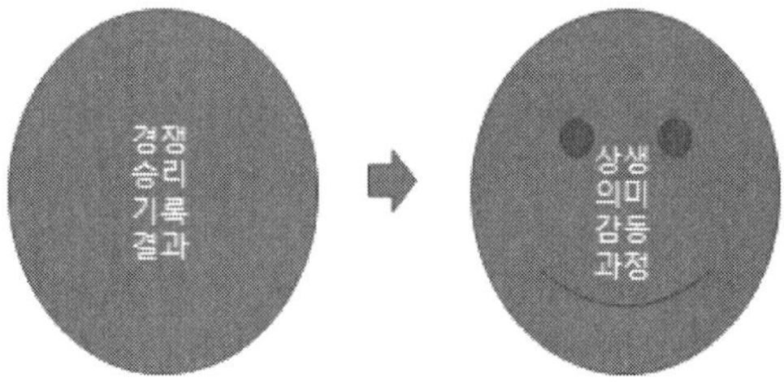

인간의 얼굴을 한 스포츠

스포츠 읽기

우리에게 필요한 스포츠교육은?

이학준 〈한림대 체육학부 강사〉

오늘날 우리에게 스포츠란 무엇일까? 조작된 상징으로서의 정치수단이 돼버린 스포츠와 경마, 경륜, 경정, 스포츠토토 등 합법화된 스포츠 도박, 그리고 그에 중독된 도박공화국, 우승열패와 승자독식 사회를 잘 보여주는 엘리트 스포츠. 이렇듯 교육적 가치를 주목하던 스포츠는 이제 하나의 볼거리와 소비상품으로 이용되고 있다. 그러나 필자는 스포츠로 세상을 개혁할 때가 왔으며, 세상을 개혁하기 위해서 스포츠교육의 개혁이 필요하다고 생각한다. 스포츠교육의 개혁 과제는 몸 닦기로서의 인성교육, 지미지락(至美至樂)의 체험교육, 페어플레이의 실천교육으로의 전환이다.

첫째, 몸을 닦는 인성교육이다. 스포츠교육은 몸으로 배우는 공부이다. 그 공부는 몸을 몰아세워서 무엇인가에 빼어나도록 닦달하는 공부가 아니다. 몸을 닦달하는 것은 체벌을 빙자한 폭력, 도핑, 과도한 훈련 등이다. 몸을 닦달하면 할수록 기록이나 승리를 얻을 수 있지만 선수의 인격은 상실될 수 있다. 선수를 잃고 승리를 얻으면 그것은 무의미한 승리이다. 인간이 100미터를 아무리 빨리 달려도 치타보다 빠르게 달릴 수 없다. 하지만 인간이 치타보다 우수한 것은 그냥 달리기만 하는 것이 아니라 달리기에서 의미와 보람을 찾는다는 점이다.

우리에게 필요한 스포츠교육은 몸을 닦는 공부이다. 몸을 닦는 것은 몸과 마음으로 공부하는 인성교육을 의미한다. 모든 것이 숫자로 평가되고 지배되는 현실에서 우리에게 필요한 것은 인간성의 함양이다. 그것은 수단과 방법을 가리지 않는 추악한 승리보다는 공정한 게임으로 최선을 다하는 아름다운 패배가 더 소중하다는 것을 몸으로 배울 때 얻을 수 있다. 그러므로 스포츠에서 배려와 존중, 도전과 성취, 무한한 감동, 공동체정신, 동료애 등의 가치를 체험할 수 있는 인성교육이 절실하게 요구된다.

둘째, 지미지락의 교육이다. '더 빨리, 더 높이, 더 힘차게'라는 올림픽의 모토 속에는 승리지상주의, 선수의 비인간화 등 현대 스포츠의 문제가 그대로 나타난다. 신자유주의 논리에 따라 유용성만을 강조하는 과정에서 결과에 따라 모든 것이 평가되고 합리화된다. 결국 추악한 승리가 만연한 엘리트 스포츠로 인해 유아독존식의 사고가 팽배한 운동선수들과 선수를 하나의 상품으로만 보고 어디에 팔 것인가에만 관심이 있는 지도자들이 출현하게 되는 것이다. 우리에게 필요한 것은 기록, 승리, 결과만을 강조하는 강박관념에서 벗어난, 자유롭고 기분 좋은 신체활동으로의 스포츠이다. 이런 스포츠는 우리를 구속하는 감금장치로 기능하는 것에서 벗어나 창조적인 놀이정신이 발현될 수 있게 한다. 그렇기에 우리에게 필요한 것은 지미지락의 스포츠이다. 지미지락은 장자가 한 말로 '지극히 아름답고, 지극히 즐거움'을 뜻한다. 더 아름답고, 더 즐거운 스포츠로 변화를 추구하는 것이 우리가 스포츠를 구하는 일이다.

스포츠는 인간이 만든 제도적 산물이다. 스포츠는 시대의 맥락에 따라 인간이 다양하게 행한 목적지향의 행위였다. 인간은 무미건조한 일상을 즐기기 위해 스포츠를 만든 것이다. 그런데 현실은 스포츠가 인간을 위해 존재해야 함에도 인간이 스포츠를 위해 존재하는 형국으로 변하고 있다. 스포츠는 일종의 감금장치로 인간을 구속한다. '더 빨리, 더 높이, 더 힘차게'라는 구호로 몸을 닦달하고 생산을 강요한다. 그 속에서 우리는 자유롭고 기분 좋은 신체활동을 상실한다. 만약 스포츠가 기분 좋은 신체활동이 될 수 없다면 그것은 이미 스포츠가 아니라 노동의 연속이다. 스포츠가 자유롭고 기분 좋은 신체활동이 되기 위해서 스포츠에 작동하는 외부적 강압 장치들을 제거하고 인간을 위한 스포츠로 전환해야 한다.

셋째, 페어플레이의 실천교육이다. 스포츠정신은 페어플레이로 표현된다. 공정한 게임은 특권과 반칙이 지배하는 우리 사회에 꼭 필요하다. 현 정부가 외치는 공정사회를 먼 곳에서 찾기 보다는 먼저 스포츠교육 안에서 체험하고 배워야 한다. 스포츠교육에서 타자를 존중하고 배려하는 인성교육과 상생을 위한 공정한 게임의 가치를 사회에 전이시킬 수 있다면, 우리 사회 전체가 공정한 사회가 될 수 있을 것이다. 지금처럼 기능주의 스포츠, 기록과 승리, 결과만을 가르치는 스포츠교육이 아니라 상생, 의미, 감동, 과정의 가치를 강조하고 페어플레이 정신과 인성교육을 배울 수 있는 교육의 장이 돼야 한다. 스포츠교육을 제대로 배우는 것은 페어플레이 정신을 머리가 아니라 몸으로 배워 사회에서 실천하는 데 있다.

결국, 작금의 한국 엘리트 스포츠의 문제는 스포츠교육의 문제이다. 어떻게 보면 스포츠교육의 문제라기보다는 사회의 문제라고 할 수 있지만, 스포츠교육의 문제를 전적으로 사회의 문제로 볼 수만은 없다. 하지만 스포츠를 사회의 축소판으로 봄으로써, 그것을 통해 우리 자신을 반성할 수 있다. 또한 스포츠는 자기비판과 성찰을 통해서 본래의 정신을 회복해야 한다.

스포츠에서 가장 중요한 것은 인간성의 실현이다. 스포츠에서 인간을 소외시키거나 도구화하고 인간성 상실을 가져오는 모든 행위는 제거돼야 한다. 단지 눈앞의 이익을 위해 스포츠를 스포츠답게 하는 정신을 상실해서는 안 된다. 스포츠는 자신감을 고취하거나, 도전과 성취, 자기극복, 동료애, 공동체 형성, 기분 좋은 신체활동 등 고유한 가치를 지켜나갈 때 지속적인 성장이 가능하다. 또한 수단과 방법을 가리지 않는 추악한 승리보다는 아름다운 패배에 대한 교육이 절실히 요구된다.

스포츠를 스포츠답게 하는 것은 규칙 준수와 페어플레이, 선수들의 도덕성이다. 인간이 동물들과 다른 점은 규칙을 지키고 공정한 게임을 통해서 승리를 성취하는 것과 결과에 승복해 승자를 축하하고 패자를 격려하는 태도에 있다.

출처: 중앙대 대학원신문 2012년 6월 9일자

연구문제

01. 영화 〈비상〉을 재미, 감동, 교훈 중심으로 서술하시오.
02. 진짜스포츠영화와 가짜스포츠영화를 비교 설명하시오.
03. 스포츠영화의 5가지 특성에 대하여 예를 들어 설명하시오.
04. 영화 〈비상〉을 통하여 배울 수 있는 승리의 방법에 대하여 서술하시오.
05. 스포츠신문의 문제점과 그 해결방안에 대하여 서술하시오.
06. 미디어와 스포츠의 관계에 대하여 서술하시오.
07. 스포츠신문의 역할과 과제에 대하여 서술하시오.
08. 미디어가 스포츠에 미친 영향을 예를 들어 설명하시오.
09. SBS의 남아공월드컵 독점 중계에 대하여 자신의 생각을 중심으로 서술하시오.
10. 스포츠를 통해서 세상을 어떻게 변화시킬 수 있는지에 대하여 서술하시오.
11. 스포츠와 환경 관련 표어를 작성해보고 그 표어에 대하여 설명하시오.
12. 인간중심주의 세계관과 생태중심주의 세계관을 비교 설명하시오.
13. 골프공화국의 허와 실에 대하여 서술하시오.
14. 골프장 건설은 지역개발인가? 혹은 환경파괴인가? 에 대하여 논하시오.
15. 학생선수의 문제를 진단하고 해결 방안에 대하여 서술하시오.

16. 공부하는 운동선수와 생각하는 운동선수를 육성하기 위한 방안에 대하여 설명하시오.
17. 학생선수의 문제 2개를 제시하고 그 해결방안에 대하여 서술하시오.
18. 스포츠와 국내 정치의 관계에 대하여 설명하시오.
19. 근대올림픽의 정치적 특성에 대하여 서술하시오.
20. 학생선수의 학습권 보장의 근거와 대안에 대하여 서술하시오.
21. 군대에서 자살의 원인과 스포츠로 예방할 수 있는 방법에 대하여 서술하시오.
22. 스포츠로 어떻게 행복할 수 있는가?
23. 군대에서 스포츠로 행복할 수 있는 방안에 대하여 설명하시오.
24. 운동선수의 자살원인과 자살예방 방법에 대하여 서술하시오.
25. 스포츠와 행복의 관계에 대하여 설명하시오.

2부 연습문제

1. 진짜 스포츠영화와 가짜 스포츠영화의 차이를 서술하시오.(2줄 이내)

2. 스포츠영화의 5가지 특성은 무엇인가?

(　　　　　　), (　　　　　　　　), (　　　　　　　),
(　　　　　　　　), (　　　　　　　　)

3. 골프장 건설이 지역개발이라고 주장하는 근거 3가지를 쓰시오?

(　　　　　　), (　　　　　　　　), (　　　　　)

4. 스포츠와 국내정치의 관계 3가지를 쓰시오?

(　　　　　　), (　　　　　　　), (　　　　　)

5. 축구 + 야구 + 럭비 +미식축구=(　　)의 경기인원수는 모두 몇 명인가?

1) 45명　　　　2) 46명
3) 37명　　　　4) 38명

6. 스포츠, 환경, 골프장, 생태라는 단어를 이용하여 환경표어를 작성해보시오?

7. 스포츠신문의 문제 4가지를 쓰시오?

( ), ( ),
( ), ( )

8. 영화 〈비상〉에서 배울 수 있는 교훈을 서술하시오?

9. SBS의 남아공월드컵 독점 중계에 반대하는 근거 3가지는 무엇인가?

( ), ( ), ( )

10. 근대올림픽의 정치적 특성 5가지를 쓰시오?

( ), ( ), ( ),
( ), ( )

11. 학생선수의 학습권 보장을 위한 방법 2가지를 쓰시오?

( ), ( )

12. 골프장 건설을 반대하는 근거 3가지를 쓰시오?

( ), ( ), ( )

13. 인간중심주의 세계관과 생태중심주의 세계관을 비교하여 서술하시오?

14. 영화 〈비상〉에서 승리의 방법 4가지는?

( ), ( ), ( ), ( )

15. 미디어가 스포츠에 미치는 영향 3가지를 쓰시오?

( ), ( ), ( )

16. 스포츠가 미디어에 미치는 영향 3가지를 쓰시오?

( ), ( ), ( )

17. 미디어와 스포츠의 이상적 관계는 무엇인가?

1) 의존 관계
2) 공생 관계
3) 이타적 관계
4) 수직 관계

18. 국내 최초의 스포츠신문의 명칭은 무엇인가?

1) 일간스포츠
2) 스포츠서울
3) 스포츠동아
4) 스포츠조선

19. 골프공화국의 문제 2가지는 무엇인가?

( ), ( )

20. 인간을 위한 스포츠의 모습 4가지를 쓰시오?

( ), ( ),
( ), ( )

21. 미국 4대 프로스포츠 리그의 명칭에 해당되지 않는 것은?

1) NBA
2) LPGA
3) NHL
4) MLB

22. 미디어 스포츠의 역할 4가지를 쓰시오.

( ), ( ), ( ), ( )

23. 스포츠저널리즘의 문제 2가지는 무엇인가?

( ), ( )

※ 다음 문장을 읽고 맞으면 O, 틀리면 X를 표시하시오.

24. 남북한 스포츠교류는 체제안정과 경쟁도구에 영향을 미쳤다. ( )

25. 1936년 베를린 올림픽은 전형적인 정치올림픽이라고 할 수 없다. ( )

26. 스포츠는 외교적 항의의 수단으로 사용할 수 있다. ( )

27. 스포츠는 국내의 문제를 반영하는 사회문화적 반사경이다. ( )

28. 남북한 스포츠교류는 대화창구로서 역할을 하지 못했다. ( )

29. 스포츠에서 얻을 수 있는 국가적 힘으로 정화장치가 있다. ( )

30. 프로야구 출범은 청화대의 정치적 작업이라고 할 수 없다. ( )

31. 1984년 9월 실시된 스포츠와 올림픽에 관한 전국민 여론조사 보고서로 보면 서울 올림픽에 대한 국민들의 지지는 40%에 불과했다. ( )

32. 체육특기자의 문제를 해결하는 열쇠는 개인과 사회구조에 있다. (　　　)

33. 1976년 몬트리올 올림픽을 앞두고 태능선수촌이 건립되고 메달을 향한 국가의 의지와 선수들의 열정이 만나 그 결실을 맺게 되었다. (　　　)

34. 1981년 3월 한국은 미국, 일본에 이어 세계에서 3번째로 프로야구를 출범했다. (　　)

35. 영화 〈비상〉에 등장하는 프로축구팀은 서울 FC이다. (　　　)

36. 영화 〈그들만의 리그〉는 우리에게 예측불허의 긴장감을 준다. (　　)

37. 박정희 정권의 엘리트스포츠정책이 아닌 것은?

1) 국가위상 제고　　2) 국민체력 증진
3) 북한과의 우의 경쟁　　4) 국가 통합

38. 학생선수 문제의 개인적 해결방법이 아닌 것은?

1) 너와 나의 관계　　2) 존재지향의 삶
3) 운동예술가　　4) 현상과 결과의 승리추구

39. 학생선수 문제의 사회적 해결방법이 아닌 것은?

1) 학사관리　　2) 체육특기자 제도의 개혁
3) 행복추구　　4) 훈련방법

40. 다음의 스포츠영화 중 인간한계의 도전정신을 보여주는 영화가 아닌 것은?

1) 코치카터 2) 리멤버 타이탄

3) 보리올의 여름 4) 그들만의 리그

41. 진짜 스포츠영화라고 할 수 있는 것은?

1) 1번가의 기적 2) 사랑을 놓치다

3) 날아라 허동구 4) 글러브

42. 스포츠신문에 스포츠가 없는 이유 2가지는 무엇인가?

( ), ( )

43. 미디어스포츠의 역할 4가지를 쓰시오?

( ), ( ), ( ), ( )

44. 스포츠가 생태계를 파괴한 것 3가지를 쓰시오?

( ), ( ), ( )

45. 지속가능한 스포츠의 발달을 위한 고려해야 할 계율 3가지는 무엇인가?

( ), ( ), ( )

46. 스포츠에서 생태계를 보전할 수 있는 방법에 대하여 쓰시오?

47. 국내프로야구 창단 년도의 팀이 아닌 것은?

1) 삼미 슈퍼스타 　　2) MBC 청룡

3) 삼성 라이온스 　　3) 태평양 돌핀스

48. 올림픽과 정치의 관계가 아닌 것은?

1) 민족주의 　　2) 정치권력의 강화의도

3) 상업주의의 팽창 　　4) 체제 안정

49. 한국정치와 스포츠의 관계가 아닌 것은?

1) 사회적 통제 　　2) 국민의 자긍심 고취

3) 대화창구 　　4) 비판적 분위기 강화

50. 스포츠로 국가를 지배한 대통령은 누구인가?

1) 노무현 　　2) 김대중

3) 전두환 　　4) 이명박

51. 1988년 올림픽을 개최한 대통령은 누구인가?

1) 전두환 　　2) 노태우

3) 김대중 　　4) 박정희

52. 국가 담당부처로서 체육부를 신설한 대통령은?

1) 김대중 　　2) 박정희

3) 노태우 　　4) 전두환

53. 스포츠의 교육적 순기능에 해당되는 것이 아닌 것은?

1) 승리지상주의　　2) 참여기회의 제한
3) 성차별의 간섭교육　　4) 사회화의 촉진

54. 스포츠의 교육적 역기능에 해당되는 것은?

1) 학교내 통합　　2) 평생체육의 여건형성
3) 학업의 촉진　　4) 참여기회의 제한

55. 영화는 왜 끊임없이 스포츠에 열광하나 그 이유를 쓰시오?

56. 스포츠영화에서 배울 수 있는 교훈이 아닌 것은?

1) 규칙준수　　2) 재미추구
3) 도전정신　　4) 정신집중

57. 스포츠영화가 우리에게 주는 것이 아닌 것은?

1) 재미　　2) 감동
3) 갈등　　4) 교훈

58. 스포츠대통령이라는 명칭을 얻은 대통령은 누구인가?

1) 박정희　　2) 노무현
3) 노태우　　4) 전두환

59. 스포츠신문의 지면구성의 특징 4가지를 쓰시오?

(　　　　), (　　　　), (　　　　), (　　　　)

60. 스포츠보도의 선정성에 해당하지 않은 것은?

1) 계몽적 기사작업
2) 지나친 과장 또는 미화된 표현
3) 자극적인 성적표현
4) 수준 낮은 유행어

61. 군대에서 스포츠로 행복할 수 있는 방법이라고 볼 수 없는 것은?

1) 배우는 즐거움 2) 몰입의 즐거움
3) 해방의 즐거움 4) 성취의 즐거움

62. 군대에서 자살하는 이유가 아닌 것은?

1) 돈 문제 2) 이성문제 3) 복무부적응 4) 염세비관

63. 스포츠를 통해서 자살을 예방할 수 있는 방법은?

( ), ( )

64. 스포츠로 행복할 수 있는 방법으로 적당하지 않은 것은?

1) 태도 2) 승부욕
3) 삶의 방식 4) 기분 좋은 신체활동

65. 스포츠로 행복할 수 있는 방법 2가지를 쓰시오.

( ), ( )

66. 행복한 스포츠의 특성이 아닌 것은?

1) 상생 2) 승리

3) 감동 4) 의미

67. **훼손된 환경이 스포츠에 주는 영향이 아닌 것은?**

1) 공기 중에 스모그 2) 실내 공기의 질

3) 물속의 오염물질 4) 넓은 운동장 시설

68. **지속 가능한 스포츠의 12가지 원리를 쓰시오.**

69. **금지된 스포츠의 이유에 해당되지 않는 것은?**

1) 성차별 2) 환경

3) 종교 4) 경제

70. **골프장 건설이 지역사회에 미치는 영향 3가지는?**

( ), ( ), ( )

참고문헌

- 가톨릭 대학교 교양교육원(2009). 가톨릭 대학교 대학생 학습윤리 가이드북. 서울: 가톨릭대학교 출판부.
- 고광헌(1988). 스포츠와 정치. 서울: 푸른나무.
- 고은하(2005). 운동선수 구타 실태조사와 근절방안. 서울: 체육과학연구원.
- 김귀순 역(2001). 스포츠와 환경. 서울: 대한미디어.
- 김동규, 이정식(2004). 스포츠환경론. 경산: 영남대학교 출판부.
- 김병준, 오수학(2008). 체육학 연구법. 서울: 레인보우북스.
- 김병준외 역(2007). 코칭과학. 서울: 대한미디어.
- 김병화 역(2004). 올림픽 2780년의 역사. 서울: 효형출판.
- 김선종 역(1996). 스포츠와 정치 그리고 공산주의. 서울: 대한미디어.
- 김연수 역(2003). 달리기와 존재하기. 서울: 한문화.
- 김원제(2006). 스포츠코리아. 서울: 한국학술정보.
- 김정현(2000). 니체의 몸 철학. 서울: 문학과 현실사.
- 김진희외(2009). 체육인문학의 창. 서울: 대한미디어.
- 김현덕, 김기용 역(2001). 스포츠의 개념. 서울: 홍경.
- 류태호, 이주욱(2004). 운동선수의 학교생활과 문화. 한국체육학회지. 43(4).
- 박영욱(2008). 매체, 매체예술 그리고 철학. 서울: 향연.
- 박이문(1996). 문명의 위기와 문화의 전환. 서울: 믿음사.
- 박이문(2002). 환경철학. 서울: 미다스 북스.
- 박치완(2000). 베르그송의 간-신체와 사이 존재론. 몸. 서울: 산해.

• 박현우, 김부찬(2005). 스포츠의 인문학적 탐색. 광주: 전남대학교 출판부.
• 손종열(1998). NCAA의 Benchmarking에 의한 한국대학 intercollegiate sport system 정립. 미간행 박사학위논문. 고려대학교 대학원.
• 송해룡 역(2009). 미디어스포츠의 파워. 서울: 성균관대학교 출판부.
• 송형석 역(2008). 근대스포츠의 본질. 서울: 나남.
• 송형석(1997). 체육학의 과제로써 스포츠와 환경. 한국체육학회보. 제68권.
• 송형석(1998). 스포츠와 환경(1): 공존을 위한 윤리적 이념 모색. 한국체육학회지. 37(1).
• 송형석(1999). 스포츠와 환경(2): 공존을 위한 윤리적 이념 모색. 한국체육학회지. 38(3).
• 송형석(2001). 육체사의 재음미. 한국체육학회지. 40(1).
• 송형석(2009). 어린이 및 청소년 경기스포츠 개혁담론의 한계. 한국체육학회지. 48(3).
• 스포츠정치외교연구회 역(2007). 축구, 세계인의 스포츠. 서울: 인간사랑.
• 양해림(2000). 메를로-퐁띠의 몸의 문화현상학. 몸의 현상학. 서울: 철학과 현실사.
• 오생근 역(1994). 감시와 처벌. 서울: 나남.
• 유근직(1999). 식민지 체조교육과 한국인의 신체형성에 관한 역사적 고찰. 한국체육학회지. 39(2).
• 윤득헌(2009). 스포츠와 미디어. 서울: 레인보우북스.
• 이상주(2006). 이 경기장에선 내가 최고다. 서울: 대교베텔스만.
• 이서규 역(2005). 스포츠리더와 성공. 서울: 지식의 날개.
• 이욱열(2004). 스포츠의 정치학. 서울: 21세기교육사.
• 이정우 역(1996). 철학사전. 서울: 동녘.
• 이진수(2001). 체육에서의 몸 닦기. 한국체육사상사. 서울: 한양대학교출판부.
• 이진우 역(1994). 책임원칙: 기술시대의 생태학적 윤리. 서울: 서광사.
• 이학래(2003). 한국체육백년사. 서울: 한국학술정보.

- 이학준(2004). 몸의 지위. 움직임의 철학: 한국체육철학회지. 12(2).
- 이학준(2004). 운동선수, 그들만의 고민. 서울: 북스힐.
- 이학준(2005). 영화로 읽는 스포츠. 서울: 북스힐.
- 이학준(2006). 체육학 글쓰기. 서울: 북스힐.
- 이학준(2007). 키워드로 읽는 스포츠. 서울: 북스힐.
- 이학준(2009). 인문체육학의 시선. 서울: 북스힐.
- 이학준(2009). 학생선수의 학습권 보장: 근거와 대안. 한국체육학회지. 48(5).
- 이학준, 김영선(2008). 역사로 읽는 스포츠. 서울: 북스힐.
- 이혜순, 정하영(2007). 표절: 인문학적 성찰. 서울: 집문당.
- 이홍구, 한태룡 역.(2004). 스포츠사회학 읽기. 서울: 무지개사.
- 임수원, 이정래(2002). 고등학교 운동선수의 중도탈락과 학교생활 적응상의 문제점 및 대책. 한국스포츠사회학회지. 15(2).
- 임태성외 역(2004). 스포츠의 정치학. 서울: 홍경.
- 정병기(2008). 대학생 글쓰기의 부정행위와 연구교육 방안. 사고와 표현. 1(1).
- 정영남(2008). 미디어스포츠. 서울: 대한미디어.
- 정웅근(1990). 메를로-퐁띠의 인식주체적 신체가 갖는 체육적 의의. 미간행 박사학위논문. 서울대학교 대학원.
- 정준영 역(2001). 스포츠, 그 열광의 사회학. 서울: 한울.
- 정준영(2011). 우리들의 일그러진 영웅. 정신문화연구. 34(3).
- 정해룡 역(2009). 표절의 문화와 글쓰기의 윤리. 서울: 산지니.
- 정희준(2009). 스포츠코리아 환타지. 서울: 개마고원. 조선일보. 2001년 6월, 7, 8, 9일자.
- 조원규 역(2001). 몸 숭배와 광기. 서울: 여성신문사.
- 진교훈 역(2001). 우주에서의 인간의 지위. 서울: 아카넷.
- 최병인(2009). 생명과학과 연구윤리. 서울: 지코사이언스.
- 최의창(2002). 인문적 체육교육. 서울: 레인보우북스.
- 하남길 외(2008). 체육과 스포츠의 역사. 진주: 경상대학교 출판부.

• 하남길(2002). 움직임 예술과학의 이해. 서울: 대한미디어.
• 한창호 역(2008). 매혹과 열광. 서울: 돌베게.
• 함정혜, 김영선(2000). 운동하는 몸의 반성적 고찰. 한국체육학회지. 39(1).
• 황경식, 김상득 역(1995). 환경윤리와 환경정책. 서울: 서광사.
• 황의룡외 역(2003). 스포츠문화의 탈구축. 서울: 21세기교육사.
• Arnlod, Peter. J(1983). Three Approaches Toward an understanding of sportsmanship. Journal of the philosophy of sport. vol.10.
• Arnold, P. J.(1979). Meaning in Movement, Sport and Physical Education. London : Heinemann.
• Beckett, A(1984). Philosophy. Chemistry and the Athlete. New Science. 103.
• Brohm, J. M(1978). Sport: A Prison of measured time. London : Ink Links.
• Brown, W. M(1980). Ethics, Drugs and Sport. Journal of the philosophy of sport. XI.
• Caroly Thomas(1980) The Perfect Moment : characteristics of an Experiential Aesthetic, Aesthetics and Dance, Reston, AHPERD.
• Coakley, J. J.(1986). Sport in Society : Issues and Controversies. Colorado Springs : Time Mirror/ Mosby College Publishing.
• Damasio, A(1994). Emotion in the perspective of an integrated nervous system. Brain Research Review. 26.
• Feezell, Randolf M(1989). Sportsmanship. Journal of philosophy of sport. vol. 13.
• Fraleigh, Warren,, P(1984). Performance-Enhancing Drugs in Sport : The Ethical Issue. Journal of the philosophy of sport. XI.
• Fromm, E(1947). Man for himself. New York. Holt, Rinehart and Winster.
• Gibson, B. A. & Polly C. R. & Thoma J. B.(1982). Death Education : A Concern for the living. Indiana : Phi Delta Kappa Educational Foundation.
• Gibson, John H(1993). Performance verses Result : A Critique of values in Comtemporary Sport. Albany : State university of New York Press.

- Gim, J. M. (1989). Physical Education as Artful Knowing. Dissertation of the Ohio state University.
- Golman, D(1995). Emotional intelligence. What it can matter more than IQ. NY Bantam book.
- Grupe, O(1985). The Problem of Doping or the Influence of Pharmaceutics on Performance in sports from the standpoint of Sport Ethics. SNIPES. Journal. 8.
- Hargreave, J.(ed)(1982). Sport, Culture and Ideology. London : Routledge & Kegan Paul.
- Herrison, K.(1999). Sport in America higher Education. Paper presented in '99 International Seoul Sport Science Congress Preceeding.
- Hoberman, J. M.(1989). Sport and Technological Image of Man. in philosophic inquiry in sport. edited by Morgan and Meier. Champaign, Illinois : Human Kinetics.
- Hoch, P.(1972). Rip off the big game : The exploitation of sports by the power elite. New York : Anchor Doubeday.
- Ho-Kun Yi(1995). The mind /body problem in Western culture : Ethical implication for sport. Dissertation of the Ohio State University.
- Hyland Drew(1978) Competition and Friendship. Journal of the philosophy of sport. V.
- Hyland, Drew(1990). Philosophy of sport. New York : Paragon House.
- Jeong, Eugsun(2002). The status of hazing in south Korea University Team sports. philosophy of Mvement: The Journal of Korean philosophic society for sport and Dance. Vol.10. No.2.
- John Dewey(1968). Art as Experience, New York : Carpricaon Books.
- Kathleen M. Pearson(1973) Deception, Sportsmanship and Ethics. Quest XIX.
- Keating(1973). The Ethics of competition and Its Relation to some Moral

problem in Athletics.

- Keating(1988). Sportsmanship as a Moral Category from philosophic inquiry in sport. Human Kinetics Publishers. Inc. champaign TL.
- Krechmar, R. S.(1994). Practical Philosophy of sport. Champaign Human Kinetics.
- Kretchmar R. S(1994) Practical Philosophy of Sport. Chmpaign, IL. Human Kinetics. 김창용 · 안용규 · 김홍식 역(2001). 실천 및 현장중심의 스포츠철학. 서울 : 대한미디어.
- Lawrence A Wenner(Ed)(1989). Media, Sports & Society. Sage Publication.
- Lehman Craig. K(1982) Can cheaters play the game? Journal of the philosophy of sport. VIII.
- Leonard II(1993). A Sociological Perspective of Sport. Macmillian Publication Company.
- Martin Heidegger(1953). Sein und Zeit. Max Niemeyer. 소광희 역(1995). 존재와 시간. 서울 : 경문사.
- McInTosh(1979). Fair play Ethics in sport and Education. Heinmann London. 하남길 · 권판근역(1997). 페어플레이 : 스포츠와 교육에 있어서의 윤리학. 서울 : 21세기 교육사.
- Metheny, E.(1975). Moving and Knowing in sport, dance and physical education. Peek Publication.
- Mihyle Csikzentmihayi(1975) Beyond Boredom and Anxiety, San Francisc o : Jossey Bass.
- Moorcraft, D(1985). Doping : The Athlete's View Dilemmas and Choices. Olympic Review.
- Morgan, W.,& Meier, K(Eds) (1988). Philosophic inquiry in sport. Champaign. IL : Human Kinetics.
- Niebuhr(1960) Moral Man and Immoral Society. New York : Charles

Scribner's Sons.

- Novak, M.(1976). The Joy of sports. New York : Basic Books, Inc., Publishers.
- Riguer, B.(1981). Sport and Work. New York : George Braziller. Inc.
- Robert L. Simon(1984). Good Competition and Drug-Enhanced Performance. Journal of the philosophy of sport. XI.
- Robert L. Simon(1991). Fair Play, Sports, Values, and Society. Westview Press.
- Schilling, Chris(1993). The body and Social theory. Sage London. 임인숙역 (1999). 몸의 사회학. 서울 : 나남.
- Shilling, Chris(1993). The Body and Social Theory . Sage. London.
- Simon R. L(1991). Fair Play : Sports, Values, and Society. Westview Press.
- Simon, R. L.(1985). Sports and Social values. Englewood Criffs, NJ : Prentice Hall. 여인성 · 함정혜역(1995). 스포츠와 사회가치. 서울 : 보경문화사.
- Thomas, C(1983). Sport in a philosophic context. Philadelpia : Lea & Febiger. 이진수 역(1995). 스포츠철학. 서울 : 교육과학사.
- Weiss, Paul(1969). Sport : A Philosophy Inquiry Carbonbale IL : Southern Illinois University Press. 이진수 역(1992). 스포츠의 철학적 모색. 서울 : 교학연구사,
- Zeigler, Earle(1985) Ethics and Morality in sport and education : An Experiential approach. Journal of the philosophy of sport. vol. XII.

찾아보기

스포츠로 세상읽기 -증보3판-

스포츠 속의 세상, 세상 속의 스포츠

2009년 12월 10일 1판 1쇄 발행
2010년 8월 10일 2판 1쇄 발행
2012년 9월 5일 증보3판 1쇄 발행

글쓴이 · 이 학 준
펴낸이 · 조 승 식
펴낸곳 · (주) 도서출판 북스힐
등록 · 제 22-457 호
주소 · 서울시 강북구 수유 2동 240-225
전화 · (02) 994-0071
팩스 · (02) 994-0073
이메일 · bookswin@unitel.co.kr
홈페이지 · www.bookshill.com
ISBN · 978-89-5526-790-7
가격 · 12,000원